EL PROCESO DE CONSTRUCCIÓN DE UN EQUIPO DE FÚTBOL

LA INTERRELACIÓN ENTRE EL MODELO DE JUEGO Y LA PERIODIZACIÓN ESTRUCTURADA

ALBERT RUDÉ RULL

El proceso de construcción de un equipo de fútbol/ Albert Rudé Rull. - 1a ed. - LIBROFUTBOL.com, 2021.
384 páginas; 15,2 x 22,9 cm.

ISBN 978-987-8370-38-5

1. Fútbol. 2. Deportes. 3. Deportes de Competición. I. Título.
CDD 796.33422

EL PROCESO DE CONSTRUCCIÓN DE UN EQUIPO DE FÚTBOL
de Albert Rudé Rull

Diseño de cubierta: Luciano Medvetkin
Maquetación: Luciano Medvetkin
Foto del autor: © Albert Rudé Rull

LIBROFUTBOL.com
Olga Cossettini 1112 - oficina 8F - Ciudad de Buenos Aires - Argentina

ediciones@librofutbol.com
+54 9 11 2215 1982
@librofutbol

1ª edición: mayo 2021

ISBN 978-987-8370-38-5

ÍNDICE

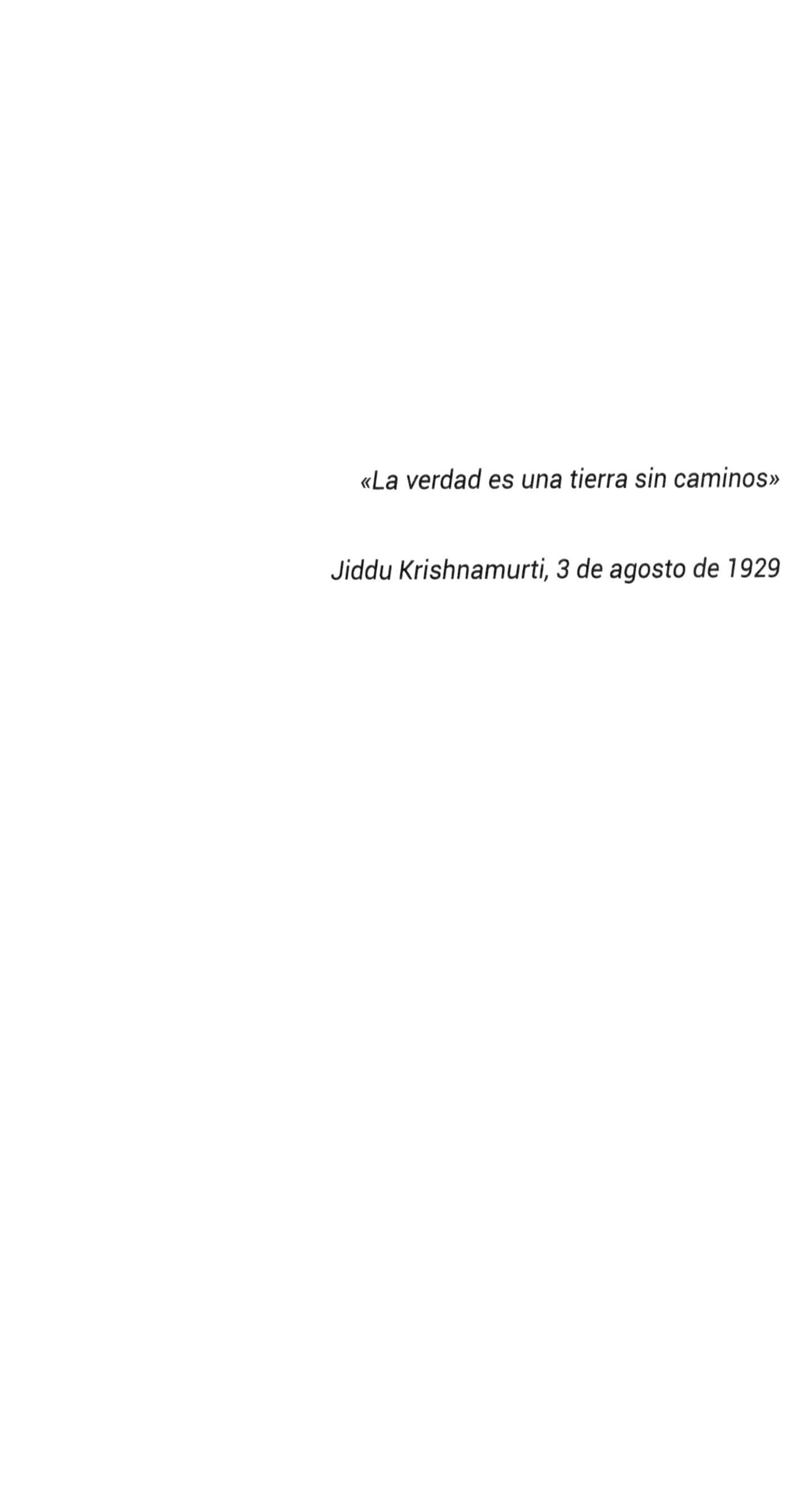

«La verdad es una tierra sin caminos»

Jiddu Krishnamurti, 3 de agosto de 1929

PRÓLOGO

¿Hubiera sido la carrera de Pep Guardiola lo mismo si no hubiera coincidido con Leo Messi? Es una pregunta recurrente en el periodismo deportivo. Muchos se obcecan en menospreciar el trabajo del técnico catalán a través de una suerte de elogio al futbolista argentino. La respuesta a la pregunta con la que arrancábamos, obviamente, es que no. Claro que el inmenso talento de Messi es uno de los máximos responsables de que Guardiola sea uno de los técnicos más laureados de la historia. Pero propongo invertir la «X» en el lado de esta ecuación: ¿podemos asegurar que la carrera de Messi hubiera sido lo mismo si no hubiera sido guiado por Guardiola? El técnico de Santpedor supo entender como nadie al jugador de Rosario. Le guió en una etapa fundamental para un futbolista, le acompañó en ese salto clave de joven talentoso con mucha proyección a *crack* consolidado y maduro. Se impuso la obligación de rodearle siempre de jugadores que hablaran el mismo idioma futbolístico que Leo. Creo que, si vamos al plano de los galardones puramente individuales y aunque sea un premio discutible, casi seguro que si no hubiera coincidido con Pep, Messi tendría algún Balón de Oro menos en su ya repleta sala de trofeos.

En esta reflexión, creo, está lo más importante en el papel de un entrenador: hacer mejor al futbolista. Yo reconozco que, históricamente, me gustaba el juego y tratar de entender por qué pasaban las cosas en los partidos en que yo jugaba o los que veía por televisión. Pero en esa primera etapa, pesaba más en mí la estética del juego en el plano individual que las claves estratégicas y el movimiento de las piezas en el tablero. Cuando empecé a trabajar como periodista y me tocó enfrentarme dialécticamente con diferentes técnicos en salas de prensa, me di cuenta de que debía ser honesto, que no podía dejarme llevar

por vagas percepciones. Para que cada pregunta tuviera un sustento argumental en entrevistas o ruedas de prensa con entrenadores de la talla de Manuel Pellegrini, Ernesto Valverde, Frank Rijkaard, Mauricio Pochettino, Pep Guardiola, Marcelo Bielsa, Arrigo Sacchi y tantos otros, debía ponerme en su lugar. Para no decir ninguna tontería, tenía que entender al máximo de mis posibilidades a la persona que estaba a la otra orilla del río. Ese interés que siempre había tenido por las claves del juego se convertía en obligación. Y cuando te pica el gusanillo del juego, el bicho ya no te deja nunca.

Entendí que el proceso que lleva un entrenador desde el momento en el que coordina y prepara una pretemporada, hasta la rueda de prensa posterior al último partido de esa campaña, es una aventura apasionante pero también llena de obstáculos, con mil factores a los que atender. Crear el modelo de juego, que tu equipo sea reconocible, poder aprovechar las debilidades de tu siguiente rival, atender a los jugadores que necesitan un afecto especial. Dirigir un equipo de fútbol te lleva por un camino complicado, pero se convierte en una excursión apasionante. Igual que la vida, en definitiva.

Bruno Alemany

Periodista deportivo

CAPÍTULO 1. MI HISTORIA: DEL SABER QUE SÉ, AL NO SABER QUE SÉ

> «Cuando bordeamos un abismo y la noche es tenebrosa, el jinete sabio suelta las riendas y se entrega al instinto del caballo»
>
> *Armando Palacio Valdés*

Era el 20 de diciembre de 2018. Había llegado a casa de mis padres a la hora de comer. Supongo que por una sublime alineación de los astros, ese mismo día coincidí con todos y cada uno de mis hermanos y sobrinos. Hacía seis meses que no había vuelto a mi pueblo natal, Ripoll, una pequeña localidad cercana a los Pirineos catalanes, situada a una hora en coche de Francia y Barcelona, y a seis de Madrid.

Cuando uno vive a diez mil kilómetros de su gente, se hace muy especial volver a casa y es, sin duda, el mejor lugar donde encontrar la conexión necesaria para empezar algo tan personal como lo es un libro.

LOS INICIOS: EL MUNDO ACADÉMICO

En la enorme mesa de roble del comedor de casa de mis padres, donde escribí las primeras líneas de este libro, fue el lugar donde, desde bien joven, se forjaron la mayoría de mis conocimientos. Allí pasé horas y horas de estudio a todos los niveles, incluso de doctorado, título que obtuve a finales de 2014.

Y qué curioso cuando uno está tanto tiempo acercándose a la ciencia, que un día se da cuenta de que sabe mucho sobre muchas cosas, pero no tiene el convencimiento de saber lo necesario para dar el paso definitivo hacia su sueño.

Tras abundante tiempo frente a los libros entendí que no es lo mismo disponer de información que haberla procesado para convertirla en nuevo conocimiento. Fue en ese entonces cuando tomé por costumbre poner en contexto toda la información que recibía. Todo lo ordenaba mentalmente para tenerlo disponible. Esto, para mi mundo académico, era una garantía. Tenía respuesta para todo y para todos. Siempre encontraba aquel conocimiento que se pudiera utilizar a mi favor para realizar una argumentación que, con mis dotes oratorias, cuajara en cualquier auditorio.

Me consideraba un buen profesor. Di clases de fútbol en la Universidad Central de Catalunya, de los veintidós hasta los veintiocho años, y en las licencias de entrenador UEFA —niveles B, A y PRO. Iniciada durante aquella etapa, aún conservo mi biblioteca de fútbol. Muchos compañeros siguen viniendo a buscar libros, sobre todo los de la sección de imprescindibles. Tengo que decir que actualmente la sigo ampliando a un ritmo descomunal. Adoro los libros, me quedo horas divagando en las librerías, muchas veces sin acabar comprando nada, y me fascinan las bibliotecas. De hecho, el día de mi boda, que fue precisamente el 23 de diciembre de 2018 —tres días después de iniciar este libro—, me puse el traje de novio en una antigua biblioteca de una casa señorial construida en 1945 al estilo Riviera Francesa.

TENDIENDO EL PUENTE HACIA MI SUEÑO

De niño no podía estar sentado más de treinta minutos en una silla. Argumentaba, y lo hacía con solidez, que sentía una energía —tipo calambre— que me impulsaba a levantarme y moverme. Creo que algunos de los profesores que tuve en la primaria me compraron la idea, aunque muchas veces les acabara sacando de quicio aquel niño torbellino.

Cuando me encontré, a los veinticinco años, con una vida extraordinariamente estable —algo poco común a esa edad— mis calambres de niño volvieron, y esta vez con una intensidad mayor. Dicha inquietud, que había estado confinada por un tiempo, volvió. Y lo hizo para quedarse. Sentía, día sí día también, que tenía que levantarme y moverme. ¿Saben aquel pez que cuando encuentra su lugar en el océano se postra en él y se come su propio sistema nervioso para no moverse nunca más? Pues yo no quería ser ese pez.

Como si de un salmón se tratara —río arriba y a contracorriente—, empecé a realizar sesiones de *coaching* deportivo con el que aún es mi mentor, Xavi García, para emprender el apasionante viaje que me alejaría de la zona de confort para acercarme, cada vez más, a cumplir mi sueño.

Involucrarme en ese proceso me permitió aumentar exponencialmente el autoconocimiento sobre mi esencia. ¿Qué podría decir de mí?

Soy una persona que cree firmemente en la subjetividad ilusoria. Aprendí mucho sobre subjetividad leyendo a Edgar Morin y, tras seguir algunas investigaciones de la física cuántica que confirmaban ideas como que el observador de un hecho influye en la manera en que ese hecho es percibido (Jee, 2019), acabé por convencerme de que vemos el mundo que somos, no el mundo que supuestamente es —o que nos han hecho creer que es.

Para mí no existe una realidad absoluta, una realidad que todos debamos compartir sin preguntar ni reflexionar. Pienso, simplemente, que todos estamos inmersos en nuestra propia interpretación de

lo que nos rodea. Darme cuenta de eso agudizó mi capacidad de ser comprensivo, es decir, de tener una mayor pasión por comprender a los demás.

Me considero un tipo comandado por el perfeccionismo, seguramente demasiado. No soy inflexible, pero en ocasiones sí llego a sufrir con el exceso de flexibilidad. Al estar mi cabeza siempre carburando con nuevas ideas, me cuesta una barbaridad desconectar. Pero con trabajo y mucha paciencia he podido llegar a sostener todo este abanico de características que, aunque forman parte muy arraigada de mi esencia, hoy en día puedo gestionar con un rango de adaptabilidad mucho mayor. Y es que la adaptabilidad ha sido, desde siempre, la clave de la supervivencia.

En realidad, esa mirada introspectiva hacia mi «yo», que estaba transformándome cada vez más, fue un proceso durísimo. Fue una auténtica lucha interna. Muchas sesiones de acompañamiento fueron necesarias hasta tender definitivamente el puente que me permitiría cruzar esa autoimpuesta frontera mental.

¿Y cuál es ese sueño del que tanto he hablado hasta el momento? Desde los catorce años —cuando empecé a entrenar jóvenes en un campus de verano en mi pueblo—, descubrí que quería ser entrenador profesional de fútbol, con el fin de ganar una UEFA Champions League. Sí, quería levantar «la orejona» a toda costa.

Volvamos al hilo. Cuando estaba, por fin, a unos pocos pasos de salir de la zona de confort, pasó algo extraordinario. Comprender que debía renunciar a tantas cosas para introducirme en el mundo del fútbol profesional fue tanto que me asusté. «Ya no tengo claro que quiera cumplir este sueño», le dije a Xavi. A lo que él me respondió: «Si el fracaso no fuera una opción, ¿lo intentarías?». Esa pregunta cambió el curso de mi historia. Le dije un sí rotundo y, desbordante de ingenuidad, me lancé a perseguir mi sueño con todas las consecuencias habidas y por haber.

Durante mucho tiempo me pregunté cómo, en ese momento, pude creer que el fracaso realmente no iba a ser una opción. Pues veréis, no fue hasta que decidí aventurarme a dirigir un proyecto profesional como primer entrenador cuando lo pude descubrir. ¿La respuesta? Me di cuenta de que poseía una actitud positiva fuera de lo normal. Podría estar hundido en lo más profundo del pozo y sin embargo nadar en él como si del mar Caribe se tratara. Quiero suponer que, como dice Gregorio Marañón, «la capacidad de entusiasmo es signo de salud espiritual».

Hablábamos del sueño. Xavi siempre dice que, si cuando lo pronuncias en voz alta no sientes miedo, es que tienes una mierda de sueño. Cada vez que decía que quería levantar «la orejona» sentía que me había vuelto loco. ¡Y acerté! Hay que estar muy loco para querer entrar en el mundo del fútbol profesional. Allí da igual que sepas mucho sobre muchas cosas, incluso que lo demuestres. Eso no importa. Lo que realmente importa es que lo que hagas, sea lo que sea, funcione. Y si no funciona, no sirve, y tú tampoco, por mucho respaldo que tengas de la ciencia o de la más antigua de las sabidurías.

Pues entenderéis que cambiar el mundo académico por el del fútbol profesional fue brutalmente complejo. Por causalidad —veréis que utilizo poco la palabra casualidad, será porque no creo mucho en ella—, este bautizo en la élite fue con anestesia. Si hubiera sido directo, a pelo, creo que las cosas hubieran sido muy diferentes.

LA ANESTESIA: MAKING BETTER PLAYERS

Cada año que pasaba como profesor universitario, aunque impartiera fútbol, me sentía más alejado del yo entrenador. Era consciente de que estaba abandonando, poco a poco, esa parte de mi esencia, pero no me sentía preparado aún para ejecutar el salto, así que, mientras tanto, decidí entrenarme. Y es que cuando uno no entrena a ningún equipo, tiene más tiempo para entrenarse a sí mismo.

Junto con mis actuales socios Jaime Fortuño, Josep Novellas y Bernabé Noya, unos auténticos fenómenos del mundo empresarial, decidimos fundar MBP (Making Better Players). El negocio está dividido en una parte de consultoría, llamada Academy, y otra de formación de entrenadores, que recibe el nombre de School of Coaches. A partir

de los proyectos que desarrollamos pude participar indirectamente —como asesor táctico de jugadores y clubes profesionales— en doce ligas de primera división; cuatro europeas, dos norteamericanas, una centroamericana y cinco suramericanas; así como en la Copa Mundial Sub-20 disputada en Nueva Zelanda, la Copa América en Chile, la CONCACAF Gold Cup en EE. UU., la UEFA Europa League y mi querida UEFA Champions League.

Y es que poner el granito de arena como asesor táctico en cuatro títulos de liga y dos premios individuales como mejor jugador del campeonato, ni te alimenta el ego ni te hace sentir tuyos esos logros, pero sí te prepara para todo lo que pudiera llegar a venir. Y cuando llegó, todas esas experiencias acumuladas fueron clave para hacer de mis inicios en el mundo del fútbol profesional un trámite considerablemente más llevadero.

LLEGÓ EL MOMENTO: EL SALTO A MI SUEÑO

Pasaba el tiempo. Cada vez estaba más cerca. Cada día quedaba un paso menos para salir definitivamente de la zona de confort, para realizar ese gran salto.

Y llegó. Era sábado, 5 de diciembre de 2015. Estaba tomando el vuelo Barcelona-Ciudad de México para incorporarme como asistente técnico de Diego Alonso, el exdelantero de Atlético de Madrid, Valencia y Málaga, entre otros. Me habían ofrecido la posibilidad de trabajar en el primer equipo del C. F. Pachuca, el único club de México con una copa suramericana y, al igual que el C. F. Monterrey, con cuatro participaciones en el Mundial de Clubes de la FIFA.

Como anécdota —aunque a mis padres no les va a gustar que le saque tanto hierro a la temeraria decisión que tomé—, el miércoles 2 de diciembre acepté la oferta definitiva del club, el jueves 3 la comuniqué a la familia, a mis socios en MBP y a la Universidad Central de Catalunya, y el viernes 4 estaba firmando la baja voluntaria para desvincularme de mi trabajo como profesor.

Entenderéis que, con veintiocho años, un doctorado, antigüedad en el cargo y un salario muy digno, firmar mi renuncia total para emprender una aventura sin garantías en México parecía más una sentencia de muerte que un aprovechamiento de esa gran oportunidad que siempre había estado esperando: llegar a la primera división como entrenador.

Aunque mi llegada fue como asistente, algo que ya tenía presupuestado, dado que a nivel deportivo solo había jugado en la tercera división española y, a nivel profesional, no tenía padrinos algunos, rebosaba de ilusión.

Lo curioso del caso es que llegué al club porque durante el torneo anterior el equipo no había terminado de la mejor forma, quedando fuera del *playoff* por el título, y esas circunstancias no nos dejaron mucho margen de error en el nuevo inicio de torneo. Debíamos ganar.

¿Conoces la teoría de los tres partidos? Si no tienes la confianza de tu directiva, ganando un partido te aseguras tres más. Perdiendo un par, se empieza a poner tenso. Perdiendo los tres, estás en el ojo del huracán. Eso sí, todo cambia cuando obtienes la confianza de los que mandan. Y eso solo se puede hacer de una forma: ¡ganando!

Sacamos 7 puntos de 9 en un inicio prácticamente impecable del equipo. Ese torneo, el Clausura 2016, fuimos campeones de Liga MX.

El que sería mi primer campeonato como entrenador asistente me dejó dos grandes enseñanzas: la primera, que cuando la directiva cree en los procesos y apuesta verdaderamente por un proyecto (siempre que este sea real, sin humo) en la mayoría de los casos se obtienen recompensas —uno recoge lo que siembra. La segunda enseñanza fue que, como dice Juan Manuel Lillo, lo más arriesgado es no arriesgar, así que, para no correr riesgos, arriesgar es lo más sabio —firmar esa baja voluntaria fue lo mejor que pude hacer.

La combinación de esas dos enseñanzas llegó a su cúspide aquel 29 de mayo de 2016. Salimos campeones a domicilio, en Monterrey, con un gol a 17 segundos de la finalización del tiempo añadido. Sí, fue de infarto.

Imagen 1. Celebración del campeonato Clausura 2016. Fuente: C. F. Pachuca

COMPAÑÍA DE LUJO: LA FAMILIA

La parte más dura de toda la trama anterior es que la viví solo, conviviendo conmigo mismo tanto en los buenos como en los malos momentos.

La que ya puedo llamar mi esposa, Sílvia, me despidió en el aeropuerto aquel 5 de diciembre de 2015, con la promesa de que, si realmente ese era el camino que yo quería seguir, se uniría a mí para caminarlo juntos.

Dicen que solamente aquellos que se atreven a perseguir sus sueños allá donde estos los lleven van a merecer cumplirlos. Quiero suponer que ese campeonato fue una especie de indicio que la vida me ofreció para decirme: «vas en la dirección correcta, sigue adelante».

Tiempo después, ella llegó a México. Le costó mucho dejar todo lo que tenía. No era poco: familia, amigos, un excelente trabajo... Pero, como también dicen, solo nos pertenece realmente aquello que no podemos perder en un naufragio.

Le contaba entusiasmado que habíamos salido campeones y cómo habíamos llegado a conseguirlo. Me escuchaba con atención, pero notaba que no podía comprender realmente de qué le estaba hablando.

Aún recuerdo aquel 26 de abril de 2017 como si fuera ayer, cuando tras ganar a Tigres en la final de la CONCACAF Champions League, nos estábamos tomando el Moët Chandon que pidió Claudio Arzeno —el mítico central argentino de Independiente—, que realizaba funciones de asistente junto conmigo y el mexicano Óscar Torres. Sílvia me miró y dijo: «Ahora entiendo lo que llegaste a vivir en ese campeonato de liga. Esta Champions ha sido increíble. Salir campeones es de infarto, pero me encanta». ¿Y cómo no íbamos a estar encantados? El Mundial de Clubes 2017 de la FIFA, competición para la cual acabábamos de clasificarnos, se realizaría en los Emiratos Árabes Unidos. ¡Dubái nos esperaba!

Imagen 2. Momentos después de salir campeones de la CONCACAF Champions League

Tras cruzar el charco por amor, como siempre dice ella, volvíamos a estar juntos.

Pero no todo fue tan bonito. Xesco Espar (2010) explica en uno de sus libros que, si no tienes objetivos en la vida, perteneces a los objetivos de otros. Y, por supuesto, Sílvia tenía —y tiene— sus objetivos, pero cuando se levantaba por las mañanas y se encontraba lejos de casa, sin un proyecto profesional, con su pareja trabajando muchas horas y sin amistades a su alrededor, se hundía cada día un poco más. De hecho, algunas semanas incluso recitaba en voz alta, cada noche antes de ir a dormir, cuántos días faltaban para terminar el torneo. Quería volver a casa.

Lo que pudo sostener esa situación, a mi juicio personal, fue que el más grande de los objetivos que tiene ella es el de ser feliz. Aprendí mucho de su filosofía de vida.

Un día me reflexionaba: «Albert, nos han educado para convencernos de que estudiar, trabajar ocho horas al día, comprarse una casa y formar una familia antes de los treinta es lo más importante. Pero lo más importante es ser feliz, hagas lo que hagas, donde sea y como sea que lo hagas». Ella tiene la gran virtud de vivir siempre en el ahora, en el presente. Mi caso es inversamente proporcional. Mi cabeza me transporta al pasado y, sobre todo, al futuro, de una forma demasiado recurrente. Silvia también tiene la capacidad de ser feliz hacia dentro, no hacia fuera. No necesita ganar ninguna Champions League, ni que yo la gane tampoco.

«Estamos bien solos, vayamos donde vayamos, porque nosotros somos casa», me dice constantemente. ¡Y qué razón tiene! Casa son las personas que viajan siempre juntas. Nosotros, de momento, somos casi cuatro: Sílvia, Max —que nacerá pronto—, Gala —nuestra perrita—, y un servidor. Las hemos pasado de todos los colores, pero siempre nos hemos mantenido unidos.

Para cerrar el apartado, me gustaría resaltar un punto clave en nuestro día a día: le encanta el fútbol. Disfruta viendo partidos y viniendo al estadio para intentar observar si el plan de juego, que le he explicado doscientas veces, funciona. «Intento seguir tus explicaciones durante el partido, pero los jugadores se mueven todos a la vez y muy rápido», me dice siempre resignada. Creo que tener al lado alguien que entienda y, aunque sea a su manera, comparta tu pasión, es verdaderamente importante.

CLUBS WORLD CUP UAE 2017

Me encontraba secando lágrimas y mocos en el Zayed Sports City Stadium de Abu Dhabi. Lloraba de emoción, justo antes del pitido inicial de los cuartos de final del Mundial de Clubes. Creo que Sílvia y mi padre —que no se quiso perder una cita tan importante— también lloraron 111 minutos después, cuando Víctor Guzmán —jugador seleccionado del Tri— cabeceó ese balón centrado por Jonathan Urretaviscaya —el internacional charrúa—, tras un milimétrico pase filtrado de Jorge el Burrito Hernández, para poner el definitivo 1-0.

Aunque no lo van a creer, durante el análisis del rival previo al juego habíamos detectado ese intervalo por donde filtrar pases a la espalda de la defensa, generando así opciones de progresión en el último tercio. También habíamos observado la dificultad del rival en la defensa de los jugadores que se quedaban más atrasados en el momento del ataque del área. Ese gol fue una reproducción exacta de lo que habíamos presentado al equipo en los días previos al juego. ¿Por qué no llegó hasta el minuto 6 de la segunda parte de la prórroga? Porque si al ver una debilidad en el rival pudiéramos explotarla tan fácilmente, todos los partidos acabarían 5 a 5. Lo más importante será dar recursos a los jugadores para que, cuando el juego los requiera, puedan utilizarlos. Y así se hizo ese día.

Estábamos en semifinales. Gremio nos esperaba. Y qué gran desempeño el que tuvimos contra el gigante brasileño. Llevamos el peso del partido prácticamente durante todo el encuentro, hasta que en los primeros minutos de la prórroga —era la segunda consecutiva— un cañonazo se coló por toda la escuadra de nuestra portería, que estaba defendida por Óscar Pérez —mítico portero mexicano de cuarenta y cinco años, actualmente ya retirado. Habíamos perdido la opción de jugar una final del mundo contra el Real Madrid.

Nos tuvimos que conformar con luchar por el bronce, y no defraudamos. Volvimos a casa con el tercer lugar en el Mundial de Clubes. Fuimos el tercer mejor equipo del mundo en 2017, acabando el último partido con cinco jugadores sub-21 dentro del terreno de juego.

Podría calificar la experiencia en Emiratos Árabes como la más trascendental a nivel profesional que he tenido hasta el momento. Me gustaría volver a jugar esa competición algún día. Eso sí, como primer entrenador.

Qué bonito es mantener intactos este tipo de sueños, los cuales actúan como un motor que, día tras día, te empuja a seguir adelante. Y eso que hay días en los que no es nada fácil avanzar.

Imagen 3. Con el equipo visitando la mezquita Sheikh Zayed durante el Mundial de Clubes UAE 2017. Fuente: C. F. Pachuca

DEL SABER QUE SÉ, AL NO SABER QUE SÉ

En México levantamos un título nacional de Liga MX, otro internacional de CONCACAF Liga de Campeones, y conseguimos el preciado bronce en el Mundial de Clubes FIFA 2017. Alcanzamos también un subcampeonato de Copa de Campeones y otro de Copa MX.

Todo eso estuvo muy bien. Pero lo más importante que conseguí, a nivel personal, durante los años que pasamos en México, fue entender el gran poder que tiene la familia. A través de ella pude descubrir aquello que equilibraría mi vida profesional y personal: aprender a relativizar. ¿Os acordáis de que quería ganar una UEFA Champions League como entrenador a toda costa? Pues ya hace tiempo que dejó de ser así. A toda costa ya no quiero ganar nada. Lo primero, mi familia. Pasó a ser la prioridad.

Por experiencia propia me atrevo a decir que ganar campeonatos mola, mola mucho, pero es efímero. Con la mano en el corazón, siento que saboreo más el camino que el destino, y he comprendido que para disfrutar realmente de cualquier camino lo más importante es relativizar todo aquello que te encuentres en él, tanto lo muy bueno como lo muy malo. Quienes te acompañan son el sustento de todo. Sin ellos, no hay equilibrio. Sin equilibrio, no hay gozo. Sin gozo, no hay camino que valga la pena recorrer y, por lo tanto, no tiene sentido llegar a ningún destino.

Un día escuché que aquel que no sabe a dónde va, lo mismo le dará cualquier camino. Yo digo que sí es importante saber hacia dónde queremos ir, pero más importante aún será ir bien acompañado. Creo que todos los caminos se pueden disfrutar, aunque acaben no llevando a ninguna parte. Pensándolo bien, al ser tan efímero el destino puede que incluso sea mejor no llegar nunca y disfrutar por siempre del caminar, pasito a pasito, junto a los tuyos.

Y hablando de pasos, me fascina un poema de Gloria Fuentes (2017) que resalta la importancia de caminar despacio para «paladear el ir llegando». Y ha sido gracias a ese «paladear el ir llegando» que he podido poner una consciencia tan grande en cada uno de los pasos que

he ido dando, que ahora me siento capaz de plasmarlos en este libro para exponer cuáles son los que, a mi entender, conforman los pilares básicos para la construcción de un equipo de fútbol.

Pero qué difícil es escribir un libro cuando ya no sé que sé muchas cosas. Fui alejándome tanto de la ciencia —aunque esta aún me ayuda a mantenerme dentro de unos márgenes muy importantes para trabajar de forma óptima— que dejé de tener la certeza de saber que sabía.

Ahora dudo mucho más que antes y, sinceramente, no soy capaz de saber qué sé. Solamente fluyo para que las respuestas se muestren solas, ¡y lo hacen!

Supongo que dicho estado se puede resumir con la cita que Martí Perarnau (2014) utilizó en el inicio de uno de sus libros: «A los que dudan. Porque ellos están en lo cierto».

Parlebas (1996:28) también nos dejó reflexiones muy interesantes, como: «en el juego, el maestro del juego no es el maestro, sino el juego mismo».

Todas las respuestas las tiene el fútbol, no el entrenador, y mucho menos los libros.

Los libros —y este no es una excepción— proporcionan información, y si eres capaz de hacerla operativa, llegarás a convertirla en conocimiento. Pero para ser un entrenador de altísimo nivel y mantenerte en la cima de este deporte de forma prolongada, hará falta más que eso: deberás llegar a ser un sabio del fútbol. Y eso solo se conseguirá saliendo al campo a entrenar, día sí día también, durante muchos años y con un gran espíritu reflexivo.

Terminando este primer capítulo, del saber que sabía, pasé al no saber que sabía. De la competencia consciente, la que reinaba en el mundo académico, pasé a la competencia subconsciente, la cual reina en mi mundo actual. Apelando a una de las disertaciones de Antonio Damasio —prestigioso neurocientífico portugués—, cuando uno es capaz de fluir, alejándose de los conocimientos y la lógica, accede a sus estados subconscientes, pudiendo así gestionar grandes cantidades de complejidad (Schmitt y Ribot, 2006).

Y si hay algo que sea complejo de gestionar y a la vez transcienda la lógica, eso es el fútbol. Por ende, cada vez que mi competencia subconsciente va en aumento, aunque se incrementa la sensación de que mi habilidad para dialogar racionalmente sobre fútbol disminuye, puedo asegurar que me siento, al mismo tiempo, mucho más cerca de entender lo que este deporte realmente requiere.

CAPÍTULO 2. LAS BASES ANTES QUE LOS PILARES

«Yo hago lo que tú no puedes, y tú haces lo que yo no puedo. Juntos podemos hacer grandes cosas»

Madre Teresa de Calcuta

Antes de construir los pilares del equipo, hacen falta unos buenos cimientos. Estos cimientos deberán ser la base para sostener lo que vayamos construyendo encima, sobre todo cuando se avecine tormenta.

Ya lo he remarcado, por activa y por pasiva, en el capítulo anterior. Lo más importante es la familia, y si no creas una con tu equipo antes de empezar a construirlo, las bases no serán suficientemente sólidas como para sostener los pilares, especialmente cuando todo vaya mal. Y créeme que, en un momento u otro, pasarás rachas complicadas — no conozco a ningún entrenador que no haya pasado por dinámicas negativas. Luego pensarás que no puede ir a peor, y ese será tu único error: no estar preparado para la catástrofe.

Y claro, cuando uno no está preparado para que las cosas le salgan mal, ¿cómo lo va a estar su equipo?

No voy a decir que solamente debamos crear una familia para protegernos de las dinámicas negativas. La vamos a generar porque será la

clave del correcto funcionamiento del equipo: solidaridad, confianza, empatía, respeto, etc. Estos y muchos valores más deberán estar presentes en el día a día del colectivo si queremos que este se comporte y evolucione óptimamente.

¿Podrás creer que por falta de solidaridad hay delanteros que no quieren pasar el balón a sus compañeros para no ayudar a que estos tengan un mejor desempeño? ¿Y que algunos defensores dejan de realizar coberturas o no ajustan la amplitud y la profundidad de la línea para no ayudar a un compañero de la misma? Pues ya puedes empezar a creerlo, porque estos y muchos otros males surgen cuando no hay cohesión en el grupo.

LA FAMILIA UNIDA JAMÁS SERÁ VENCIDA

Cuando decidí buscar una experiencia profesional como primer entrenador, tuve algunas ofertas en primera división, sobre todo en países centro y suramericanos. A todos les dije que no. Quería empezar por abajo. Quería «paladear el ir llegando». Y así fue como me decidí por el Querétaro F. C., equipo que me ofreció la posibilidad de encabezar el proyecto de la categoría sub-17.

En México, todos los equipos de la primera división tienen dos filiales: el de jugadores hasta sub-17 y el de jugadores hasta sub-20. Viajan todos juntos para disputar su correspondiente jornada de liga contra el equipo asignado por el calendario. Primero juegan los filiales, y más tarde el primer equipo.

El error más grande, de los muchos que cometí con ese equipo, fue el de intentar construir los pilares antes de asentar las bases para transformar al colectivo en una familia. Lo conseguí unos doce partidos más tarde, ya con un cúmulo de circunstancias que habían puesto la clasificación muy complicada para las fases finales del torneo.

Ese error voy a tratar de no cometerlo más. Primero conoce a las personas, luego a los jugadores. Primero haz que se unan como una familia, y luego enséñales cómo quieres que jueguen al fútbol. De hecho, se puede hacer todo a la vez, pero el porcentaje de dedicación a una cosa y a la otra debe de estar muy bien equilibrado. Los que somos obsesivos de la táctica —como un servidor— muchas veces no queremos encontrar tiempo para la cohesión de grupo, y eso suele acabar pasando factura.

En el bar *Tapeo & Wine* de Juan Mata —el futbolista español— en Mánchester, con una cerveza en la mano, un periodista deportivo me comentaba: «No logro entender cómo el City de Guardiola ha estado jugando a ese nivel, compitiendo tan y tan bien, sin haber podido apenas entrenar durante la pretemporada». Resulta que Pep y su equipo no pudieron entrenar prácticamente ningún día durante una pretemporada, producto de los compromisos que tenían a nivel de partidos pactados y del horrible clima que les tocó en los días previos y posteriores a esos encuentros. Al término de la cerveza, entre los dos habíamos generado una hipótesis: seguro que se tomaron ese tiempo para consolidar las bases del equipo como familia. Y escuchando a Martí Perarnau (2017) hablar sobre el orden de prioridades de Pep en Mánchester, no creo que estuviésemos muy desencaminados: «a diferencia de John Wooden, el espíritu de equipo está en la cima de la pirámide para Guardiola».

Otra anécdota. Un buen amigo, que trabajó en el Birmingham, me contó que en Championship —la segunda división en Inglaterra—, un entrenador se llevó a todos sus jugadores a pasar una semana entera a la montaña. De esta forma, se ayudaron mutuamente y convivieron día y noche. Esa semana fue la primera de la programación de pretemporada. Como ya habréis anticipado, no «entrenaron» ni un solo día. Se dedicaron a salir a pescar, a cortar leña para hacer fogatas y todo ese tipo de cosas que uno debe de hacer cuando está en medio de la naturaleza viviendo en una tienda de acampar. Una locura muy sensata. Empezó a crear una familia.

Durante la segunda pretemporada con mi equipo, con la lección aprendida, dediqué mucho más tiempo a la cohesión de grupo. Ya había empezado a darle su debida importancia tras reconocer mi error faltando poco más de un mes para el término del primer torneo. Nos

íbamos a jugar a *paintball*, recuperábamos de forma activa realizando partidos de voleibol playa, hacíamos asados para ver fútbol juntos...

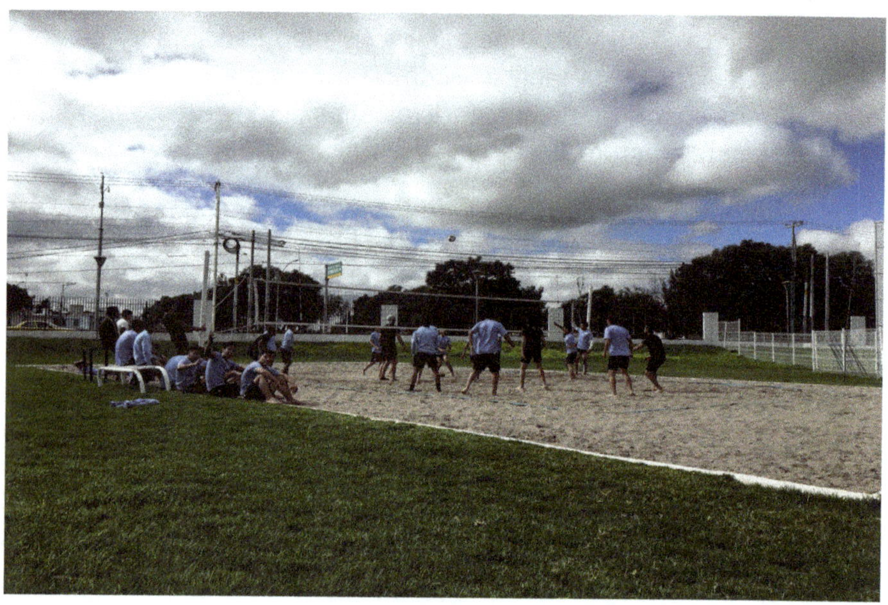

Imagen 4. Un lunes de recuperación activa, con partido el siguiente domingo, jugando a voleibol playa

En dicha segunda pretemporada, decidí reunirme con cada uno de mis jugadores de forma individual: ¿cómo estás? ¿Cómo viviste el torneo pasado? ¿Estás a gusto en el equipo? ¿Cómo está tu familia? ¿Me puedes contar sobre ella? ¿Los ves muy a menudo? ¿Qué podría mejorar como entrenador para ayudarte más? ¿En qué crees que deberíamos focalizarnos para mejorar tu rendimiento en este nuevo torneo? Estas y muchas otras preguntas son las que les hacía *one-on-one*. Solos, uno frente al otro. Sin filtros ni intermediarios.

A través de esas íntimas conversaciones, podía leer entre líneas lo que querían decir y, sobre todo, lo que no decían. A los pocos días, muchos de ellos me escribían. Algunos tenían problemas con sus primeros pasos en la universidad, otros con su novia, otros con la familia, incluso algunos a nivel más de autoconocimiento.

Juntamente con el área de psicología del club, los fuimos ayudando. Los jugadores estaban mejor con ellos mismos, con sus compañeros y conmigo. El equipo se había transformado en una familia. Se podía sentir en el ambiente.

En el primer torneo no ganamos hasta la jornada 4 —de penalti en el minuto 90. En el segundo torneo lo hicimos ya en la primera jornada —2 a 1 contra el semifinalista del pasado torneo. Y teniendo en cuenta la forma en como logramos esa victoria, pude constatar que algo había cambiado en el grupo, y tengo muy claro lo que fue.

CONVENCER

La palabra *convencer* proviene del latín. Su prefijo *con* significa junto, todo; y *vincere*, vencer. Pues será que tenían ya razón en esos tiempos. Convencer al equipo permite vencer de forma conjunta, todos a una. Pero no es fácil que te compren esa idea. Hay que venderla muy bien.

Habrás escuchado alguna vez la frase: «el poder no se otorga, se gana». Yo diría que ambas cosas suceden en el fútbol profesional. Cuando negocias con la directiva puedes —o, mejor dicho, debes— conseguir que te otorguen poder, pero cuando lo haces con el equipo, este poder solo puedes ganártelo.

Qué importante es entender esto. Los jugadores deben sentir libertad y confianza para hacer aquello que quieren, tanto dentro como fuera de los terrenos de juego, pero deben acabar haciendo aquello que beneficie realmente al equipo. Si piensan que deciden por ellos mismos, pero en realidad deciden por un bien común, lo lograste. Pero eso es complejo de conseguir. Para hacerlo, habrá que manipular.

Dicen que manipular es malo, pero un manipulador de alimentos —un chef con Estrella Michelin, por ejemplo— transforma el alimento para convertirlo en algo mejor, mucho más apetecible. Entonces, ¿por qué nosotros no podemos manipular a nuestros jugadores para evolucionarlos, generando una mejor versión de ellos? Pienso que es

importante hacerlo y que nuestro trabajo como entrenadores consiste mucho en esto: convencer.

El liderazgo, cuando se sirve de un buen convencimiento y respeto bidireccional, consigue generar nuevos líderes. Pero ese proceso, a mi parecer, precisa de un indispensable ingrediente: el afecto.

Varias veces me ha tocado convivir con un liderazgo basado en la política del miedo. Generando temor en los demás se puede conseguir un efecto a corto plazo que saque rendimiento al sistema al cual se aplica. A medio plazo, como si de una bola de nieve que baja desde la cima de una montaña y se va haciendo cada vez más grande se tratara, los efectos empiezan a devastar el sistema. A largo plazo, el sistema colapsa.

La secuencia anterior, que puede parecer estar basada en una teoría, está realmente fundamentada en mi experiencia personal. Yo fui parte de esos sistemas. También colapsé.

«Cuando estás envuelto, como entrenador, en un bucle de presión y miedo, si no puedes controlarlo y acabas transmitiendo dichas emociones a los jugadores, estos las van a transmitir al balón, y el balón nunca miente», reflexionaba durante un entrenamiento mi asistente, Jesús Padrón, en la sub-17 de Querétaro.

¿Por qué hay jugadores de gran nivel que, en períodos de la temporada, fallan inexplicablemente acciones rutinarias una y otra vez? Precisamente por eso, porque el balón no miente. Para recuperar su nivel, habrá que sumergirles en un tipo de política más afectiva.

Esa forma de operar basada en la confianza, aunque necesitará más tiempo para penetrar e instalarse en el sistema, tendrá unos efectos a medio y largo plazo muy importantes.

Un entrenador uruguayo que trabajó en México en la época de los ochenta, uno de esos a los que llaman «de la vieja escuela», era un avanzado en la política de la confianza.

Resulta que en un partido había un jugador debutante muy nervioso, a quien le dijo: «El primer balón que te llegue, se la das a su central directamente». Así lo hizo. Una vez la jugada terminó en nada, el entrenador le preguntó: «¿Qué pasa si fallas? Ya lo has visto, absolutamente nada, hijo». No consigo imaginarme qué hubiera sucedido si esa jugada hubiera acabado en gol en contra —porque el truco hubiera fallado estrepitosamente—, pero el hecho es que no fue así, y ese jugador disputó su primer partido como profesional con la confianza al máximo.

En el segundo partido, que se jugaba fuera de casa, el joven volvía a tener cierto nerviosismo, a lo que el entrenador se acercó y le dijo muy sutilmente —con voz bajita susurrándole cerca de la oreja—: «Hijo, estamos a dos horas del partido y hay tres horas de viaje para llegar hasta aquí. Ya no me da tiempo a traer ningún recambio para usted. Va a jugar todo el partido». ¡Qué fenómeno ese entrenador! Actualmente, ya retirado, se dedica a dar cursos sobre Programación Neurolingüística (PNL).

Por cierto, ¿has escuchado alguna vez que se habla de los ciclos de tres años con un equipo? En referencia a esa idea, creo que el día a día en un entorno tan complejo como el del fútbol profesional es muy desgastante —para todas y cada una de las partes. Así que, a mi entender, solo utilizando el poder del afecto el entrenador podrá sostenerse óptimamente en un equipo durante un período de esa longitud. Por el contrario, no tengo tan claro que la política del miedo pueda aguantar todo ese tiempo, al menos de una forma sana para cualquier institución, porque, como dice Jane Nelsen: «la clave de la disciplina no es el castigo, sino el respeto mutuo».

EL FÚTBOL ES DE LOS JUGADORES

Hablando de aguantar, ¿de qué nos va a servir tener unos pilares excelentes si las bases no los van a poder soportar? Dicho de otra forma: ¿de qué servirá querer jugar a un fútbol que el equipo no está convencido de proyectar en el campo?

Pep Guardiola dice que «cuando el árbitro pita, el entrenador pinta cuadros» (Arcucci, 2013). Entonces, si los que tienen el poder real son

los jugadores, en el supuesto caso de que estos no se sientan cómodos jugando a lo que el entrenador propone, estaremos ante la crónica de una muerte anunciada.

Primeramente, porque el equipo no tendrá identidad. En segunda instancia, porque el entrenador no se verá proyectado en su equipo dentro del terreno de juego, y puedo decir que no hay nada peor que eso. El gran Johan Cruyff decía: «Mis equipos deben jugar a lo que yo quiero, porque de lo contrario voy a ser yo quien más se va a fastidiar viendo los partidos una y otra vez» (Primicia, 2009).

Como el director de orquesta, el entrenador deberá ser un canalizador. Riccardo Chailly, uno de los mejores directores de orquesta del mundo, no puede detener el concierto y ponerse a tocar el violín porque no le gusta cómo el violinista está interpretando la pieza. Deberá canalizar la actuación de su músico para que esta sea óptima.

Además, siguiendo la idea de una de las citas más famosas de Max Lucado, hay otra cosa vital: el director de orquesta dirigirá la misma dando la espalda al público. Transfiriéndolo al rol de entrenador, este deberá tener claras sus ideas esenciales y no cambiarlas —aunque sí adaptarlas y evolucionarlas—, por mucha que sea la presión externa.

¿Y el famoso café con leche? Siempre he oído que hay que mezclar lo que quiere el entrenador con lo que quieren los jugadores. Estoy de acuerdo con esta idea, pero solo parcialmente. Hay que escuchar y mucho, pero con la finalidad de introducir cambios inteligentes, y estos cambios tienen como característica principal la no modificación de la esencia.

Por ejemplo, ¿los centrales no se sienten cómodos presionando alto, dejando tanto espacio a sus espaldas? No hay problema, bajaremos un poco el bloque y adelantaremos la posición del portero, pero todo sin perder la presión que nos caracteriza cuando el balón llegue a una zona determinada.

Otro ejemplo, ¿hay algunos jugadores que no les agrada sentarse a ver sus propios vídeos? No pasa nada, nos llevaremos la *tablet* al campo y se los mostraremos antes de empezar los ejercicios relacionados con las imágenes. Acabarán observándose igualmente, pero en lugar de hacerlo sentados en una silla y mirando una pantalla gigante, lo harán a pie de campo mientras sostienen el dispositivo con una mano y van hidratándose con la otra.

Este tipo de decisiones, cuanto más salomónicas, mejor.

Ojo, pero no todas. Hay que saber cuándo tirar de la cuerda y cuándo soltarla. Lo negociable, utilizarlo como moneda de cambio para lo no negociable.

Mi experiencia me dice que, muchas veces, algo que no encaja en un principio lo acaba haciendo al cabo del tiempo, e incluso puede transformarse en un hábito para el equipo. La gran pregunta que habrá que hacerse es si dispondremos de suficiente tiempo como para transformar esos aspectos. Muchas veces nos habrán echado antes de conseguirlo. Esta es la cruda realidad del fútbol profesional.

Ese fue uno de los motivos por los cuales decidí empezar por abajo. Pocos reflectores, mucho margen para equivocarse —para aprender de los errores—, y tiempo para probar multitud de cosas que en un primer equipo habrían sido mi verdugo. De eso no tengo duda alguna.

Le pregunté a uno de los mejores fisiólogos que conozco en el mundo del fútbol —que es a la vez un muy íntimo amigo—, si decidía por medio del miedo al no aceptar los trabajos en primera división. Sorprendentemente, me respondió: «¿Sabes lo importante que es haber tenido un proceso en filiales antes de dar el salto a un primer equipo? Es clave. Muchos entrenadores que llegan directamente a la élite les falta una herramienta muy importante: la empatía. No saben cómo lidiar con los jugadores jóvenes y les cuesta entender muchos procesos por los cuales estos pasan. Y esos jugadores son el futuro del club, a veces a nivel deportivo y otras a nivel económico. Este paso por un filial será, sin duda, de mucho valor».

Me quedé más tranquilo.

ADMINISTRAR EL RECONOCIMIENTO DEL RENDIMIENTO

Aunque me considero muy afortunado de haber podido realizar parte de mi proceso en filiales, tengo claro que hay muchas cosas que son exclusivas del alto rendimiento y que, de no estar inmersos en él, no se pueden comprender. La correcta administración del reconocimiento del rendimiento en forma de premios y bonificaciones es una de ellas.

El tema del dinero siempre es un poco delicado, pero al decidir escribir el libro me comprometí a tocar todos los temas que considerara relevantes para construir al equipo, y este no es una excepción.

Dependiendo del rendimiento del colectivo, e incluso del individuo con algunos jugadores en particular, se generarán ciertos reconocimientos, normalmente a nivel económico. Digo normalmente porque en algunos clubes entran también los pagos en especies por parte de los patrocinadores.

Pues bien, la negociación de dichos reconocimientos pasará en gran parte por los capitanes del equipo, aunque el entrenador también jugará un importante rol canalizador.

Creo que es clave establecer —desde un inicio— cuáles van a ser los premios y bonificaciones según competición, fases de la misma, cantidades y formas de pago. Si todos estos temas no quedan claros desde antes de empezar a competir, más adelante podrían producir varias consecuencias. Una de ellas, inquietud. Otra, malestar. Una más, preocupación. Entonces, si queremos evitar que el equipo esté inquieto, molesto, preocupado, o todo a la vez, deberemos atender ese pequeño gran detalle.

A mi juicio personal —totalmente personal—, la mejor manera de tratar los comúnmente llamados «bonos» es por partido ganado o por paquetes de puntos preestablecidos —de forma fija o flexible— por tramos de la temporada. Y lo más importante: que el pago de esas bonificaciones, en la medida que se pueda, se reciba mensualmente junto a la nómina —a no ser que haya condicionantes finales que los haga fluctuantes.

El jugador se suele motivar mucho más recibiendo aquello que se ha ganado con su rendimiento mes a mes, que no a final de temporada, por ejemplo. Creo que se logra implicarlos y motivarlos más cuando la recompensa es inmediata.

Pensarás, ¿de verdad que habrá mayor motivación debido a ese dinero extra que van a ganar, teniendo en cuenta los altísimos sueldos que ya tienen? En mi opinión, todo suma.

Sir Alex Ferguson decía que todos los detalles importan. En la final de la FA Cup del 1996 contra en Liverpool, los *red devils* se presentaron en Wembley con un traje blanco impoluto hecho a medida. ¿Era eso realmente necesario? El mismo entrenador reflexionaba que la final se ganó 1 a 0, y quién sabe si esa extravagante vestimenta tuvo algún efecto en dicha victoria (Bancil, 2015).

Y espera, que cuando se acercan las fases finales de cualquier competición, esto sí se pone bueno. ¿Qué premios vamos a recibir por pasar a cuartos de final? ¿Y a semifinales? ¿Y por el subcampeonato? ¿Y por la gloria de salir campeones?

Imagina que los capitanes tengan que sentarse con la dirección del club a discutir todo esto desde cero a pocas semanas de los partidos clave. Puede ser una enorme odisea que desoriente al grupo por momentos. Por eso, si queremos mantenerlos focalizados, deberemos haber interpretado el papel de canalizadores mucho antes de los momentos cumbre.

¿Qué hay de los reconocimientos individuales? Algunos podrán percibirse por minutos jugados —sobre todo los más jóvenes—, otros por goles anotados, por asistencias realizadas, por reducido número de goles encajados..., y una gran cantidad de ítems más que se podrán poner sobre la mesa de negociación.

Como último apunte, será primordial que estos premios individuales no afecten al colectivo. Si un delantero percibe remuneración extra por gol, también la debería recibir por asistencia, pudiendo ser esta última incluso mayor. ¿Y eso por qué? Para equilibrar las prioridades:

si marco yo, me pagan *x*, pero si asisto al compañero, me pagan *x + 1*. De esta forma, necesito de mis compañeros para recibir la máxima recompensa.

A eso iba con esta aclaración, a poner siempre al colectivo por encima de las individualidades.

EL ARTE DE GESTIONAR AL GRUPO

Aparte de una buena retribución económica —como la que todos los profesionales buscamos—, ¿qué más quieren los futbolistas?

Una vez oí que los mediocres quieren que les dejes en paz, los buenos que los ayudes, y los extraordinarios que les digas la verdad. Esa misma frase se la dije a Hirving Lozano en su última temporada con el C. F. Pachuca antes de realizar el salto hacia Europa.

No sé si eso ayudó a que la sesión de táctica individual que teníamos programada funcionara mejor —lo dudo—, pero lo que sí me permitió fue comprender que cada jugador quiere cosas distintas. Solamente hay que descubrir cuáles son y conectar con ellas para llegarle de la mejor forma.

Imagen 5. Duelo con Hirving Lozano durante un partido entre jugadores y cuerpo técnico. Fuente: C. F. Pachuca

Bridge, el sistema de clasificación de la personalidad en cuatro elementos; fuego, agua, aire y tierra, me ayudó mucho a concretar la comunicación con cada uno de mis jugadores. Mediante unas pruebas escritas que pasamos en la pretemporada, pudimos detectar qué tipo de personalidad predominaba en cada uno de nuestros futbolistas.

La parte que me gustó más fue cuando les pedimos que escribieran una carta al presidente del F. C. Barcelona o Real Madrid —a su elección— argumentando por qué el club debía ficharlos y qué pedían para formalizar el contrato. En el redactado del texto es donde pudimos ver más claramente cómo era cada jugador.

Recuerdo alguno de ellos utilizando una estructura de carta formal, con un lenguaje técnico, una ordenación de ideas precisa y una despedida elegante. Otros, en cambio, redactaban aquello que les venía a la cabeza, tal y como les iba llegando a esta, sin más.

Cuando te comunicas con los fuego, por poner un ejemplo, debes darles instrucciones concretas, muy claras y organizadas, con pruebas de que va a funcionar. Los motivas con el reto, con el logro. Opuestamen-

te, cuando te diriges a los aire, debes conectarte con ellos mediante una gran idea, logrando que visualicen la misma para estimularlos. Los motivas seduciéndolos, despertando su ilusión e imaginación. ¿Y cómo darles malas noticias? Al fuego, buscando un acuerdo para ambas partes, como si de un divorcio se tratara. Con el aire, utilizando los motivos externos como explicación.

Y es que ya los ves venir; el fuego, con su cuerpo erguido, la mirada fija y el tono de voz sólido —pura energía. El aire, con mucha expresión facial y corporal, movimientos constantes y gran rapidez al hablar —expresión en su máximo exponente.

Obviamente, el tiempo va a ser el mejor aliado para descubrir todos estos detalles sobre tus jugadores, pero en un entorno donde escasea tanto, el sistema Bridge nos permitió ganar algunos meses.

En definitiva, el individuo debe sentirse tratado como quiere, porque no hay que tratar a todos igual, sino a cada cual como necesita ser tratado. Cuando haya uno que tenga privilegios merecidos, los otros van a entender el porqué y apoyarán que se le trate diferente. Eso sí, esos privilegios deberán ganarse dentro del terreno de juego.

¿Por qué hago esta aclaración? Hay jugadores que quieren tener privilegios, pero no se los han merecido donde toca —los ganaron en las oficinas y no en el campo. Resulta que están cobrando mucho dinero y eso les da un estatus dentro de la institución, pero el equipo no permite que se les trate de forma exclusiva porque consideran que no marcan una diferencia real en términos competitivos.

Con estos jugadores es muy fácil razonar. Su privilegio es estar cobrando tanto dinero. Punto. En la mayoría de los casos llegan a entenderlo. Y si no lo entienden, es muy probable que estén en la lista de transferibles en el próximo mercado de fichajes. Porque, a veces, es más importante saber a quién dejar ir que a quién incorporar a la plantilla.

Podréis pensar que todo esto es demasiado complejo. Pues razón no os falta. La gestión de grupo es un arte.

Vamos a ver ese arte transformado en números (Díaz, 2020):

¿Por qué Rafa Benítez dirigió 25 partidos en el Madrid, Zidane lo hizo 149 —en su primera etapa— y Lopetegui 14? En gran parte, creo yo, por la gestión del grupo.

Y, aunque seguramente el vestuario del Real Madrid debe de ser uno de los más complejos de dirigir a nivel mundial, otro que lo hizo de maravilla fue Carlo Ancelotti —119 partidos al cargo. Justo durante esa etapa, estaba realizando funciones de asesor táctico con uno de los jugadores del primer equipo, así que pude percibir, de primera mano, ciertos detalles.

Viendo los mensajes de despedida de sus jugadores, quedó evidenciado que a Carlo lo amaban. No todos, claro está, pero eso es muy utópico, ya que solo pueden jugar once e ir convocados dieciocho. Casualmente, Ancelotti es el segundo entrenador con mejor desempeño —74,7%, solo 0,3 por debajo de Manuel Pellegrini— y el segundo con más títulos —4 frente a los 11 de Zidane— de la última década.

Imagen 6. Esperando, en Valdebebas, la salida de los jugadores del Real Madrid al entrenamiento

Un caso similar sería el cambio radical del Manchester United de la temporada 2018-2019 tras la salida de Mourinho y la llegada de Solskjaer. Con el técnico luso, el United ganó solo uno de sus últimos cinco partidos, marcando diez goles y encajando también diez (+0). Con la llegada del noruego —ex diablo rojo—, el Manchester United ganó cinco de los siguientes cinco partidos disputados, con un total de dieciséis goles a favor y solamente tres en contra (+13).

¿Qué fue lo que cambió tanto en apenas unos pocos días? Yo diría que únicamente la forma de gestionar al grupo.

Cuando uno no está a gusto, como Paul Pogba, su rendimiento se ve afectado. Pero cuando cambian sus condiciones y de repente el ambiente se acomoda, puede marcar cuatro goles en dos partidos consecutivos, tal y como lo hizo el francés.

Este es el gran poder que obtiene aquel que domina el arte de la gestión humana.

Concluyendo el capítulo, cuando consigamos que el colectivo se transforme en una familia, y todos los integrantes de la misma tengan sentido de pertenencia, se consideren bien tratados y, sobre todo, perciban que lo que sucede día a día es justo, podremos decir que los cimientos del equipo estarán listos para sostener los pilares que crearemos más adelante.

Y hablando de justicia, extendiendo la idea de Víctor Hugo, para un entrenador es muy fácil ser malo; también lo es ser bueno, pero donde reside la verdadera dificultad es en ser justo.

CAPÍTULO 3. PRIMER PILAR: LA IDEA DE JUEGO

«Una creencia no es simplemente una idea que la mente posee, es una idea que posee a la mente»

Robert Bolt

¿Cómo quiero jugar a este deporte? ¿Cómo quiero atacar? ¿Cómo quiero defender? ¿Qué voy a hacer cuando pierda el balón? ¿Y cuando lo recupere? ¿Qué priorizo en el balón parado?

PRIMERA PARTE

La esencia comportamental del equipo

Las respuestas que se ofrezcan a las preguntas anteriores configurarán lo que, a mi entender, será la esencia comportamental del colectivo. Si cuando observamos a nuestro equipo en contexto competitivo este respeta cada una de dichas respuestas, entonces podremos decir que los comportamientos esenciales estarán presentes.

¿Y quién se encargará de ofrecer la respuesta a esas preguntas? Nosotros, los entrenadores.

Bielsa (2017) reflexionaba: «Yo al fútbol lo siento de una manera determinada, y solo puedo convencer transmitiendo mis emociones —lo que siento. Entonces, es muy difícil dirigir proponiendo ideas en las que uno no cree, aunque las reconozca eficaces».

Dicen que el equipo es el fiel reflejo de su entrenador. De esa afirmación no tengo duda alguna. De lo que tampoco tengo duda es que el reflejo que debería buscar cada técnico en su equipo es, ni más ni menos, como él entiende que se debe jugar al juego del fútbol.

Entenderemos las ideas como representaciones mentales —visiones— que actuarán como rol fantasma en el equipo. ¿Qué significa eso? Que serán básicamente omnipresentes. Aparecerán —muchas veces de forma sutil— en los entrenamientos, durante las sesiones de vídeo, en las charlas con el equipo, etc., y guiarán a nuestros jugadores en todo momento.

Supongo que alguna vez te habrás preguntado qué es lo que motiva a un club a contratar a cierto entrenador —cuál es el criterio determinante final. ¿Por qué el F. C. Barcelona puso a Quique Setién al frente de su proyecto a inicios de 2020? ¿Por su palmarés? ¿Por su experiencia en equipos históricos? ¿Por sus ideas? En mi opinión, pienso que estas últimas fueron parte clave en la toma de dicha decisión.

La forma en que visualicemos el fútbol y los valores que inculquemos a través de él —algunos llaman filosofía de juego a esa combinación—, serán de gran peso para que algún club con la misma sintonía pueda ofrecernos un proyecto.

Cabe destacar que esta esencia tan importante para el equipo emergerá en cada una de las fases del juego: la fase ofensiva, la defensiva, la transición ofensiva, la transición defensiva y también en el balón detenido. Utilizando un cortafuego teórico, la emergencia —en el sentido de emerger— de esa esencia colectiva, la podremos vincular solamente a las fases del juego.

Ese pequeño detalle será clave para entender todo lo que sigue.

Si nos pusiéramos a profundizar y nos adentráramos en los momentos, escenarios o situaciones de juego, estaríamos ya poniendo sobre la mesa otros elementos que trascienden lo esencial. Valga la redundancia, para mí la idea de juego es aquello puramente conectado a nuestra esencia de entrenador. Todo lo demás, como gestiones de la calidad, estructuras, organizaciones dinámicas o fundamentos, quedarían a un lado —de momento.

Figura 1. Relación entre los elementos del entrenador y los del juego

La fase ofensiva

Para que nos entendamos; que el punta se desplace a medio campo jugando como falso 9, para crear superioridades numéricas en los espacios interiores, no sería un aspecto esencial de la fase de juego ofensiva —bajo mi punto de vista. Personalmente, lo consideraría como un fundamento por demarcación para responder a una situación específica del juego.

Y algo más general, ¿sería un elemento esencial crear superioridades numéricas en el centro del campo —a secas? A mi juicio tampoco ya que, personalmente, lo entiendo como un principio de juego vinculado al momento de progresión del equipo.

Entonces, ¿qué sería algo esencial en este caso que estamos ejemplificando? Pues aquello que responda a cómo quiero jugar durante la fase ofensiva de este deporte, de forma totalmente purista, no relacionándolo ni con momentos ni con otros niveles más concretos del juego.

Podría ser algo así: en la fase ofensiva mi equipo será el protagonista del juego mediante el balón, saliendo sin miedo desde atrás de forma combinada para progresar en bloque —viajando con el balón—, aumentando el ritmo y la verticalidad en el último tercio, y encerrando el rival en su campo para no dejarlo salir de allí.

Vamos a seguir reflexionando. Si citamos «para progresar en bloque» en la definición anterior, ¿no se incluyen en esta los conceptos ya expuestos de generación de superioridades numéricas y, en algún caso, incluso, la participación del falso 9?

Por supuesto que sí los incluye, pero lo que sería estrictamente «progresar en bloque» está relacionado con una idea pura y esencial de cómo ofender. En cambio, como ya apuntábamos al inicio del apartado, la creación de superioridades numéricas sería un principio de juego del momento específico de progresión —que seguramente tendría vinculado un subprincipio que concretaría cómo se deberían crear esas superioridades. A su vez, la participación del falso 9 sería un fundamento correspondiente a la demarcación del delantero, que se utilizaría al presentarse una situación particular y definida.

Entonces, según la secuencia conceptual anterior:

- Dentro de la fase ofensiva encontraríamos las ideas de juego relacionadas con el ataque.
- Dicha fase de ataque estaría compuesta por momentos, uno de los cuales sería el momento de progresión, donde encontraríamos los principios y subprincipios organizativos de juego —más adelante veremos cómo los momentos evolucionan a escenarios.

- Dentro de ambas, la fase y el momento, podríamos definir varias situaciones específicas, las cuales se resolverían mediante el uso de fundamentos —y sus aspectos micro, que aparecerán posteriormente.

Y eso no es todo. De la mano con las ideas, los principios, los subprincipios y los fundamentos de juego, irán las llamadas estructuras que, como veremos, también estarán vinculadas a los momentos.

¿Cómo se entendería la estructura en un caso real?

Por ejemplo, en el principio de juego anterior de creación de superioridades numéricas, estas deberán estar contextualizadas dentro de una disposición, porque no será lo mismo generar superioridades partiendo de una estructura P-4-3-1-2, que de un posicionamiento P-3-4-3.

En la primera, tendremos a cuatro jugadores por dentro más dos puntas fijando a los centrales, careciendo de cierta amplitud en zona media. En cambio, en la segunda estructura la amplitud estará doblemente garantizada, tanto en zona media como en zona avanzada, pero por dentro solamente tendremos a dos jugadores, así como un único punta ocupando a los centrales contrarios. Por todo lo anterior, podremos afirmar que la diferencia a la hora de generar superioridades con una distribución u otra será muy evidente.

Estarás pensando: qué animalada, esto parece un sudoku de conceptos futbolísticos. Pues bien, la aclaración terminológica será muy importante para seguir el hilo de todos y cada uno de los pilares que iremos desarrollando durante el transcurso del libro. Y con eso no estoy diciendo que como se ordenan aquí los conceptos sea la única ni la mejor forma de hacerlo, pero de lo que sí estoy convencido es de la necesidad de estructurarlos.

Si nos hemos dado cuenta, ya estamos empezando a crear los cajones donde podremos organizar nuestras ideas, valores y creencias, es decir, las bases de nuestra esencia como entrenadores.

Ojo, y siempre parece que nos vayamos al tan mitificado juego asociativo a la hora de poner ejemplos. ¿Por qué no romper esa tendencia? Vamos allá, porque en el fútbol no hay nada mejor o peor, todo depende.

Entonces, la esencia comportamental en la fase ofensiva en un estilo de juego directo podría ser: en la fase ofensiva buscaremos llevar el balón lo más rápido posible al último tercio del campo contrario, compactando a nuestro equipo en torno a este para ganarlo y dominarlo cerca del área contraria, tratando de finalizar siempre las jugadas.

Una vez hemos vinculado la idea a la fase, podemos seguir profundizándola para complementarla con los demás elementos. Si añadiéramos que atraeremos al rival con tres o cuatro pases previos en la línea defensiva para seguidamente conectar con los jugadores más avanzados, ya estaríamos entrando en el principio de juego correspondiente al momento de salida de balón dinámica. Si, además, habláramos de que en el momento de la conexión con los puntas, los interiores deberán llegar de frente para ofrecer apoyos de descarga, estaríamos haciendo referencia a una situación específica a resolver mediante un fundamento por demarcación —en este caso, de los interiores. Y si, encima, concretáramos que la estructura del equipo en dicho momento será un P-4-1-2-3, ya habríamos cerrado el círculo alrededor de esa idea ofensiva, primaria y esencial, del estilo de juego directo —descrita en el párrafo anterior.

Perdonen, volvió a aparecer el popurrí de conceptos.

La fase defensiva

¿Cómo podría ser una idea de juego para la fase defensiva?

Pues depende de cómo entendamos qué se debe defender en este deporte. Puede que el comportamiento esencial que busquemos esté vinculado con defender bien bajos y compactos para cerrar los espacios cercanos a nuestra portería, sobre todo en el carril central. O puede que se busque defender individualmente —hombre a hombre— por todo el campo para evitar que el rival se asocie lo más mínimo.

Evidentemente, también habrá opciones intermedias. No todo debe ser blanco o negro, la escala de grises en el fútbol es interminable. Aquí aparecerían aquellos que quieren presionar alto, de forma orientada, para recuperar el balón cerca de la portería rival; los que quieren esperar en una zona media para que cuando el balón entre dentro del sistema haya una fuerte presión en el centro de juego, etc. Existen multitud de opciones y matices a elegir.

De forma ordenada en una tabla, y con la finalidad de consolidar términos, vamos a poner un ejemplo para la fase defensiva, con su correspondiente representación gráfica.

El supuesto está basado en un partido entre Everton y Tottenham. La interpretación y desarrollo de este será totalmente personal según el análisis realizado —solamente el entrenador de los *toffees* sabrá exactamente lo que buscaba en dicho momento de juego.

FASE DE JUEGO	IDEA DE JUEGO / ESENCIA COMPORTAMENTAL
Defensiva	Para defender regalaremos el primer tercio de campo, evitando así exponernos muy lejanos a nuestra portería. Desde esa altura intermedia y bien compactos, reaccionaremos con fuerte presión cuando el rival trate de superar nuestro bloque, forzando la pérdida de la posesión.

GESTIÓN DE LA CALIDAD
Utilizaremos a dos contenciones puros (6 y 8) más un segundo punta (10) que trabaje hacia atrás, para tener siempre el centro del terreno de juego correctamente equilibrado. Además, uno de los dos laterales (2 o 4) será de perfil defensivo, y jugará por el costado donde el extremo (7 u 11) tenga más desequilibrio, evitando así la necesidad de desprenderse fuera de su zona. Finalmente, ambos extremos tendrán recorrido hacia atrás para llegar a las ayudas y reequilibrar al equipo cuando sea necesario.

MOMENTO DE JUEGO	ESTRUCTURA	PRINCIPIO DE JUEGO	SUBPRINCIPIO DE JUEGO
Bloque Medio	P-4-4-1-1	Recorreremos con el balón, esperando a que este entre dentro del sistema para realizar una presión muy fuerte en el centro de juego.	Los de zona activa acosarán al poseedor. Los intermedios disuadirán a los receptores cercanos, sobre todo aquellos en progresión. Los lejanos equilibrarán las distancias en amplitud y profundidad, cerrando así los ángulos de presión.

SITUACIÓN DE JUEGO	FUNDAMENTO UNIVERSAL	FUNDAMENTO POR DEMARCACIÓN	FUNDAMENTO POR LÍNEA
El balón entra en el espacio entre nuestro extremo y nuestro lateral. Lo recibe un rival al pie.	No podremos ser superados en el acoso al poseedor.	*Zona activa (obscuro)* Lateral (2): reducir espacio de recepción del extremo. Extremo (7): generar superioridades defensivas con el lateral. Contención (6): equilibrio desajuste espacial en la línea defensiva. Central próximo (3): reducir el espacio de recepción del punta. Enganche (10): evitar el cambio de orientación por dentro. *Zona intermedia (sombreado)* Delantero (9): buscar una posición intermedia para recibir el balón libre de marca tras recuperación. Central lejano (5): defender la espalda del compañero como segundo central.	*Zona intermedia (sombreado) + Zona pasiva (claro)* Línea defensiva (5, 4): ajustar la amplitud y la profundidad, generando una línea de 3 hacia el costado del balón. Línea de mediocentros (8, 11): ajustar la amplitud y la profundidad, priorizando el cierre del carril central.

Tabla 1. Ejemplo de evolución de una idea de juego defensiva para el momento de bloque medio, con sus fundamentos

Imagen 7. Foto del momento de bloque medio defensivo

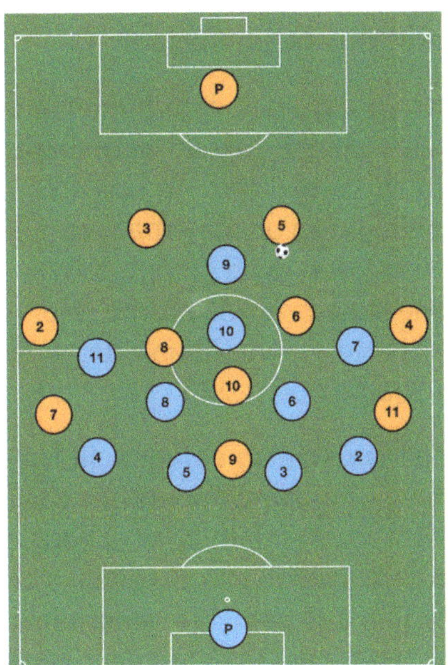

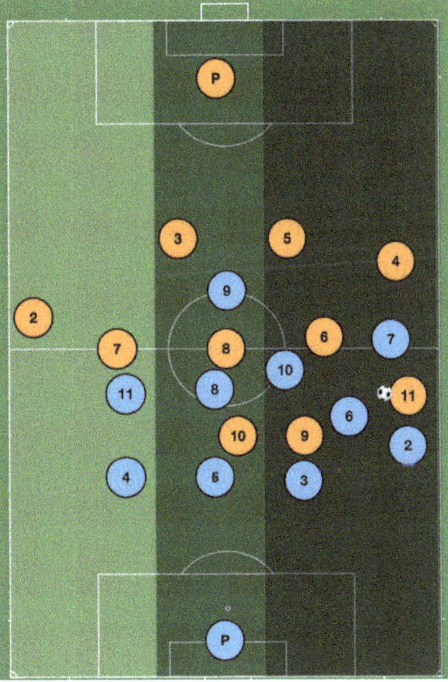

Figura 2. Representación gráfica del momento de bloque medio defensivo

Las fases de transición

¿Y qué hay de las transiciones?

Cuando llegué a Pachuca como entrenador asistente me di cuenta de lo poco que había entrenado las transiciones con mis equipos y la gran cantidad que realmente aparecen en un partido.

Álex Sans y César Frattarola (2011) dicen que hay entre ochenta y ciento veinte unidades de competición —fase de posesión más fase de no posesión— en un partido de fútbol. De hecho, muchos goles se producen pocos segundos después de perder o recuperar el balón.

Ahora, piensa un instante en las diferencias al observar al F. C. Barcelona de Pep Guardiola, que presionaba hacia delante tras perder la posesión, y utilizaba la doble P —posesión más posición— la mayoría de las veces que recuperaba el balón; y al ver al Real Madrid de José Mourinho, que tendía a organizar al equipo en bloque medio tras pérdida, y utilizaba contragolpes fulminantes tras recuperación.

¿Qué está bien y qué está mal? Pues yo diría que está bien que el equipo se comporte como uno realmente siente cuando este pierda o recupere el balón, y estaría mal que se comportara de una forma completamente diferente. Pero ojo, un equipo es un sistema vivo y se autoecoorganiza, es decir, que puede utilizar nuevos comportamientos para su propio beneficio según lo que suceda en el entorno (Morin, 1990). Como consejo, yo estaría muy atento y aprendería mucho de estas organizaciones que generará mi equipo por sí solo.

Aún recuerdo un entrenamiento de salida de balón estática. Movilizábamos a ciertos jugadores para liberar a uno, como mínimo, en carril lateral. De repente, el jugador más creativo que teníamos en el equipo —también era el más caótico— se hizo bajo tirando una diagonal a un costado del área, aprovechando un espacio que se había generado al lado pasivo de donde queríamos recibir. Nadie estaba atendiendo ese intervalo de juego. Solo él.

Entonces fue cuando recibió totalmente libre y cruzó en conducción las líneas de presión rivales para jugar ya en la otra mitad del campo. Le dije: «Acabas de evolucionar esta salida. A partir de ahora, cuando demos la señal, te harás bajo a ese intervalo».

Volviendo a las transiciones. Será también muy importante definir el contexto de la pérdida y la recuperación. ¿Por qué? Por la simple razón de que no será lo mismo perder el balón en el inicio del juego que en la finalización, igual que será muy diferente recuperar el balón con el rival claramente organizado o con este completamente desorganizado. Pero de todo esto y más ya hablaremos cuando entremos en los pilares estructurales y organizativos. Vayamos paso a paso.

El balón parado

Finalmente, ¿cómo podemos definir una esencia comportamental en balón parado?

La gran cuestión aquí será la de decidir, a nivel defensivo, si queremos utilizar un marcaje en zona, individual o mixto, y si pensamos dejar jugadores descolgados arriba o no.

Ofensivamente, habrá que pensar en cómo queremos utilizar el balón parado a favor a nivel general —lanzar directo o movilizar previamente el balón y qué buscar mediante el golpeo.

Podría ser: defensivamente dejaremos mucha gente arriba para que nos ataquen con pocos, y los defenderemos al hombre. En ofensiva, buscaremos mover el balón para desestabilizar su toma de marcas y seguidamente trataremos de aprovechar las zonas débiles.

Al poner el foco en si preferimos un solo ejecutante, dos, incluso tres; utilizar un jugador al rechace, o dos; marcar mano a mano atrás o decantarnos por la superioridad numérica, entre otros muchísimos detalles, ya estaríamos entrando dentro de los parámetros estructurales y organizacionales de esta fase estática del juego.

Para colmo, estas últimas informaciones se tendrán que especificar muy detalladamente según a qué tipo de balón parado correspondan: penalti, saque de esquina, saque de banda, falta lateral de cajón, falta lateral fuera de cajón, falta frontal cercana, falta frontal lejana, etc.

En este punto tengo que decir que, según lo que he podido vivenciar, aunque existan ideas previas sobre la esencia comportamental del equipo en balón parado, esta, normalmente, acabará adaptándose en

cada partido dependiendo del rival. No tanto la defensiva, que se podrá mantener bastante fija, pero sí la ofensiva.

En mi caso, acostumbro a tener un catálogo de jugadas y a activarlas solamente cuando el contexto que el rival va a plantear es el adecuado para utilizarlas. En consecuencia, aquello que busco puede ajustarse en cada partido. Pero, igual que nosotros, los demás equipos también tenderán a amoldar sus comportamientos a balón parado en cada nueva jornada.

Qué complejo y qué razón tienen cuando dicen que el balón parado es otro partido dentro de un partido.

Hay que resaltar la importancia de esas jugadas estratégicas, de las cuales no soy muy fan a la hora de entrenarlas —me cuesta mucho sacar el tiempo necesario para optimizarlas debidamente—, pero sí reconozco que abren, igualan y decantan muchos partidos que, por otro medio, no hubiera sido posible.

Cerrando esta primera parte, y como curiosidad, a mi entender considero que la salida de balón estática, tanto a favor como en contra —que sería otro balón parado más—, pertenece a la fase de juego ofensiva y defensiva, respectivamente.

Los más puristas teóricos y conceptuales dirán que eso no es correcto. Pero, como ya hemos apuntado anteriormente: ¿qué es correcto e incorrecto en el fútbol? Yo diría que solamente existe lo que sí nos sirve y lo que no.

SEGUNDA PARTE

Tus ideas de juego

Llegó la hora de concretar cómo quieres que se comporte tu equipo —de forma esencial— durante las diferentes fases del juego.

Completa la tabla, organizando tus ideas en los siguientes cajones. Para hacerlo, escanea el código QR y empieza a desarrollar tu modelo de juego.

Nota: al escanear este código accederás a una página web donde podrás descargar la plantilla de Modelo de Juego —en Keynote o PowerPoint—, además de otras muchas sorpresas.

¡Excelente! Ya tienes tus ideas de juego organizadas por fases.

La pregunta que procede a continuación es: ¿deberé cambiar mis ideas dependiendo del país, club, liga, equipo o jugadores que entrene?

Ahí va mi respuesta: las ideas evolucionarán contigo mientras vayas evolucionando como entrenador —eso está más que asegurado—, pero lo que es cambiarlas, yo no lo haría. Si has sido sincero contigo mismo y has plasmado tu verdadera esencia en la tabla anterior, renunciar a tu forma de entender cómo jugar a este juego será la peor de las traiciones que puedas hacerte.

Y créeme que habrá muchos momentos donde dudarás, donde el fútbol te pondrá contra las cuerdas. Pensarás: no gano hace seis partidos, ¿debería cambiar mis ideas sobre cómo jugar a esto?

Morir con la tuya no excluye tratar de adaptarse

Decía Pep Guardiola en una entrevista con Varsky (2013): «La primera opción que debe tener un entrenador es ¿qué jugadores tengo?, y en función de eso los principios no se mueven. Para qué hacer algo que uno no siente».

Entendiendo esos principios como las bases esenciales que uno debe sentir como suyas, creo firmemente que la gran clave en este proceso será entender que existen diferentes posibilidades de adaptación que no pasan por substituir nuestras ideas por otras diferentes, permitiéndonos así mantener aquella esencia comportamental que tanto nos representa como entrenadores. Porque, como dice Héctor Chavero: «La derrota más dolorosa es la muerte de la idea».

¿Qué deberemos modificar entonces si las ideas se mantienen? Pues todo aquello que no sea puramente esencial, es decir, la gestión de la calidad, las estructuras, las organizaciones dinámicas y los fundamentos de juego.

Vamos a poner algunos supuestos.

Resulta que ejecutando mis ideas de la forma más purista posible con el equipo, me encuentro con siete aspectos que el fútbol me pide a gritos que adapte:

1. La presión en campo contrario mediante el bloque alto dinámico.
2. El juego asociativo en el momento de progresión del equipo.
3. La presión tras pérdida para recuperar rápidamente el balón.
4. El mantenimiento de la posesión tras la recuperación de la misma.
5. Las jugadas de saque de esquina defensivas.
6. Las combinaciones en zonas avanzadas del terreno de juego.
7. La calidad de pase y el tipo de juego que propone la liga donde competimos.

Primeramente, hay que aclarar que todo lo anterior se soluciona, principalmente, entrenando mucho y muy bien —generando trabajos para la constante mejora de los aspectos descritos.

Horas y horas de rodaje serán necesarias para reducir los efectos de las carencias anteriores: mejorar los acosos en la presión y la disuasión de receptores; aumentar el porcentaje de duelos mano a mano ganados; triplicar los contactos con el balón en acciones de control y pase durante los entrenamientos; destinar una sesión entera a la semana a optimizar la defensa del balón parado, etc.

En definitiva, deberemos crear contextos de aprendizaje que soliciten el uso de estos recursos, aumentando así la capacidad de nuestros jugadores para utilizarlos ante las situaciones de juego que los requieran.

Y es que de eso se trata. El entrenador por sí solo puede enseñar, de verdad, limitadas cosas. Quien enseñará realmente serán las tareas que el entrenador cree —los contextos o entornos de aprendizaje. Si estas son de calidad, y la información que se ofrece también, vamos a mejorar a nuestro equipo con toda seguridad.

Piensa que los jugadores son *informívoros*, igual que los leones son carnívoros y las vacas herbívoras. Entonces, si la información que les ofrecemos es comida basura, no esperemos que estén en condiciones para jugar bien al fútbol. Tendremos a jugadores cognitivamente obesos —haciendo el paralelismo con los efectos de la mala nutrición en el cuerpo. Pero si les damos verduras, legumbres y langosta —a nivel informativo— tendremos unos jugadores muy sanos, preparados para jugar sin dejar de interpretar el juego ni un solo momento.

Pero nuevamente, tal y como dice Guardiola: «En el deporte de alto nivel no hay tiempo» (Lliteras, 2010). Para mejorar harán falta ciertas horas de rodaje, y es por ese motivo que será muy importante adaptar la gestión de la calidad, las estructuras, las organizaciones dinámicas y los fundamentos, porque el ajuste de estos parámetros nos permitirá optimizar al equipo de forma relativamente rápida —que no significa inmediata.

Pero ¿exactamente qué y cómo lo adaptaremos para mantener nuestras ideas de juego intactas y a la vez solucionar los siete aspectos anteriormente presentados?

Vamos a ir uno por uno:

1. La presión en campo contrario mediante el bloque alto dinámico.

Presionamos alto en campo contrario, pero sufrimos en las últimas líneas cuando nos lanzan balones sobre las mismas. Lo que sería una ventaja —presionar para recuperar cerca de la portería contraria— se convierte en un problema, porque obligamos a lanzar al equipo rival y este nos gana el primer y el segundo balón más cerca de nuestra portería.

- No dejaremos de presionar en campo contrario, manteniendo así la idea de juego de la fase defensiva. Eso sí, lo haremos con menos gente. El interior opuesto a donde sale el balón (8) no saltará a presionar, sino que compensará al equipo con el fundamento de equilibrar el carril central justo por delante de los centrales, ayudando a estos en la disputa tanto del primero como del segundo balón. De esta forma, el contención (6) podrá recorrer más cerca del costado activo, donde se encuentran los posibles receptores directos. Además, el extremo pasivo (7) ya no dividirá entre contención y central del equipo rival, sino que retrasará su posición para hacerlo entre contención e interior —y también lateral— del costado pasivo. Finalmente, el interior próximo a donde sale el balón (10) no saltará totalmente hacia el central poseedor, sino que lo hará en intermedia, quedando entre el acoso al balón y la disuasión, por delante, del contención rival.

¿Qué hemos adaptado? La estructura y la organización dinámica correspondiente al momento de bloque alto, incluyendo, además, un nuevo fundamento para la demarcación del interior, en este caso del pasivo (8) —el que se encuentra lejos del balón en el momento de la presión.

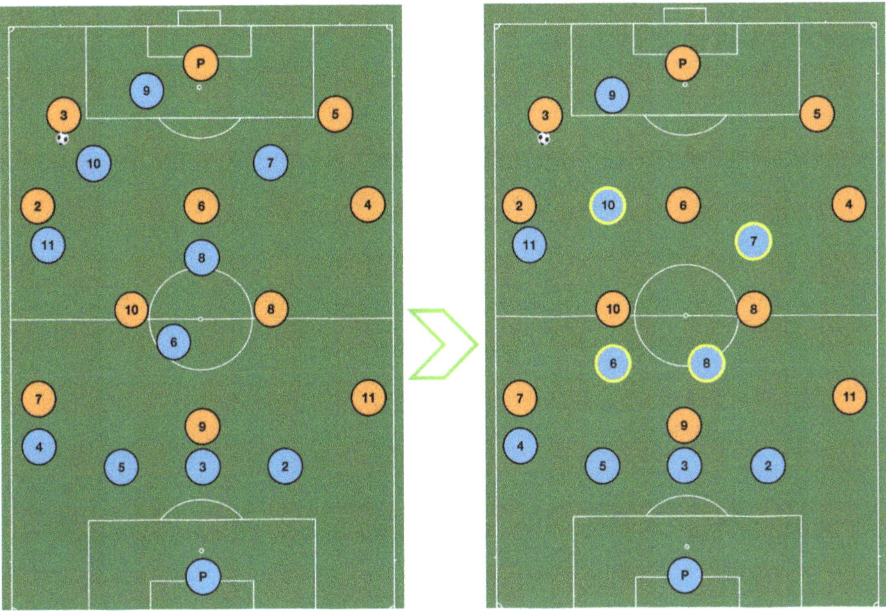

Figura 3. Ajuste estructural y organizativo —con incorporación de fundamento— del momento de bloque alto dinámico durante la fase defensiva

2. El juego asociativo en el momento de progresión del equipo.

Salimos jugando desde atrás con el balón de forma combinada, pero tenemos la tendencia a perder, con frecuencia, pases en la zona de progresión del juego. Eso provoca que el equipo rival nos contraataque con espacios, estando nosotros abiertos en exceso.

- Saldremos con el balón de forma controlada igualmente, pero ajustaremos la gestión de la calidad, utilizando un lateral más ofensivo y otro más defensivo en lugar de ambos con perfil atacante. Consecuentemente, en el momento del inicio de juego dinámico utilizaremos una salida de tres, pero con el lateral de perfil más defensivo anclado (2) junto a los dos centrales (3 y 5). De esta forma, tendremos una línea de tres atrás más un contención clavado por delante (6). Finalmente, a nivel organizativo, pediremos a uno de los interiores (8) que se haga bajo, con la finalidad de tener una opción de pase más corta y segura, además de poder compensar con mayor rapidez ante una posible pérdida. El otro interior (10) sí podrá seguir buscando la espalda de los contenciones rivales.

Nuevamente, no renunciaremos a nuestra idea de juego, esta vez referente a la fase ofensiva.

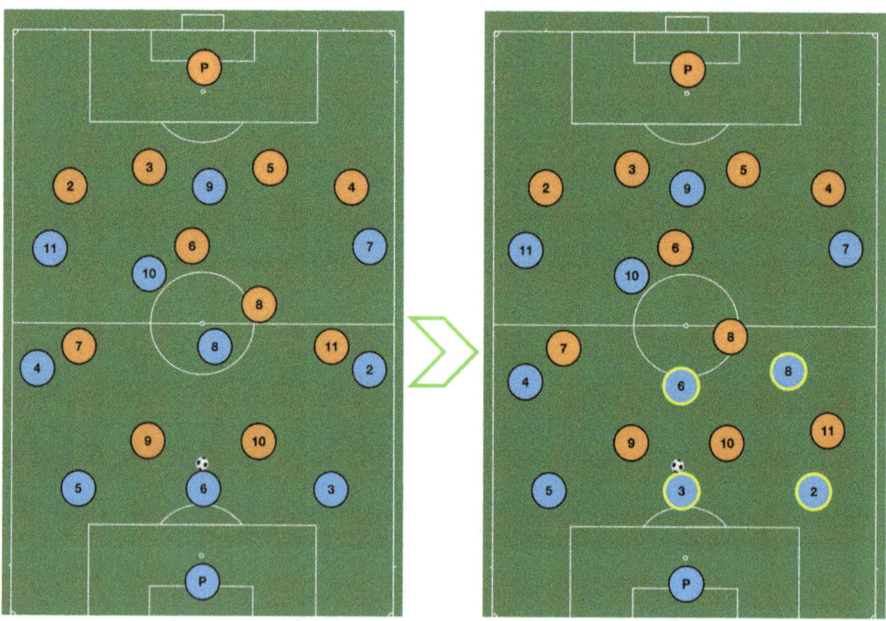

Figura 4. Ajuste de la gestión de la calidad y la organización del momento de salida de balón dinámica durante la fase ofensiva

3. La presión tras pérdida para recuperar rápidamente el balón.

Intentamos presionar tras pérdida, pero muchas veces no estamos suficientemente compactos como para hacerlo con éxito. Nos acaban rompiendo la presión y encontrando espacios para progresar hacia nuestra portería.

- Continuaremos ejerciendo la presión tras pérdida, pero organizándola solamente con los tres jugadores más cercanos a la zona donde se perdió el balón (9, 10 y 8) —llamada centro de juego. Los demás jugadores (11, 7, 4 y 2), organizarán al equipo en bloque medio para evitar que, en caso de superación de la presión, existan espacios abiertos por donde pueda progresar el equipo rival.

De esta forma, cambiaremos el subprincipio de juego tras pérdida de balón en zona avanzada, pero no renunciaremos a nuestra idea de juego en la transición defensiva, tratando igualmente de recuperar el balón lo más rápido posible.

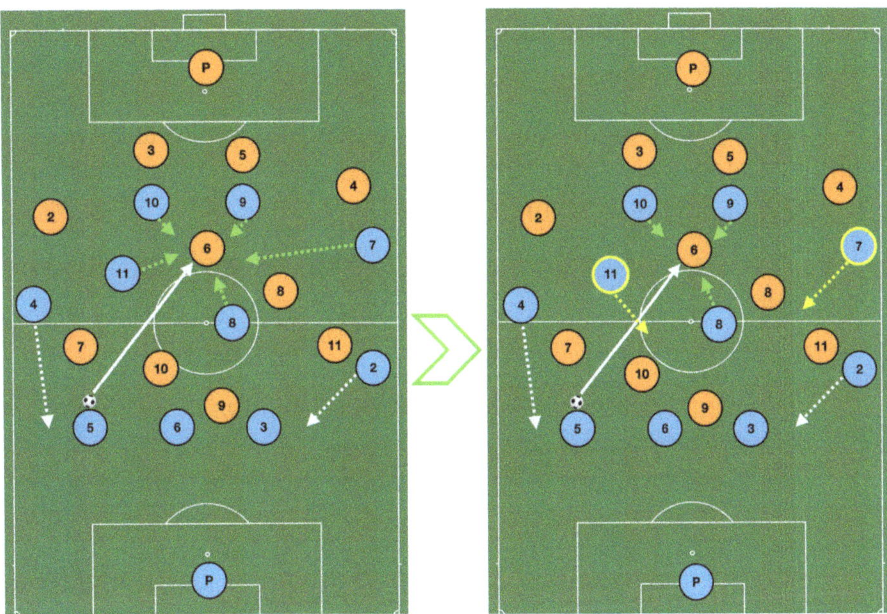

Figura 5. Ajuste organizativo del momento de pérdida de balón en zona avanzada durante la fase de transición defensiva

Vamos a exponer un par de apuntes importantes para las situaciones de transición —como la anteriormente descrita.

El primero sería para todas las transiciones, tanto ofensivas como defensivas: normalmente encontraremos en estas muchos más aspectos relacionados con la organización dinámica que con las estructuras, al tratarse de fases muy fluctuantes del juego.

El segundo está centrado únicamente en las transiciones tras pérdida: en muchas de las ocasiones donde no se ejecuta correctamente una presión tras pérdida no es por un error en esa fase en sí misma, sino por el momento de posesión anterior. Si durante el momento de posesión anterior a la pérdida no se han acumulado suficientes pases como para dar tiempo a una correcta estructuración y organización de

la transición, lo más seguro es que cuando sea el momento de ejecutarla esta no se pueda realizar correctamente —o directamente no se produzca.

Como ya habrás identificado, la totalidad de los supuestos que van apareciendo están vinculados a una serie de ideas de juego muy definidas, así como a una estructura base de P-4-3-3. Además, puede que pienses que estos ejemplos son demasiado elaborados como para tratarse de hipótesis.

¡Pues aciertas de pleno! Son vivencias que tuve la suerte de experimentar dirigiendo ciertos proyectos y que su alto valor pedagógico me permitió aprender muchísimo de ellas.

4. El mantenimiento de la posesión tras la recuperación de la misma.

Cuando recuperamos el balón, en muchas ocasiones no podemos conservar la posesión del esférico debido a la dificultad para sacar este de la zona de recuperación con precisión.

- Nosotros queremos conservar la posesión del balón tras recuperarlo —jugando de forma asociada—, y aunque hacerlo hacia delante nos cueste mucho trabajo, no vamos a renunciar a ello. Como ya conocemos a estas alturas, este contratiempo también lo solucionaremos adaptando algunos elementos, que no incluyen renunciar a la idea de juego. Para este nuevo caso, al tratarse también de una transición, los elementos a modificar serán organizativos. El principio de juego —dominante— que utilizábamos para dicho momento estaba vinculado a jugar hacia delante con nuestras líneas más avanzadas. Entonces, lo que haremos es permutarlo con otro —complementario—: sacar el balón de la zona de recuperación con una línea intermedia. A su vez, el subprincipio de juego será que las primeras líneas —punta (9), extremos (7 y 11) e interiores (8 y 10)— estiren al máximo hacia delante para crear espacios de recepción intermedios, siendo la línea de jugadores que quede en dicha zona la que reciba con más probabilidades de poder conservar la posesión. Esta línea, normalmente, la conformarán los laterales (2 y/o 4) y el contención (6).

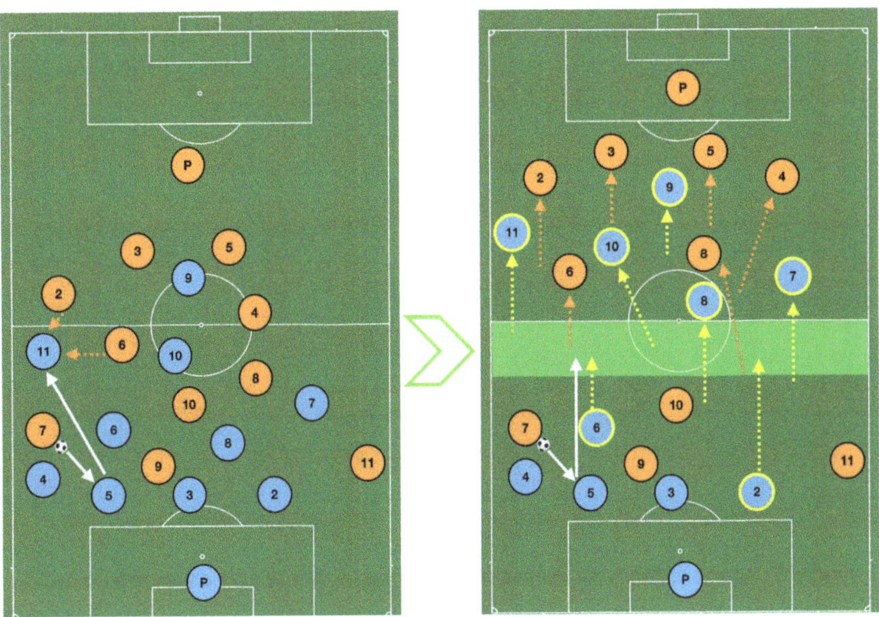

Figura 6. Ajuste organizativo del momento de recuperación de balón durante la fase de transición ofensiva (imagen 1; principio dominante e imagen 2; principio complementario)

En este ejemplo lo que se ha hecho, básicamente, es permutar un principio dominante de juego con otro de complementario. En el último supuesto —el 7— volverá a aparecer el mismo proceso, el cual explicaremos detalladamente cuando llegue el momento.

5. Las jugadas de saque de esquina defensivas.

En las jugadas de saque de esquina en contra, nos acaban rematando la gran mayoría de ellas.

- Puede que querer defender mayormente al hombre —con solo dos zonas y el resto marcando individualmente— y utilizando a dos jugadores descolgados, no sea lo más adecuado cuando se tiene a jugadores que presentan una capacidad limitada para responder ante situaciones de marca al hombre dentro del área. ¿Qué podríamos hacer? Cambiaremos la estructura. Solo los que sí puedan responsabilizarse eficazmente de su marca —dos jugadores (3 y 5)— marcarán a los más peligrosos rematadores contrarios. Los demás (9, 2, 6, 8, 4, 7, 10, 11) —todos, sin dejar a ningún jugador descolgado— se ubicarán en zona con una de estas dos misiones: bloquear la entrada de rivales o ganar el balón. A su vez, el más centrado y lejano a la portería (10) se encargará de salir a ganar la zona de rechace rápidamente.

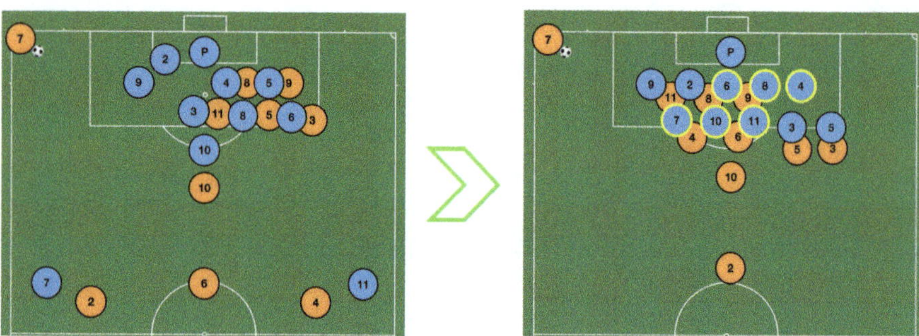

Figura 7. Ajuste estructural del momento de saque de esquina en la fase de balón parado

Como ya conoces que ese también es un caso real, me voy a tomar la libertad de decir que, con esos ajustes, nos conectaron muchos menos remates. Tras encajar cinco goles de balón parado en tres partidos consecutivos —qué locura, ¿no?— decidimos que ya era hora de tomar medidas. En los ocho partidos siguientes solamente encajamos un gol a balón parado y fue de tercera jugada, tras dos rebotes dentro del área.

6. Las combinaciones en zonas avanzadas del terreno de juego.

Los jugadores presentan dificultades en los controles y los pases ejecutados dentro del último tercio, donde la densidad aumenta y la generación de superioridades numéricas se dificulta.

- Lejos de renunciar a nuestro juego asociativo —basado en el pase y el control orientado—, ajustaremos un importante detalle: la comunicación. Crearemos códigos. En este caso, el código será 1, 2 y 3. Se utilizará tras la ejecución de un pase y le servirá al compañero receptor para identificar su situación. ¡Uno! se utilizará cuando tenga marca muy pegada y solo pueda jugar a un toque. ¡Dos! será para situaciones donde el defensor esté cercano, pero no pegado, pudiendo el receptor realizar un control previo antes de pasar el balón —indicará que podremos utilizar dos toques. Y ¡tres! lo pronunciaremos para evidenciar que el receptor está libre de marca, pudiendo este jugar directamente en progresión, con toques libres o, incluso, dejando correr el balón sin intervenir en su trayectoria.

Este tipo de elementos, como son los códigos, los consideraremos como extras del modelo de juego a desarrollar tras la construcción de los pilares principales. Ya llegará el momento de hablar sobre ellos en los últimos capítulos del libro.

7. La calidad de pase y el tipo de juego que propone la liga donde competimos.

El equipo tiene ciertas carencias a nivel de calidad de pase y la cultura futbolística en la liga donde nos encontramos es la de presionar constantemente para no dejar jugar al rival. Con la combinación de ambos elementos, se nos hace difícil tener fluidez, en términos generales, durante la fase de posesión.

- Deberemos gestionar la calidad de los jugadores y adaptarnos al tipo de fútbol que se practica en la liga donde nos encontramos. Para esto, el portero titular será el que mejor juegue con los pies —combinado con sus habilidades bajo palos, claro está—; utilizaremos a los centrales que tengan más calma con el balón para salir jugando —y que defiendan bien, por supuesto—; los laterales y los tres mediocentros serán los jugadores que más porcentaje de acierto en el pase tengan —además de realizar sus funciones de equilibrio magistralmente, en evidencia—; y los delanteros serán aquellos que muestren mayor capacidad para desequilibrar en velocidad, así como para fijar a defensores rivales y ganar balones en disputa, sobre todo en acciones de descarga —y que ataquen bien el área rival, sin duda alguna.

Con estos ajustes en la gestión de la calidad, ya solo deberemos adaptar la estructura y la organización dinámica del juego combinado.

Estructuralmente, cambiaremos la salida de tres (5, 6 y 3) por la de cuatro (4, 5, 3, 2), manteniendo al contención (6) por delante de la misma y ambos interiores en intervalos de juego (8 y 10).

Dentro de este nuevo contexto, al estar sometidos a tanta presión por parte de los equipos rivales —característica principal de nuestra liga—, en lugar de buscar el principio de juego dominante de generación de superioridades numéricas en salida de balón dinámica para enlazarlo con el siguiente principio, el de fijar y pasar —liberando al compañero en progresión—, lo que haremos es reformular la organización.

Buscaremos, precisamente, que nos igualen mediante una presión mano a mano —algo fácil de conseguir en esta liga— para activar los terceros hombres y recibir en los espacios detrás de las primeras líneas de presión rival —(9) y (7) descargando hacia (8) de frente.

En definitiva, saldremos jugando de todas formas, aunque la organización a nivel de principios de juego en el momento de la salida de balón dinámica se habrá priorizado diferente. Habremos permutado un principio de juego dominante con otro de complementario —ya hemos remarcado que más adelante hablaremos de este tipo de principios—, pero la idea de juego ofensiva seguirá concordando con la inicial.

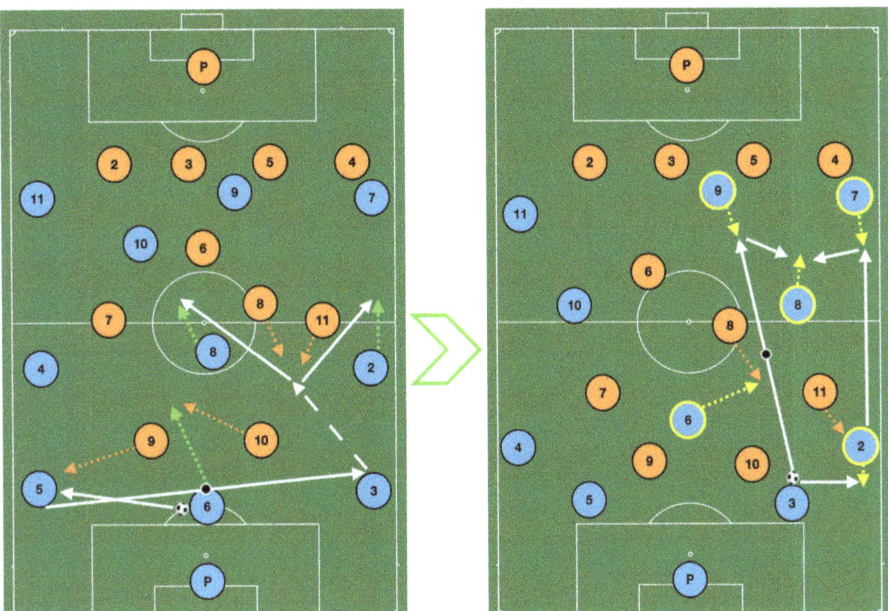

Figura 8. Ajuste estructural y organizativo del momento de salida de balón dinámica durante la fase ofensiva (imagen 1; principio dominante e imagen 2; principio complementario)

Espero que de este capítulo te hayas podido llevar tres cosas:

1. Los cajones correspondientes a las fases de juego llenos con tus ideas y comportamientos colectivos más puros y esenciales para tu equipo.

2. La sensación de que no deberás renunciar a tu forma de jugar a este deporte, debido a que hay otros muchos elementos que te podrán ayudar a optimizar aquello que necesitas sin tener que renunciar a una parte tan importante como es tu esencia de entrenador.

3. Los conceptos terminológicos de gestión de la calidad, estructuras, organizaciones dinámicas y fundamentos de juego más digeridos y disponibles para irlos profundizando durante los siguientes capítulos.

CAPÍTULO 4. SEGUNDO PILAR: LA GESTIÓN DE LA CALIDAD

«El talento deber ser visto como el ingrediente más indispensable para el éxito, pero el éxito también depende de cómo se gestiona ese talento»,

Allan Schweyer

¡No tengo la calidad suficiente en el equipo como para jugar de esta forma! ¡Juega siempre a un solo toque, le sobra calidad! ¡No lo superan en ningún mano a mano, qué calidad! ¡Superioridad cualitativa!

Calidad por aquí, calidad por allá. Tras escuchar multitud de conversaciones sobre fútbol, una de las palabras que más se repite —yo también la utilizo muchísimo— es calidad.

Dicen que la calidad se paga, y tal como está el mercado futbolístico hoy en día, se paga carísima. Pero ¿cómo podemos concretar ese concepto tan abstracto en algo más o menos tangible? Digo más o menos porque en el océano del término calidad hay ciertas partes que no se podrán palpar, solamente inferir.

PRIMERA PARTE

Lo que es, es —al menos para uno

Aquí es donde entra en juego la fenomenología, corriente que aspira al conocimiento estricto de los fenómenos. En nuestro caso, el fenómeno que se nos presenta es el de un jugador. ¿Tendrá o no tendrá este calidad?

Pues bien, la fenomenología argumenta que todo aquello que se presenta es tal y como se muestra —tal y como se ofrece a la consciencia. Para seguir esta corriente de pensamiento, uno debe de ser fiel a aquello que realmente experimenta.

Entonces, la intuición será considerada como el principal instrumento de conocimiento, alejándonos así del pensamiento meramente conceptual de las cosas. Además, tampoco nos limitaremos únicamente al mundo perceptual, así que cada uno podrá construir la objetividad según su propia esencia. De esta forma, la virtud del buen fenomenólogo será la perfección en observar mediante el espíritu (Hyppolite, 1974).

Sinceramente, me fascina esta forma de entender los fenómenos. Hace que ponernos de acuerdo sobre si ese jugador tiene o no calidad sea una auténtica odisea.

«Pero estamos todos locos, ¿habéis visto cómo baja el balón ese chico? Le lanzan melones y los convierte en balones», dice uno. «Sí, pero no es dinámico, no puede competir físicamente en esta liga», le responde el otro. «Para qué quiero yo a un jugador tan bueno con el balón en los pies si mi equipo juega a buscar directamente al punta. Calidad para mí es ganar por arriba y no dejar escapar ningún segundo balón», añade un tercero. Pues eso, que ya lo advertía la fenomenología: la objetividad de cada uno la crea su propia esencia.

Pero, a pesar de esto, cuando se tiene un modelo definido —cuando se sabe a lo que se quiere jugar y lo que se requiere para ello—, que nos pongamos de acuerdo entre nosotros es mucho más fácil, aunque no siempre lo consigamos.

¿Talento presente o potencial futuro?

Continuando con la discusión anterior, tarde o temprano aparece la siguiente pregunta en la conversación: «¿pero lo ves ya para jugar a ese nivel?».

Caray, qué prisa tenemos todos. El talento presente se mostrará muy pocas veces. Normalmente lo que deberemos ver en un joven futbolista será un potencial futuro.

«Ese jugador no está preparado, no le va a alcanzar», oigo en multitud de ocasiones. Puede que así sea, pero yo añadiría el *aún*: *aún* no está preparado, *aún* no le alcanza. Si detectamos en él ese potencial a futuro, trabajándolo a consciencia, en un tiempo lo estará.

Pero es que lo queremos todo hecho y ya. La inmediatez que se ha instaurado en este mundo es tan estresante como absurda. Hay cosas que requieren su proceso. En el fútbol, la gran mayoría.

¿Y sabes qué es muy curioso? Que cuando por fin encontramos un súper talento que está ya preparado para el reto, hay algunos que dicen: «no, espera, hay que ir poco a poco con este chaval, hay que respetar los procesos».

¡Exacto! De eso estábamos hablando también en el caso anterior, de la gran importancia de los procesos.

Formación y resultados

Pero claro, cuando aparece la palabra proceso es cuando sale también el abogado del diablo y suelta: «¿pero es realmente compatible el proceso de formación de jugadores con la consecución de resultados importantes?». Tengo una opinión formada sobre eso. Es únicamente mi apreciación personal.

Solamente será viable la fórmula cuando se acepte que tomarse el tiempo necesario para formar de verdad a jugadores no permitirá que los resultados lleguen hasta dentro de un tiempo —medio, o más bien largo plazo, podríamos decir.

Si necesitamos competir por un campeonato con jugadores sin proceso, pero a la vez les queremos ofrecer ese óptimo desarrollo, una de las dos cosas no funcionará adecuadamente.

He escuchado mil veces lo de que ganar es la consecuencia de formar. Estoy muy de acuerdo con eso, pero es una consecuencia que lleva tiempo —no es inmediata. Entonces, ¿qué queremos realmente?

Si queremos competir por campeonatos —ojo, estamos hablando de todo esto en un contexto de edades formativas, antes del salto a la máxima competición— deberemos minimizar los errores.

¿Y cómo se consigue? Jugando de la forma más rudimentaria posible: balón lejos de nuestra portería rápidamente en ataque, para no exponernos; y defensa muy compacta, férrea y destructiva para evitar fugas. Si a esto le añadimos una selección de jugadores físicamente superiores y al límite de la edad competitiva, ya tenemos el combo perfecto para ir a competir ligas en las categorías menores —y no tan menores también. Que se lo digan a mi sub-17.

Piensa que pegarle puntada de pie hacia arriba al balón y cerrarse bien atrás para forzar el error del contrario debido a los pocos espacios para, seguidamente, volver a pegarle para arriba en la búsqueda de alguna de esas descolgadas que genere una oportunidad para abrir el marcador, no tienen mucho futuro. No obstante, me temo que jugar así durante los procesos de formación minimiza mucho los errores.

Es más fácil errar un pase entre líneas para superar una presión por abajo que al lanzar un balón a la espalda de la línea contraria. Es más fácil equivocarse al defender hacia delante y a cuarenta y cinco metros de la portería con espacios abiertos, que hacerlo hacia atrás y a cinco metros del área, con menos espacios para cubrir. En resumen, el margen de error será mucho mayor si queremos formar de verdad —y hacerlo será también aprender a rechazar balones y defender cerca de la portería, que no se malinterprete.

Pero ojo, una vez consolidemos los aprendizajes, que se preparen, porque llegará ese partido en un campo de siete mil metros cuadrados, con el césped impecable, cuarenta mil espectadores, y a muchos les vendrá a la cabeza: ¿por qué nadie me enseñó a conservar el balón y a mantenerlo, de forma controlada, lejos de mi portería?

Con la reflexión anterior pretendo decir: ¿de qué servirá pelear un campeonato jugando de forma rústica en formativas si cuando esos jugadores lleguen a primera división no tendrán las herramientas necesarias que ese entorno de élite requiere?

Pienso, primeramente, que no van a llegar a primera división mostrando ese tipo de habilidades en el juego. Pero, con un poco más de fe, si por azares del destino llegaran a la élite del fútbol, la exigencia del propio juego les dejaría en evidencia. Ese partido del que hablábamos sería una auténtica calamidad para los que no hubieran tenido proceso.

Entonces, decidamos: ¿dejamos que los resultados no sean prioritarios durante ese período y nos dedicamos a formar jugadores para que lleguen preparados a primera división?

Así lo haría yo. Y entiendo que vamos a perder varios partidos por una mala salida de balón desde atrás, por una mala coordinación en la presión que nos dejará expuestos, por un error en la compensación en campo contrario que permitirá una contra fulminante del rival... Pero todo eso, a la postre, valdrá la pena.

He aquí el proceso. Un proceso donde deberemos entrenar para los jugadores, no para nosotros. Donde se necesitará fallar para aprender. Porque aprender de verdad a veces resulta doloroso, pero es la única forma.

La didáctica del entrenamiento

Hablando de aprender, hay otro detalle muy importante en este proceso de enseñanza-aprendizaje.

Si quien debe aprender no quiere, será difícil progresar. Hay jugadores que tienen poca voluntad para hacerlo, a veces de forma subconsciente, como si de un escudo de protección para sus inseguridades y miedos se tratara.

Otros, en cambio, sí quieren aprender —es lo que más desean—, pero tienen dificultades para lograrlo. En ambos casos, habrá que tener dos palabras muy presentes: paciencia y didáctica.

Recuerda que, al haber inteligencias múltiples, también hay múltiples formas de aprender. Siguiendo a Howard Gardner (2011), todo individuo posee nueve inteligencias: la lógico-matemática, la lingüístico-verbal, la interpersonal, la intrapersonal, la naturalista, la visual-espacial, la corporal-cinestésica, la musical y la espiritual. Todas tienen su respectiva importancia, y algunas de ellas serán clave para ciertas profesiones.

Como ejemplo, ¿recuerdas al jugador anárquico que evolucionó una salida de portería con su improvisado movimiento? Pues ese jugador, que por cierto acabó jugando el Mundial Sub-17 de Brasil 2019, tenía un alto grado de afinidad para aprender mediante las inteligencias visual-espacial y corporal-cinestésica. Cuando intentabas razonar con él, explicándole todo de forma lógica y concisa, no podías llegar a conectar con su capacidad de aprendizaje. No iba por ahí.

«Mételo a jugar y que vaya viendo cómo es el funcionamiento», pensé. Y al experimentarlo con su cuerpo y, a partir de allí, recibir muy sencillas y precisas indicaciones, el jugador aprendió.

Qué fácil ha sido escribirlo en este anterior párrafo y cuánto me costó entender que debía ayudarle de esta forma. Concretamente, cuatro meses.

Mucha razón tenía Mario Benedetti cuando decía que una vez creíamos saber todas las respuestas, nos cambiaron todas las preguntas. En este deporte nunca te las vas a saber todas. Cada día vas a aprender algo nuevo, y eso es apasionante.

La calidad marca la diferencia

A todo lo anterior —los procesos de desarrollo, de aprendizaje y demás— hay otra alternativa más directa: buscar los jugadores de mayor calidad para tu modelo de juego y traerlos al club.

Tratar de fichar a los mejores de tu país o incluso del continente —los grandes clubes consiguen a los mejores del mundo— para tener que invertir poco tiempo en el proceso de formación, permite obtener resultados a corto plazo en la mayoría de las ocasiones.

Recortas tiempo, sí, pero también los fondos del club. Se necesita mucho dinero para hacer esto, pero si se dispone de él, ¡adelante!

¿Por qué crees que los clubes con mayores presupuestos tienen más probabilidades de competir por los campeonatos? Pues porque la calidad marca la diferencia. De eso no hay duda.

Recuerdo el equipo que teníamos en ese Pachuca campeón de Liga MX y CONCACAF Champions League. A veces me ponía a comparar posición por posición con el resto de los equipos y, a mi juicio, estábamos siempre entre los tres mejores por demarcación de toda la liga. De hecho, teníamos a ocho jugadores seleccionados con sus respectivas selecciones nacionales. Una animalada de plantilla.

No obstante, en ocasiones, por mucho dinero del que se disponga, si el proyecto deportivo de la institución no es suficientemente llamativo, los jugadores más talentosos no querrán unirse a él. Cuando esto ocurre es cuando decimos que el dinero no lo puede comprar todo.

En otras ocasiones, aun disponiendo de recursos para incorporar calidad, los jugadores que llegan al proyecto están valorados en el mercado muy por encima de su talento real. Eso es un enorme problema. Tu plantilla vale millones, pero el rendimiento que ofrecen esos millones está por debajo de la erróneamente preconcebida correlación 1:1.

Los equipos mejor valorados —monetariamente hablando— normalmente están arriba en la tabla, pero no siempre. Estas excepciones son las que intento hacer presentes en este párrafo. No es una matemática exacta. Hay que analizar muy detenidamente las plantillas para descubrir la verdadera relación entre la calidad cuantificada por el mercado y la calidad real existente en ellas.

Y qué hay de los jugadores que no están demasiado tomados en cuenta en un equipo. Será que no tienen suficiente calidad, ¿verdad? Nada más lejos de la realidad. Puede que no tengan la que se busca en el modelo de juego, pero eso no significa que no tengan talento por explotar.

Cuando esos casos anteriores encuentren a un equipo que juegue a explotar un modelo directamente relacionado con sus potencialida-

des, lo más seguro es que su rendimiento crezca de forma exponencial.

Ya lo remarcaba Bronfenbrenner (2002) en su teoría ecológica de los sistemas. El desarrollo cognitivo, moral y relacional de un individuo está estrechamente influenciado por los ambientes en los que se desenvuelve. Cuando el contexto cambia, el individuo puede generar nuevas posibilidades.

Por ese motivo, el jugador que en un equipo no rinde, en otro puede presentar un excelente desempeño. ¡Qué complejidad!

En estos casos es cuando decimos que al fichar a un jugador no solo contratas ciertas cualidades, sino también nuevas posibilidades relacionales dentro del equipo.

El peso de la genética

Vamos a hablar unas pocas líneas de la genética.

¿Por qué? Pues porque será clave, tanto a la hora de fichar como a la hora de formar. La genética nos dará una ventaja notable, y si encima la trabajamos correctamente, ya será la hostia.

Entonces, se hace evidente que la materia prima es un aspecto de especial relevancia.

Un día escuché que la verdadera labor de los entrenadores que trabajan en las etapas formativas no reside en crear talento, sino en no estropearlo, permitiendo que este se desarrolle de la forma más natural posible. Puede que, de cierta forma, algo de razón haya en esa reflexión. Cuando nos llegan verdaderos diamantes en bruto —uno cada mucho tiempo—, con pulirlos puede que sea suficiente.

Saltando de un polo a otro, y siendo temerariamente ambiciosos, vamos a suponer que queremos desarrollar en nuestros jugadores la capacidad perceptiva de Xavi Hernández, la decisional de Andrés Iniesta, el control motriz a altísimas velocidades de Leo Messi y la potencia física de Cristiano Ronaldo.

Mucho me temo que eso no va a ser posible, porque por más horas de entrenamiento que realicemos, la genética pondrá sus límites. En la mayoría de los casos, nuestros chicos y chicas tendrán topes a la hora de percibir nuevas posibilidades o de decidirlas mucho más rápido; van a perder el balón cuando crucen cierta velocidad con él en los pies; y esa disputa con el central de 1,95 metros de altura dentro del área la seguirán perdiendo. A no ser que su genética les dé una mano, y grande.

Javier García Planells, director científico del Instituto de Medicina Genómica (IMEGEN), afirmaba en una entrevista que muchas de las características físicas o psíquicas se heredan a través de los genes, marcando en gran medida las habilidades de un individuo. No obstante, componentes como la educación —en el sentido más amplio de la palabra—, la interacción con otros genes y los entornos donde estemos inmersos serán clave en los procesos de desarrollo del llamado talento (Sepúlveda, 2017).

Conectando con esa idea de que los genes y el entorno están estrechamente vinculados, Bruce Lipton —famoso biólogo celular—, explica que la actividad genética de las células está muy relacionada precisamente con los contextos. Nosotros, al estar en contacto con el entorno, somos los encargados de interpretarlo mediante nuestra consciencia mental. Esa interpretación será la clave de todo, ya que dependiendo de la percepción que tengamos sobre lo que nos rodea, estaremos emitiendo unas señales u otras, que entrarán en nuestras células y harán que estas se ajusten en función de lo que reciban (Morrissey, 2017).

¿Qué significa este hecho? Pues que no somos tan víctimas de la herencia genética como nos pensamos. Es más, cada quien será el encargado de dirigir —aunque solamente en parte— su propia actividad genética.

Por eso cuando esos talentos se integran a grandes entornos a nivel institucional, coinciden con compañeros de alta calidad y tienen entrenadores tipo Guardiola o Klopp, entienden rápidamente cómo modelarse para explotar su potencial al máximo. En ese momento, es cuando la consciencia sobre su talento alcanza los más altos niveles —hacen el clic. Que se lo digan a Sergio Busquets y a Pedro Rodríguez,

que de jugar en la tercera división española en 2007 —división donde incluso yo jugué— pasaron a ser campeones del mundo en 2010. Sí, en tan solo tres años.

Hora de gestionar la calidad

Como ya hemos planteado anteriormente, existe una doble vertiente: formándola o fichándola.

Recuerdo que en un torneo el equipo encajó una cantidad de goles desproporcionada —una media de dos por partido. En el torneo siguiente, con un período transitorio de tan solo tres semanas, encajamos la mitad.

¿Cómo pudimos reducir al 50% los goles encajados de esa forma tan fugaz?

Fichando a una línea de cuatro entera. El club se gastó mucho dinero, porque las contrataciones fueron de alto nivel: tres de ellos eran seleccionados nacionales con sus respectivos países.

Podrás pensar ... Pues claro está, ¡a fichar!

Déjame poner otro ejemplo y lo valoramos.

Dentro de la misma plantilla utilizada para el ejemplo anterior había tres chicos jóvenes formados en la cantera del club —se unieron a esta a los once años. Debutaron muy temprano con el primer equipo y en menos de tres temporadas ya habían ganado importantes títulos con el club. Gracias a su desempeño clave, los tres jugadores fueron vendidos —dos de ellos a Europa—, generando una cifra de ingresos cercana a los cuarenta millones de dólares.

Puede que, con este último ejemplo, se nos haya nublado nuevamente la decisión de si fichar o formar. ¿Por qué nos sucede eso? Porque ambas cosas son importantísimas. Y ambas opciones precisan también de algo clave: saber qué tipo de jugadores buscamos.

La respuesta universal a la pregunta siempre será: «los de máxima calidad», ¿verdad? Entonces concretemos de una vez por todas cómo se puede entender el concepto de calidad.

TIPS

La escuela del Ajax inventó una propuesta llamada TIPS (Muñoz, 2017). Tras entender más profundamente cómo utilizaban dicha forma de analizar a sus jugadores, me aventuré a desarrollarla según lo que —a mi total parecer— engloba cada una de las letras que la componen:

- Técnica *(technique)*; entendida como el juego con y sin balón a nivel coordinativo. En este caso la utilizaremos para todo lo que es puramente relación del jugador con su propio cuerpo y con el balón, sin perder de vista en ningún momento los contextos de implementación de estas habilidades.

- Inteligencia *(intelligence)*; basada en la percepción y la decisión, sería la correcta elección del cómo, cuándo y dónde realizar las acciones de juego. Entendiéndola de esta forma y, sin desvincularnos de las acciones con balón, priorizaremos aquellas sin balón —las de balón son la base del punto anterior. También se podrá llamar táctica, por si alguien se siente más cómodo con esta terminología más cotidiana.

- Personalidad *(personality)*; se podría entender como la gestión emocional y mental de uno mismo ante las diferentes circunstancias que lo rodean. Aquí detallaremos componentes como autoconocimiento, personalidad, compromiso, responsabilidad, profesionalidad, maduración, resiliencia, control de la ansiedad, gestión de la presión..., entre otros.

- Velocidad *(speed)*; sería la velocidad física del jugador —tiempo en recorrer desde A hasta B— y también la velocidad mental —capacidad de jugar a un ritmo alto en lo que a toma de decisiones se refiere. En este caso, lo que haremos es ampliar el concepto para abarcar todo aquello que tenga una relevancia física considerable, como pueden ser, aparte de la velocidad, parámetros como la fuerza o la resistencia, por ejemplo.

En Pachuca jugábamos con Óscar Torres —el entrenador asistente institucional del club— a clasificar a los jugadores según estas letras. Lo hacíamos solamente con nuestros futbolistas, ya que para pasar el escáner completo uno necesita convivir con el jugador, tanto en entre-

namientos como fuera de ellos. Teníamos un sistema de puntuación del 1 al 10 para cada una de las letras, y nuestra teoría era que, si tan solo en una de ellas el jugador no llegaba a 5, significaba que no podría —muy supuestamente— consolidarse en nuestro equipo.

¿Sabes qué? ¡Acertamos muchísimas veces! Algunas no, claro está.

Pero lo interesante de la siguiente anécdota es que la clave de todo lo que hacíamos residía en una cosa —la cual ayudaba a reducir el margen de error—: concretar cada letra según lo que buscábamos en nuestro modelo de juego.

Si queremos descolgar balones durante 90 minutos en los treinta y ocho partidos de la temporada, necesitaremos a un delantero centro —o dos— con unas características concretas. Por el contrario, si queremos jugar mucho más al pie para sacar a los centrales rivales de su zona, las características que definiremos para nuestro delantero centro serán otras.

Por este motivo, será importante generar una doble tabla: la primera donde se encuentren las características que buscaremos tras el término de cada etapa de desarrollo de los jugadores; y, la segunda, donde se especifiquen las características finales —aunque nunca habrá fin en la evolución del jugador hasta que se retire— que buscaremos en cada demarcación. Y todo esto lo haremos según la propuesta TIPS.

Podríamos decir que la primera tabla va a servir para buscar nuevos talentos y, a la vez, formar a los que ya tenemos en el club. La segunda servirá para fichar a jugadores ya profesionales o para valorar, como filtro final a su proceso formativo, si el joven formado en la cantera tiene lo necesario para competir por un lugar en el primer equipo.

Vamos a poner un ejemplo de tabla donde se pueda ver qué buscar —hipotéticamente, no es ninguna receta— en los jugadores que compiten hasta la categoría sub-14:

CARACTERÍSTICAS JUGADORES HASTA SUB-14			
TÉCNICA	**INTELIGENCIA**	**PERSONALIDAD**	**FÍSICO**
Nivel medio en los gestos técnicos de tiro y centro Nivel medio en las acciones de pase y control orientado Nivel alto en las acciones de conducción, regate, protección de balón y giros con balón	Nivel alto en percepción del centro de juego Nivel medio en percepción de los espacios próximos Nivel alto en ocupación de las zonas del campo que le corresponden Defensivamente, desde perspectiva individual, nivel alto en el acoso, la entrada y el marcaje; y nivel medio en la cobertura defensiva Defensivamente, desde perspectiva colectiva, nivel alto en la reducción de amplitud y profundidad; y nivel medio en el cierre de líneas de pase Ofensivamente, desde perspectiva individual, nivel alto en el apoyo; y nivel medio en el desmarque Ofensivamente, desde perspectiva colectiva, nivel alto en la generación de amplitud y profundidad; y nivel medio en la apertura de líneas de pase	Sabe escuchar y quiere aprender Es atento, intenta mejorar y no se frustra con el error Presenta una preferencia del juego con tendencia asociativa, aunque puede tener recurrentes destellos de individualidad	Nivel medio en coordinación básica sin balón Nivel suficiente en velocidad y fuerza, tanto sin disputa (aceleración-desaceleración) como con disputa (duelos)

Tabla 2. Características que se buscan en jugadores para categoría sub-14 (para fichar o para formar)

En esta otra tabla podemos ver un ejemplo —también hipotético— de lo que podríamos buscar en la demarcación del central.

CENTRALES	
TÉCNICA	Deberán tener suficiencia técnica: sin balón, para correr en diferentes ángulos y trayectorias mientras utilizan partes de su cuerpo para ganar el espacio; y con balón, para dominar el control y el pase —tanto corto como largo— y las conducciones para fijar. Deberán ser muy buenos en el cabeceo, sobre todo en disputas aéreas.
INTELIGENCIA	Deberán tener la capacidad de percibir a los hombres libres, las superioridades numéricas y los terceros hombres, así como distinguir cuándo se puede mantener la posesión de forma combinada y cuándo hay que saltar líneas de presión. Deberán realizar muy bien las coberturas a los compañeros, proteger los movimientos a las espaldas de sus próximos, evitar que les reciban con ventaja en su frente o en su propia espalda, mantener la amplitud y la profundidad de su línea y marcar excelente, sobre todo dentro del área.
PERSONALIDAD	Grandes comunicadores. Personalidad para salir jugando y valentía para defender lejos del área. Capacidad para liderar la línea defensiva del equipo. Resiliencia ante errores. Serenidad en sus acciones. Capacidad de sacrificio y trabajo. Disfrutar defendiendo. Jugar sencillo, pensando en el equipo antes que en sí mismos. Concentración máxima y sostenida. Mucha determinación en sus acciones, sobre todo defensivas.
FÍSICO	Rápidos —al menos uno de los dos centrales. Buena aceleración y desaceleración. Con fuerza suficiente como para ganar la mayoría de las disputas cuerpo a cuerpo. Gran capacidad de salto. Agilidad en el encadenamiento de movimientos.

Tabla 3. Características que se buscan en los centrales para la etapa de alto rendimiento (primer equipo del club)

¿Por qué una tabla incluye la demarcación y la otra no?

Si estamos de acuerdo con la idea de que en los procesos formativos no se deberá especializar al jugador hasta su etapa final, nos será fácil comprender que lo que buscaremos con nuestros jóvenes va a ser un desarrollo como futbolistas, y no como laterales, extremos o interiores.

En el momento en que el jugador se acerque al final del proceso formativo, ahí sí vamos a darle una demarcación específica a partir de la cual trabajará diariamente y será evaluado. Pero eso no significa que consideremos, a los dieciséis años, que un jugador es definitivamente portero, contención o delantero centro.

En realidad, sí se podrá hacer en casos donde el jugador se decante claramente hacia una demarcación, pero habrá que entender que esa demarcación siempre puede acabar cambiando. He entrenado a jugadores que a los dieciocho años —o más— han cambiado su demarcación con mucho éxito. De hecho, uno que era lateral derecho acabó convirtiéndose en uno de los mejores mediocentros creativos de México, siendo, incluso, una pieza clave en la selección nacional absoluta.

Un día leía el caso Puyol. ¿Lo conoces? Inició sus pasos en el fútbol como portero, para muy pronto pasar a ser delantero. Qué cambio, ¿no? Pues eso no fue todo. Jugó en el F. C. Barcelona, en edad ya de juvenil y hasta en el Barcelona B, de interior derecho. Cuando Van Gaal lo subió al primer equipo, lo puso de lateral derecho. El final de la historia ya se conoce: acabó siendo uno de los mejores centrales del mundo, seis veces campeón de Liga y tres de Champions League con el F. C. Barcelona; y campeón de la Eurocopa 2008 y del Mundial 2010 con la selección española, entre otros muchos títulos (EFE, 2006).

Tu propuesta de calidad

Llegó tu turno. Prosigue con la creación del modelo de juego con aquello que consideres imprescindible, en términos de calidad, para ambos procesos —formar y fichar.

Las tablas que encontrarás en las plantillas del Modelo de Juego han sido creadas según la propuesta de edades sub-10, sub-14, sub-17 y sub-20. No obstante, se puede ampliar el número de tablas, empezando estas en edades más tempranas o siendo los períodos de desarrollo más compactos —temporalmente hablando.

Una vez completadas, podrás continuar con las tablas referentes a las demarcaciones —pudiendo también modificar estas como creas conveniente.

Finalizado este paso, seguro que te vendrá a la cabeza: ¿para qué tengo yo una tabla de lo que quiero conseguir en cada etapa del proceso de formación si eso será, en gran parte, trabajo de los demás entrenadores?

Déjame darte algunos motivos.

Te será muy útil, primeramente, para evaluar qué parte del proceso no tienen correctamente desarrollada los jugadores cuando lleguen a tus manos y, en consecuencia, saber a qué deberás atender antes de ponerte a trabajar lo que en realidad tenías presupuestado para esas edades.

¿Puede ser que llegue un extremo a mi sub-17 que necesite que le enseñe los fundamentos tácticos de la movilización del ataque? Cien por cien sí. Y encantado de hacerlo. Es lo que toca en esa etapa.

La sorpresa aparecerá cuando en la parte final de los movimientos que estamos entrenando, justo al llegarle el balón a los pies, este será incapaz de controlarlo de forma orientada.

¿Es eso posible? Por experiencia puedo decir que sí. Y no servirá de mucho que insistamos en que se mueva como un extremo de máximas competiciones europeas si sabemos que no podrá controlar, en carrera, un balón de forma orientada.

Soy de los que piensa que no podemos hacernos responsables de los vacíos en los procesos de desarrollo que tengan los jugadores que nos lleguen. Pero sí creo que deberemos prestarles mucha atención, primeramente, por el bien del jugador y, seguidamente, por el nuestro. Será frustrante ver cómo ese movimiento que podría haber hecho el mismísimo Thierry Henry en sus mejores años, se ve saboteado una y otra vez por controles deficientes.

En referencia a las tablas de las características por demarcación, ¿qué importancia tendrán estas realmente? La respuesta la encontré en el documental *More than a manager* (Clarke, 2008). Bobby Robson apostó por el fichaje de Ronaldo para el F. C. Barcelona —tenía solo diecinueve años y procedía del PSV. El presidente, Josep Lluís Núñez, le dijo: «Ese fichaje va a marcar tu futuro como entrenador en el club».

Con esa anécdota, queda más que claro que en los fichajes, sobre todo aquellos donde el club invierta de verdad, no se podrá fallar. Y para no hacerlo, habrá que saber muy bien lo que se busca en cada posición y por qué.

Para cerrar esta primera parte, hay una frase que oí mucho pero que nunca pensé que podría llegar a ser tan literal. Decía así: «lo más difícil de todo esto [el fútbol], es dársela al del mismo color».

Pensaba: «¿Al del mismo color?». Pues claro, es evidente. ¡Qué estupidez!

Pero llegó el día donde me encontré que enlazar diez pases consecutivos, sobre todo en campo contrario, no era precisamente una tarea fácil. Dársela al del mismo color y no al de otro no era tan sencillo.

¿Qué me enseñó ese contexto? Que deberemos destinar mucha energía en conseguir la plantilla de mayor calidad posible según nuestra idea de juego. De no ser así, preparémonos para remar a contracorriente, porque, como dice Lou Holtz: «He tenido buenos y malos jugadores. Soy mejor entrenador con buenos jugadores» (Maxwell, 2012).

SEGUNDA PARTE

¿Y ahora, dónde los pongo?

Guardiola decía durante una entrevista que la táctica son jugadores, así que olvidémonos de hablar de táctica sin conocer primero a los jugadores que tenemos (Valdano, 2018).

Vamos a suponer que finalmente obtuvimos a los jugadores que queríamos. ¡*Habemus* plantilla!

Ahora habrá que sacarle partido. Otra vez nos encontramos ante nuevos retos: ¿dónde rinde mejor cada jugador? ¿Qué jugadores deben jugar juntos para potenciarse entre ellos y formar sociedades?

El primer paso que habrá que dar, una vez tengamos la plantilla cerrada y nos dispongamos a valorar demarcaciones y sociedades, será definir las estructuras base que utilizaremos. Aunque dichas distribuciones sobre el terreno de juego podrán venir supeditadas por cada entrenador, cabe destacar que siempre deberán ajustarse en función de los jugadores que tengamos disponibles. Por ejemplo, si quisiéramos jugar en P-4-3-3, pero a última hora se nos cayeran los fichajes del extremo y el mediocentro contención, seguramente deberíamos replantear la ecuación. De igual forma, si pretendiéramos utilizar un P-4-3-1-2, pero tuviéramos al media punta y a uno de los dos puntas lesionados, deberíamos pensar automáticamente en cómo redistribuir al equipo.

La parte puramente estructural la desarrollaremos en el siguiente pilar —el número tres. No obstante, con la finalidad de poner en contexto los temas sobre gestión de la calidad que trataremos a continuación, vamos a imaginar los siguientes escenarios estructurales.

¡Empecemos!

En las últimas temporadas se ha puesto de moda una estructura de juego con tres centrales, dos carrileros por fuera, tres mediocentros y dos delanteros. Dependiendo de qué jugadores elijamos, estaríamos hablando de un P-5-2-1–2 —estructura que analizaremos más adelante en un partido entre F. C. Barcelona y Real Betis— o de un P-3-1-4-2, por ejemplo.

¿A qué se debe tal diferencia?

Imaginemos que estamos entrenando al Manchester City de los cien puntos en la Premier League y jugamos con la siguiente alineación:

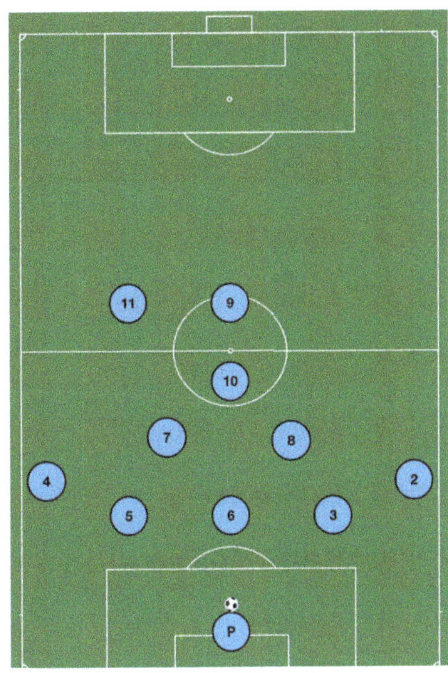

1. Ederson Moraes
2. Kyle Walker
3. Nicolás Otamendi
4. Fabian Delph
5. Aymeric Laporte
6. Vincent Kompany
7. John Stones
8. Fernandinho
9. Sergio Agüero
10. David Silva
11. Raheem Sterling

A mi entender, jugaríamos un claro P-5-2-1-2. Tenemos a tres centrales nominales (3, 5, 6); a dos carrileros de carácter más defensivo (2 y 4); a dos contenciones muy posicionales (7 y 8); a un media punta puro (10); y a dos delanteros, uno más anclado (9) y el otro con movilidad (11).

También podríamos jugar con esta otra alineación:

1. Ederson Moraes
2. Raheem Sterling
3. Nicolás Otamendi
4. Leroy Sané
5. Aymeric Laporte
6. John Stones
7. Kevin De Bruyne
8. Fernandinho
9. Sergio Agüero
10. David Silva
11. Gabriel Jesús

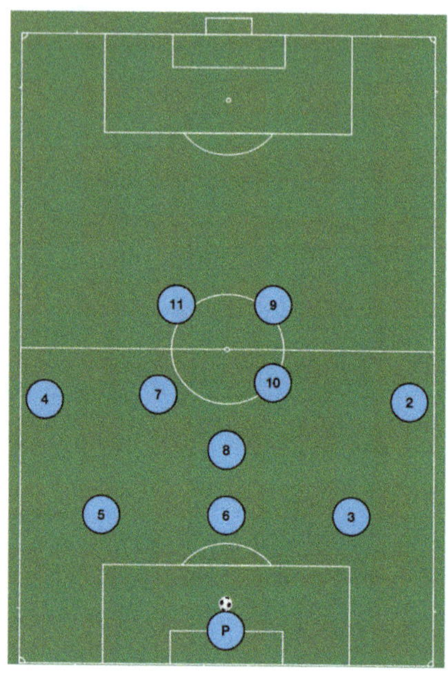

En este caso, y nuevamente a mi entender, jugaríamos un claro P-3-1-4-2. Tenemos a tres centrales nominales (3, 5, 6) igualmente; pero los dos carrileros son extremos reconvertidos con mucho recorrido (2 y 4); los mediocentros se diferencian claramente entre uno muy posicional (8), otro mixto con más dinámica (7) y un último de creativo (10); y los dos delanteros serían totalmente puros (9 y 11).

¿Cuál era el propósito del anterior supuesto? Nada más y nada más menos que reflexionar sobre lo que implica escoger a ciertos jugadores en nuestra estructura de equipo. La calidad de estos —en este caso, donde los ubicamos para que la exploten al máximo— va a modificar sustancialmente cómo el equipo va a desenvolverse durante el juego.

Imagen 8. Manchester City con estructura P-3-1-4-2

Continuando con el ejemplo, imaginemos que tenemos un partido frente al F. C. Barcelona de la «MSN» —Messi-Suárez-Neymar—; con el tridente Busquets-Xavi-Iniesta en medio campo; y con una defensa conformada por Claudio Bravo en la portería, Mascherano y Piqué de centrales, y Sergi Roberto y Mathieu de laterales.

¿Cuál de las dos gestiones de la calidad anteriores sería mejor utilizar para defender a este Barcelona?

Imagen 9. F. C. Barcelona de la «MSN» con estructura P-2-3-2-3

Y si por el contrario jugáramos contra el F. C. Barcelona de Coutinho, Suárez y Messi arriba; Busquets, Rakitic y Arthur en el centro del terreno de juego; y Ter Stegen en la portería más Umtiti y Piqué de centrales, y Jordi Alba y Semedo de laterales.

¿Qué gestión elegiríamos en este nuevo supuesto para defenderlos correctamente?

Imagen 10. F. C. Barcelona con estructura P-2-5-3

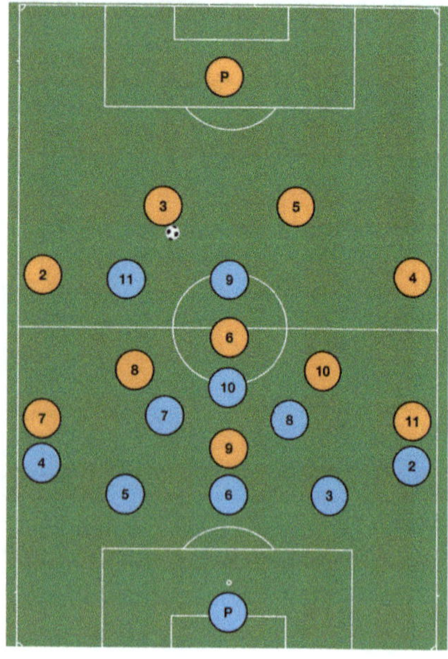

Ahí va mi propuesta:

Al Barcelona de la «MSN» le jugaría con el P-5-2-1-2. Utilizaría una línea de cinco más defensiva (4, 5, 6, 3, 2), para no dejar a los centrales mano a mano con las tres «bestias» de arriba. En medio campo, al tener dos contenciones más defensivos (7, 8), podría generar un mayor equilibrio para evitar el gran juego asociativo de los tres «magos del balón» por dentro, quedando así sus interiores emparejados con los contenciones y su contención fijo con el media punta (10).

Además, al no tener que defender a unos laterales con llegadas fulminantes desde segunda línea por fuera, los podría controlar con los recorridos en amplitud de la línea de 5 más la línea de medios (2+1) por dentro —buscando eliminar el costado pasivo en ambos casos. Una parte importante de dichos recorridos, tanto en amplitud como en profundidad, sería que al tener a tres centrales por un solo punta podríamos realizar muchas ayudas defensivas, tanto hacia delante, saboteando las incorporaciones de los interiores a la línea más avanzada, como en carriles laterales, consiguiendo generar coberturas entre defensores. Finalmente, el perfil del segundo punta (11), con más dinamismo y recorrido que el 9 puro, permitiría ayudar al centro del campo, tanto por dentro como por fuera, en caso de haber necesidad.

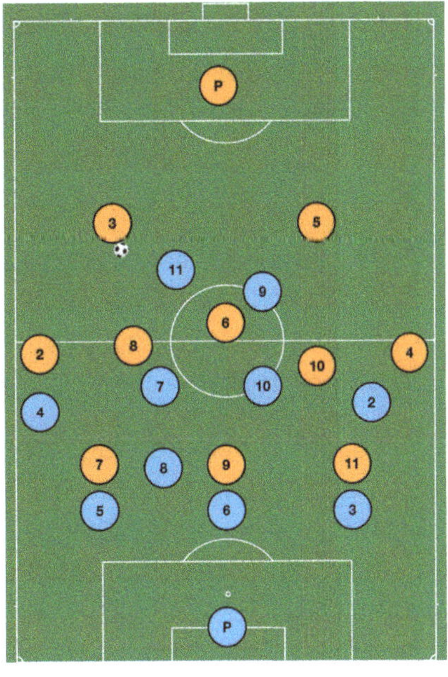

Al otro Barcelona, que cierra a los tres de arriba para dar espacio a las incorporaciones por fuera de los dos «aviones» —los laterales—, le jugaría con el P-3-1-4-2, utilizando una línea de tres centrales (5, 6, 3) para tomar las marcas adentro sin tener que salir mucho hacia fuera debido a la amplitud reducida de las posiciones de los tres delanteros. A su vez, en medio campo, tendríamos a un solo contención nominal (8), que ayudaría a la línea de tres centrales, y a dos jugadores más ofensivos (7, 10), que encajarían perfectamente con el perfil menos dinámico y más posicional de los tres jugadores del F. C. Barcelona que juegan por dentro —no haría falta tanto hierro para frenar su juego de menor movilidad y combinación. Por fuera, emparejaríamos a sus jugadores con más dinamismo con los nuestros. De esta forma, cuando sus laterales subieran al ataque los defenderían nuestros carrileros (2, 4). Aparte de igualarlos en el componente de velocidad, buscaríamos que sus laterales no se incorporaran tanto hacia delante, haciendo que se preocuparan más ellos por nosotros que nosotros por ellos —con nuestros extremos reconvertidos a carrileros amenazando los espacios a su espalda, no creo que se soltaran hacia arriba tan a la ligera. Finalmente, con los dos puntas nominales (9, 11), podríamos cerrar mejor el carril central para evitar las conexiones con sus mediocentros —sobre todo con el contención—, los cuales buscarían recibir más cerca de sus centrales y, en consecuencia, también más cerca de nuestros puntas.

Ojo con todo lo anterior. Aún no estamos hablando de estructuras, solamente de gestionar la plantilla para ver qué once inicial puede ser más competitivo según el contexto que —supuestamente— nos vayamos a encontrar en el partido.

Podríamos discutir, con toda la legitimidad del mundo, mil ventajas y desventajas de los anteriores cruces de plantillas que hemos elaborado —igual que sus correspondientes estructuras—, pero no vale la pena. Piensa que tanto en el fútbol como en la vida difícilmente se podrá tener toda la razón, aunque sí una parte de ella —ojo, no siempre. Todo tendrá sus pros y sus contras.

Para consolidar estas últimas palabras, vamos a echar un vistazo a cómo gestionó Pep Guardiola la calidad de su plantilla para enfrentar al Liverpool de Klopp en la vuelta de los cuartos de final de la Champions League 2017-2018.

El equipo del alemán jugó con Salah, Mané y Firmino arriba; dejando espacios para la subida de Alexander-Arnold y Robertson por fuera como laterales; anclando por dentro a tres mediocentros muy dinámicos como Milner, Chamberlain y Wijnaldum; y cerrando atrás con dos imponentes centrales, Van Dijk y Lovren, además de Karius en la portería. Teniendo en cuenta la tendencia de los tres puntas a cerrarse y de los laterales a incorporarse al ataque, juntamente con los mediocentros, dos de los cuales sí solían soltarse hacia arriba, la alineación del Manchester City fue la siguiente:

1. Ederson Moraes
2. Bernardo Silva

3. Nicolás Otamendi
4. Leroy Sané
5. Kyle Walker
6. Aymeric Laporte
7. Kevin De Bruyne
8. Fernandinho
9. Gabriel Jesús
10. David Silva
11. Raheem Sterling

Imagen 11. Manchester City jugando contra Liverpool en la vuelta de los cuartos de final de Champions League 2017-18

Si nos fijamos bien en la imagen anterior, los tres centrales —todos rápidos y fuertes en el mano a mano— pudieron tomar las marcas porque estas no presentaban una amplitud total. Además, tenían la constante ayuda del mediocentro de contención —siendo este muy posicional y con gran sacrificio hacia atrás—, siempre sobrando por

delante de la línea de defensas por si necesitaban de su incorporación en la generación del 4 vs. 3.

Lo realmente curioso es cómo Pep utilizó a dos interiores, De Bruyne y Silva —uno muy ofensivo y el otro más mixto, pero también con más vocación al ataque— para defender la gran movilidad y llegada de segunda línea de los mediocentros del Liverpool. Sin duda, fue una apuesta arriesgada, igual que jugar con Sané por un costado y Bernardo Silva por el otro como carrileros.

Personalmente, creo que utilizó a Sterling como segundo punta por su tendencia a la caída en amplitud por la derecha, la cual permitía a Bernardo Silva entrar hacia dentro, generando así una muy interesante dinámica de interacción entre ambos.

Finalmente, el hecho de combinar un 9 anclado con otro de más movilidad y capacidad de recorrer metros defensivamente —tanto en amplitud como en profundidad—, le permitió cerrar bastante bien la salida de tres —centrales más contención— del Liverpool.

Analizando este planteamiento, me vinieron tres preguntas a la cabeza:

1. ¿Tuvo mucho que ver el hecho de ir perdiendo la serie por 3-0 —resultado del partido de ida?

Resulta bastante evidente que el contexto a nivel de resultado puede influir en las decisiones tomadas, y seguramente así será en la mayoría de los partidos que preparemos: ¿venimos de ganar?, ¿de perder en el último minuto?, ¿de ser goleados?, ¿de golear nosotros?...

Como entrenador, normalmente intento explicar a mi equipo que van a iniciar los once jugadores que considere que están mejor para lo que se necesita en el partido que vamos a jugar. Por ejemplo, teniendo a dos jugadores por fuera de una calidad similar, si el extremo derecho habitual, muy efectivo jugando amplio y buscando el mano a mano, está al 100%, y el no tan habitual, que tiene un perfil más de juego interior y asociativo, está también al 100%; si requerimos un mayor juego interior en el partido, iniciará el extremo derecho no tan habitual. El colectivo, siempre por delante de la individualidad. Si el jugador entiende que debe de estar al servicio del equipo —como ya hemos recalcado en capítulos anteriores— las cosas funcionarán mucho mejor.

2. Retomando el análisis del City-Liverpool, ¿no fue muy arriesgado el planteamiento?

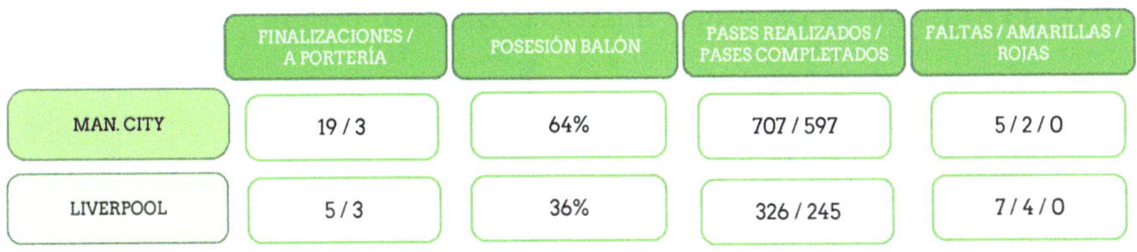

	FINALIZACIONES / A PORTERÍA	POSESIÓN BALÓN	PASES REALIZADOS / PASES COMPLETADOS	FALTAS / AMARILLAS / ROJAS
MAN. CITY	19 / 3	64%	707 / 597	5 / 2 / 0
LIVERPOOL	5 / 3	36%	326 / 245	7 / 4 / 0

Figura 9. Estadísticas del Manchester City vs. Liverpool

Vamos a los números:

Un total de catorce llegadas más del City —aunque tres a gol para ambos equipos—; un 64% frente a un 36% de posesión con una diferencia de 381 pases realizados y 352 acertados —también a favor del equipo de Pep—; y solo a favor del Liverpool el número de faltas, así como el de tarjetas amarillas.

Parece que no fue tan desacertada la gestión de Guardiola, ¿verdad? Pues ese partido acabó 1-2 a favor del Liverpool.

3. ¿Cómo es posible que ante estos números se acabe perdiendo?

Creo que a estas alturas ya quedó suficientemente evidenciado que todo puede ocurrir cuando se trata de fútbol.

Dejando ya de imaginar escenarios, porque, como diría Miquel Panadés, «todos somos el mejor entrenador del equipo al que no entrenamos», nos disponemos a concluir este apartado para dar paso a otro apasionante tema: las sociedades.

Una vez somos conscientes de que habrá que elegir muy bien quién juega y dónde juega para dotar a nuestro equipo del perfil colectivo que deseamos, el siguiente paso será conocer en profundidad dicho

perfil para obtener lo mejor de cada jugador, así como para saber qué substituciones realizar con la finalidad de mantenerlo o cambiarlo.

A todo eso, tal y como le explicaba Pep Guardiola a Jorge Valdano, se necesitará tiempo para descubrir muchas de esas claves colectivas, sobre todo para reconocer dónde puede tener un mejor desempeño cada jugador y con quién al lado (Valdano, 2018).

Las constelaciones

Cuando hablamos de los jugadores que juegan próximos —uno al lado de otro— es precisamente cuando aparece el concepto de sociedades de juego o, como a mí me gusta llamarlo, constelaciones.

Dicen que cuando juntas a dos o tres futbolistas que se entienden muy bien, su juego brilla. He ahí el paralelismo con las constelaciones, aunque realmente les adjudiqué ese nombre debido a la teoría de las constelaciones familiares, las cuales tienen ciertos parecidos con las que desarrollamos en un equipo.

Vamos a realizar de nuevo un ejercicio de imaginación.

Entrenando al F. C. Barcelona, tenemos la opción de hacer jugar a Messi de extremo derecho y a Sergi Roberto de lateral derecho, o bien cambiar este último por Dani Alves. Saben por dónde voy, ¿verdad?

No puedo sacarme de la cabeza esa sociedad entre Messi y Alves. Se entendían a la perfección. Cuando se juntaban era pura poesía en movimiento. Algo similar ocurrió con Xavi, Iniesta y Busquets, o con Puyol y Piqué.

Disculpen que utilice tantos ejemplos del F. C. Barcelona de la era Guardiola, pero es el equipo que más me marcó como entrenador.

Volviendo a México, en Pachuca pude disfrutar de algo muy parecido: Hirving Lozano y Erick Gutiérrez —actualmente ambos jugadores ya realizaron el salto al viejo continente, coincidiendo temporalmente en el PSV Eindhoven.

Este extremo e interior izquierdos, respectivamente, formaban una de las constelaciones motrizmente más conectadas que he visto en años. Con solo un perfil abierto de Gutiérrez hacia su carril, Lozano empezaba a trazar un movimiento horizontal a la espera del golpeo de su compañero para, seguidamente, enderezar el desmarque con una diagonal hacia el balón —encontrándose con este en su trayectoria hacia el gol.

Imagen 12. Lozano y Gutiérrez, en el PSV, celebrando su sociedad al estilo «fusión» tras la anotación de un gol

Aunque las constelaciones o sociedades normalmente se dan por proximidad, es decir, por comunicación motriz entre jugadores que se mueven en zonas de intervención muy cercanas, hay otras que se pueden dar mediante el balón.

Por ejemplo, un central y un delantero centro que se entiendan muy bien a la hora del salto de líneas de presión: cuando el central se encuentra encerrado y levanta la cabeza, el punta ya está moviéndose en diagonal al intervalo lateral para recibir un balón aéreo y descargarlo

por detrás de las líneas de presión del equipo rival. Esta podría ser una muy buena sociedad constituida a través del balón.

Otra sociedad de este tipo que me viene a la cabeza es la de Messi y Jordi Alba, jugadores que se comunican de forma impresionantemente efectiva mediante la transmisión del balón.

Sea como sea la constitución de dichas sociedades, deberemos estar muy atentos a identificarlas en nuestro equipo cuanto antes, y a potenciarlas también, tanto en el entrenamiento —con trabajos de asertivo-motricidad— como en los partidos —ubicando a dichos jugadores en zonas de intervención muy próximas.

De hecho, Arrigo Sacchi utilizaba trabajos de once jugadores contra cero durante más de treinta minutos —los cuales él mismo reconoció que eran imposibles de sostener por largo tiempo con un equipo de élite— para buscar la máxima coordinación entre todas las piezas del colectivo. Buscaba una macroconstelación que integrara a todo el equipo (McGrath, 2011). ¡Qué genio!

¿Sabías que algunos entrenadores incluso ubican a sus jugadores por líneas dentro del vestuario, uno al lado del otro, según quiénes vayan a jugar ese partido? Lo hacen para potenciar las relaciones fuera del campo a nivel comunicativo.

Este tipo de acciones va a ayudar, sin duda alguna, a las relaciones dentro del terreno de juego. Cuanto más conozco al compañero —sobre todo motrizmente— más podré encajar mi juego con el suyo y mayor potenciación simultánea obtendremos recíprocamente.

Creo que ya hemos profundizado suficiente en la gestión de los once titulares. Únicamente nos podría quedar algún tema complementario, como el de los llamados *utility players*.

Se dice que deberíamos tener a uno o dos jugadores polivalentes en una plantilla —futbolistas que puedan jugar en dos, tres o incluso cuatro posiciones de forma óptima. Considero, con base en lo que he podido vivenciar, que sí es una opción muy interesante. Ese tipo de jugadores son realmente necesarios para ampliar los horizontes de la gestión de la calidad. Muchas veces estamos pensando en qué jugadores acompañarán a los once titulares, y ese jugador polivalente será un comodín perfecto para estar siempre entre los dieciocho.

La banca

Haciendo ahora hincapié en los siete jugadores que acompañarán al once titular, ¿eres de los que equilibran las convocatorias con un portero suplente, dos defensores, dos mediocentros y dos delanteros? Yo soy bastante de estos, aunque no me supone un problema modificar la ecuación si es por el bien del equipo.

Aunque siempre busquemos ese bien común, y parezca que hemos hecho un gran trabajo dando la oportunidad de viajar entre los dieciocho a algunos jugadores, lo cierto es que a casi nadie le gusta estar en la banca. ¿Por qué casi? Hay algún jugador que me ha comentado: «míster, si salgo de revulsivo hoy, mucho mejor». Pero debo decir que solamente me ha ocurrido en casos muy esporádicos.

Lo importante de esa gestión —la de la banca— será conseguir que los que están allí entiendan que es porque encajan perfectamente en alguna de las modificaciones que el entrenador tiene en mente según el devenir del partido.

Abro paréntesis. ¿Hay que dar explicaciones a los que no van convocados? Cuando así lo sientas, hazlo, cuando no lo sientas, no te fuerces a hacerlo.

¿Acaso te vienen a pedir explicaciones cuando sí van convocados? Entonces, tómalo con naturalidad y sírvete de tus asistentes para que, con un mensaje previamente establecido en una misma línea, el jugador pueda recibir algún tipo de *feedback* que lo deje tranquilo. Porque hay veces que la película que se monta, produce y dirige un jugador no convocado puede llegar a ser mil veces peor que ofrecerle, por medio de quien sea, una explicación que lo ubique en un escenario más coherente. Cierro paréntesis.

Entonces, a la banca deberían ir aquellos que el plan de juego determine como posibles potenciadores del perfil colectivo —para seguir jugando de forma similar—; modificadores del mismo —para

poder defender u ofender mejor según necesidad—; o antagonistas —los que te cambian un plan de juego de pies a cabeza.

Recuerdo estar preparando un plan de partido cuando me di cuenta de que jugar con los dos jugadores más anárquicos de la plantilla en medio campo, fuera de casa, y contra uno de los más grandes equipos de la liga, era una locura. Uno de ellos debería ir a la banca y sería como una bomba de relojería cuando el partido necesitara un poco de, hablando al estilo Klopp, *rock and roll*.

Al tener a ese antagonista del plan de juego en banca, decidí alinear como titular a un mediocentro mucho más organizador al costado de mi contención.

Tenía también preparados otros cambios de posición por posición para potenciar el perfil colectivo del equipo, por si el plan del juego funcionaba correctamente de forma prolongada.

Finalmente, tenía a un par de modificadores del perfil, para cambiar puntos del comportamiento colectivo que obligaran al rival a ajustar. Eso sí, sin llegar a generar un caos —como sería haber utilizado a los dos anárquicos juntos por dentro desde un inicio.

Os voy a contar una locura que leí en uno de los libros de Martí Perarnau (2014) sobre Guardiola y que me decidí a intentar. Decía en el libro que, durante un partido, Pep no sabía por dónde entrar al rival debido a que, tanto el plan base como las modificaciones de este no le estaban resultando. Pues se ve que decidió mover a la mayoría de sus jugadores —ocho en concreto—, intercambiando y generando nuevas posiciones, con la finalidad de crear un pequeño caos en el partido.

Lo acabó ganando.

Pensándolo bien, esta idea no fue tan descabellada, porque, tal y como veremos en las partes finales del libro, dentro del caos siempre habrá orden —y viceversa.

Pues me juré a mí mismo que aplicaría esa estrategia el día que no viera cómo poder meter mano a un partido.

Desde ese entonces lo he realizado en ciertas ocasiones, y podría decir que el saldo ha sido 50% a favor y 50% en contra. En un par de partidos conseguimos sacar puntos que parecían totalmente perdidos, y en otros nos clavamos los últimos clavos en nuestro propio ataúd. Pero lo más importante: me lo pasé en grande analizando qué sucedía en el juego y aprendiendo de ello.

Y a nivel de directiva; ¿tienen ellos peso en la gestión de la calidad?

La respuesta es sí. Hay directivas más intervencionistas y otras menos. Personalmente, siempre me han tocado de las menos invasivas, con las cuales he podido trabajar muy bien. Pero sí conozco casos donde los jugadores deben ser obligatoriamente utilizados por varios motivos; como convocatorias previas o futuras a la selección nacional, el interés de otros clubes para comprarlo por una buena suma de dinero, el interés del propio club de revalorizarlo para precisamente poder venderlo..., y una multitud más de situaciones que podrían aparecer.

Esta última es una realidad que hay que respetar. Muchos de los dueños de los clubes hacen malabares temporada tras temporada para sostener a su equipo en la élite, y por muy vocacionales que seamos nosotros como entrenadores, deberemos ayudar tanto como podamos en esa parte. Creo que si queremos seguir cobrando religiosamente cada fin de mes, deberemos ayudar a los que se ocupan de financiar el club a seguir haciéndolo de la mejor forma. Igual pienso que también ellos deberán ayudar al entrenador a seguir dirigiendo el club de la forma por la cual lo contrataron; así que, en definitiva, estaremos todos en el mismo barco y deberemos remar hacia un mismo lado.

¿Muchos o pocos jugadores?

Pero ¿cuántos jugadores deberíamos tener a bordo? Esa es otra de las cuestiones importantes a resaltar.

Quique Setién reflexionaba durante una entrevista con el *Diario de Sevilla* —aún siendo entrenador del Real Betis— que una plantilla de veinticinco jugadores es, a su parecer, ingobernable. Él prefiere tener una plantilla corta para mantener conectados a todos los jugadores a lo largo de la temporada (Ortega, 2018).

Coincido plenamente con él.

No obstante, me ha tocado de todo: plantillas con veintidós jugadores de primera división y unos pocos del filial como complemento solamente en caso de necesidad; plantillas de veinte jugadores de primera división con dos o tres fijos del filial para ayudar a completar; incluso plantillas de veintiocho jugadores, todos del mismo rango.

Tras pasar por estos distintos escenarios, encontramos ciertas ventajas y desventajas —como en todo. Cuando tienes a veinte jugadores y se lesionan tres, uno está expulsado y otros dos están pasando por un momento de bajísimo rendimiento, empiezan las dudas. Pero también empiezan las dudas cuando tienes a veintiocho, todos están a punto y debes dejar a diez en casa. ¡Qué duro!

Entonces, si tuviera que elegir, me decidiría por una plantilla de veintidós jugadores: veinte de campo —dos por posición— más dos porteros. Tendría también a dos o tres jugadores del filial, como podría ser el tercer portero, por ejemplo, que ayudasen a completar la plantilla en caso de necesidad. De esta forma, al utilizarlos casi seguro durante una temporada —porque hay muchos pequeños percances que uno no puede prever—, también se crearían dos o tres espacios para que otros jóvenes jugadores ocuparan el lugar de los del filial, y así en cascada en todas las categorías del club.

Con el uso de esta mecánica, el club crece. No hay una plantilla de veinticinco jugadores que tape la subida de otros. Todo lo contrario; un equipo ayuda al otro y todos los jugadores del club tienen la oportunidad de poder jugar en una categoría de mayor exigencia y responsabilidad. Este modelo de funcionamiento me encanta.

Terminando con esta segunda parte y, por ende, el capítulo, hay una pregunta que siempre me ha gustado mucho analizar: ¿cuándo aparece la situación de 1 vs. 1 en el juego del fútbol?

Tras reflexionar profundamente, pienso que aparece en muchísimas de las situaciones del juego. ¿Y qué vamos a necesitar para ganar esos duelos? Pues mayor calidad que el rival. Necesitaremos la famosa superioridad cualitativa.

Por ese motivo, tráiganme a los jugadores de máxima calidad, y luego ya veo yo cómo los gestiono, porque si de alguna cosa no tengo duda, es que la calidad gana partidos.

Para concluir, fíjate bien que, tras haber establecido nuestras ideas como entrenadores, hemos entrado directamente en la gestión de la calidad. Deberemos valorar en qué país trabajaremos, el club y su filosofía, la liga donde competiremos y, sobre todo, los jugadores que tendremos en la plantilla. Todo esto podrá modificar, modelar y ajustar los pilares que iremos desarrollando, uno por uno, a continuación.

CAPÍTULO 5. TERCER PILAR: LAS ESTRUCTURAS

> «La estructura de todas las cosas debe establecerse en términos de relaciones. Para poder hablar de estructura debemos disponer de un complejo o red de partes ordenadas e interrelacionadas»
>
> *Alfred Korzybski*

No solo la calidad gana partidos, las estructuras también tendrán un peso importantísimo. Además, estas estructuras no aparecerán esporádicamente —tal y como sí lo hace la calidad—, sino que lo harán durante todo el trámite del encuentro, de inicio a fin.

Ricardo La Volpe, uno de los entrenadores que he visto dominar mejor las estructuras en el juego —de hecho, a la salida de tres con centrales más contención se le llama «lavolpiana»—, siempre especifica que sus estructuras las condiciona tras estudiar meticulosamente la plantilla que tiene y tras haber hablado con los jugadores sobre cómo ellos se sienten más confiados jugando. Una vez obtenida y analizada esa información, la cruza con sus ideas y establece una serie de disposiciones base, las cuales adapta constantemente a los rivales que va a enfrentar. Un verdadero genio, al cual he tenido el placer de enfrentar varias veces en Liga MX.

LOS MOMENTOS DE JUEGO

Algunas veces he escuchado a entrenadores de alto nivel argumentar que si no estás dominando el juego —sea en la fase que sea—, en el 90% de las ocasiones será porque hay desajustes a nivel estructural en tu equipo. Coincido totalmente con ellos.

Pero ¿cuando hablamos de estructura nos referimos a lo mismo que sistema de juego?

Bajo mi punto de vista, la noción de sistema de juego se ha ido estrechando tanto, que ha llegado a un punto donde se utiliza básicamente para describir distribuciones específicas de los equipos sobre el terreno de juego. Por definición, un sistema es un conjunto ordenado de normas y procedimientos que regulan el funcionamiento de un colectivo. Entonces, a mi juicio personal, creo que esta definición se acerca mucho más a la de modelo de juego, que no a la de estructura. Aunque si me dan a escoger, utilizaría claramente el concepto de modelo de juego, por su amplitud. Este último, etimológicamente, sería aquello que sirve como pauta para ser reproducido y, es precisamente esa aproximación superholística la que estamos tratando de desarrollar en el libro, con la intención de acompañar al entrenador en el proceso de construcción de sus propias pautas de juego para reproducirlas con sus equipos.

Otro asunto muy recurrente es decir: «mi equipo juega un P-4-3-3». Querrás decir que la estructura base es un P-4-3-3, porque solo estarán los jugadores en dicha disposición durante algunos instantes: antes de que el árbitro pite el inicio del juego; antes de que pite el comienzo de la segunda parte; y en la reanudación de saque de centro tras la anotación de un gol. Aparte de esos instantes —y tampoco tenemos garantía total de que así sea—, durante el resto del partido el equipo se estará estructurando según la finalidad establecida en cada uno de los momentos de juego. No obstante, si alguno de esos momentos en cuestión precisara de una disposición P-4-3-3, la podríamos encontrar sin problema alguno.

Imagen 13. El P-4-3-3 del Real Betis al inicio del segundo tiempo (un segundo después del pitido inicial)

En mi caso, como ya sabéis, la estructura base de los equipos que he dirigido ha sido precisamente un P-4-3-3. Ahora bien, cuando iniciábamos el juego contra un solo punta, esta distribución se transformaba en un P-2-3-2-3. Si nos llegaban a cambiar la presión, con dos o incluso tres puntas, la estructura también evolucionaba para adaptarse al nuevo contexto, al cual llamaremos escenario.

¿Qué diferencia existe entre una fase de juego y un momento de juego?

Aparte de que la fase de juego está vinculada a la idea y el momento a las estructuras y, como veremos más adelante, también a las organizaciones dinámicas, podríamos decir que la fase es mucho más general, y está constituida precisamente por diferentes momentos de juego.

Mi propuesta de relación entre fases y momentos —que no deja de ser una más de las muchas que existen— sería la siguiente:

FASE OFENSIVA

Momento Inicio Juego Estático

Momento Inicio Juego Dinámico

Momento Progresión en el juego

Momento Ataque a 3/4

Momento Ataque del área

Figura 10. Propuesta de relación entre fase ofensiva y momentos del juego

FASE DEFENSIVA

Momento Bloque Alto Estático

Momento Bloque Alto Dinámico

Momento Bloque Medio

Momento Bloque Bajo

Momento Defensa del Área

Figura 11. Propuesta de relación entre fase defensiva y momentos del juego

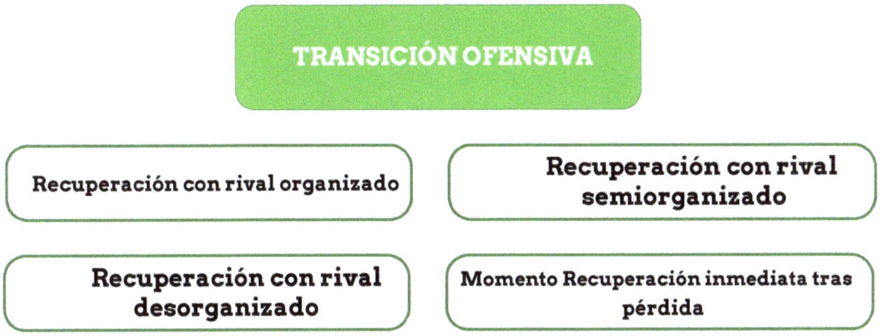

TRANSICIÓN OFENSIVA

Recuperación con rival organizado

Recuperación con rival semiorganizado

Recuperación con rival desorganizado

Momento Recuperación inmediata tras pérdida

Figura 12. Propuesta de relación entre fase de transición ofensiva y momentos del juego

TRANSICIÓN DEFENSIVA

Momento Pérdida en Inicio del juego

Momento Pérdida en Progresión del juego

Momento Pérdida en Finalización

Momento Pérdida inmediata tras recuperación

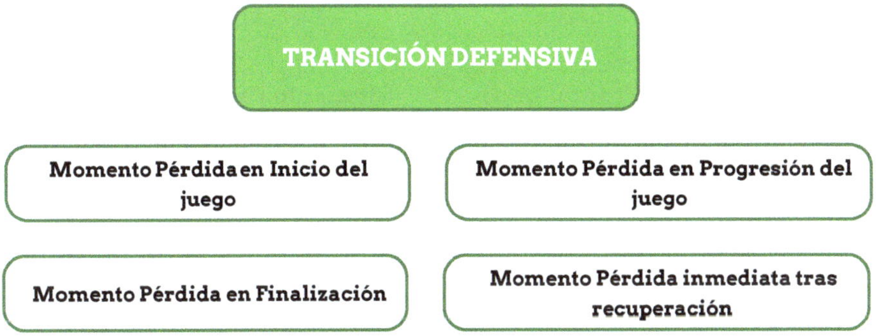

Figura 13. Propuesta de relación entre fase de transición defensiva y momentos del juego

FASE BALÓN PARADO

Momento Saque Esquina Ofensivo	Momento Saque Esquina Defensivo
Momento Falta Lateral Cajón Ofensiva	Momento Falta Lateral Cajón Defensiva
Momento Falta Lateral Lejana Ofensiva	Momento Falta Lateral Lejana Defensiva
Momento Falta Frontal Cercana Ofensiva	Momento Falta Frontal Cercana Defensiva
Momento Falta Frontal Lejana Ofensiva	Momento Falta Frontal Lejana Defensiva
Momento Saque Banda Cajón Ofensivo	Momento Saque Banda Cajón Defensivo
Momento Saque Banda Lejano Ofensivo	Momento Saque Banda Lejano Defensivo
Momento Tiro Penalti Ofensivo	Momento Tiro Penalti Defensivo

Figura 14. Propuesta de relación entre fase de balón parado y momentos del juego

Cada entrenador podrá generar sus propios momentos dentro de cada fase, y estos no tendrán que ser forzosamente los anteriormente planteados. Esa es solo una propuesta a nivel personal —a mí me funciona así, tanto conceptual como metodológicamente.

El peso del contexto

Antes de profundizar en los momentos, vamos a hablar sobre el peso del entorno en el cual estará inmerso nuestro equipo.

Siguiendo las teorías sistémicas, un equipo se encontrará siempre dentro de un contexto, el cual incluirá al equipo contrario. Atención a ese detalle: consideraremos siempre al rival como parte del entorno en el cual estaremos inmersos.

Ese pequeño inciso será clave. ¿Por qué? Porque si pretendemos analizar a un equipo confrontándolo con otro, al no tener presente el contexto, automáticamente perderemos de vista un aspecto clave: la adaptabilidad de cualquier sistema vivo a su entorno (Morin, 1990).

El hecho de que dentro de dicho contexto se encuentre el rival nos permitirá adaptar las estructuras de nuestro equipo a las del contrario para sacar ventaja en el juego —esto será una máxima a nivel estructural.

Muchos hablan de que esa parte del fútbol es como jugar al ajedrez. Razón no les falta, pero el tema es que, tras estructurar al equipo, lo deberemos dinamizar. Será en ese preciso instante cuando todo cobrará vida —las piezas empezarán a moverse— y automáticamente la complejidad del fútbol trascenderá, y por mucho, la del ajedrez.

¿Podríamos ser capaces de no solo adaptar nuestras estructuras, sino de que el equipo contrario se posicione como nosotros quisiéramos para nuestros propios beneficios?

Conseguir eso sería una genialidad suprema a nivel estructural. De hecho, la gran diferencia entre el F. C. Barcelona de Pep Guardiola —que marcó una época en la historia del fútbol— y el resto de los equipos de ese período, fue precisamente que los de Guardiola provocaban deliberadamente estructuraciones de los equipos contrarios que permitieran generar ciertas ventajas a su favor.

Hay mucha diferencia entre ubicar a un interior entre la línea defensiva y la de medios del equipo rival cuando se abre el intervalo interlineal entre ellas; que ubicar a un punta entre centrales para que los estire en profundidad, al mismo tiempo que escalamos las posiciones de los mediocentros para sacar a la línea de medios contraria hacia

delante y, de esta forma, generamos el espacio deliberadamente para la aparición del interior. En la primera propuesta, estaremos actuando reactivamente —sin pretender llevar la iniciativa del juego. En la segunda, estaremos siendo proactivos, buscando la iniciativa y el protagonismo en el juego.

¿Por qué crees que los grandes clubes se gastan tanto dinero en crear áreas de análisis del rendimiento, de rivales y *scouting*? La respuesta es sencilla: porque la información es poder. Si conozco las estructuras del rival podré crear un plan de juego ajustando las mías o, aún mejor, haciendo que el rival deba ajustar las suyas a mi antojo —según las finalidades que persigamos en el juego, obviamente.

Seguro que estarás pensando: ¿y si el rival modifica sus posicionamientos durante el partido? Ya puedes contar con ese hecho.

El trabajo de un entrenador se divide en dos grandes partes: entrenar y dirigir partidos —hablaremos profundamente sobre ellas en el capítulo 9 del libro.

Deberemos ser muy buenos en ambos ámbitos:

- Creando, previamente al partido, unas estructuras que nos generen ventajas en todos los momentos del juego.
- Y modificando estas estructuras durante el trámite del encuentro para no dejar de imponer condiciones en ningún momento —hacer esto es realmente muy difícil.

Escuché a Pep Guardiola decir, en una charla con Fernando Trueba, que lo más apasionante de su trabajo como entrenador era el momento de la semana donde ya había visualizado un plan de juego y proyectaba su aplicación durante el partido. También explicaba que lo más satisfactorio era cuando este salía como estaba previsto, y eso ya se podía ver a los diez minutos de juego; así que en caso de que no saliera lo esperado, se debería modificar rápidamente (Lliteras, 2010).

A modo de ejemplo, me viene a la cabeza un partido que perdíamos 0-1 en casa contra el que acabó siendo el campeón de liga esa temporada. Estábamos atacando, ya en el minuto 80, con una estructura de P-3-3-4. El capitán del equipo me gritaba: «Albert, tenemos que pasar ya a P-2-3-5». Yo le gritaba de vuelta; «Nos están dejando dos delanteros arriba, no podemos». Ellos presentaban una superioridad cualitativa muy grande con sus hombres de arriba, y jugar los últimos diez minutos al dos por dos atrás hubiera sido un suicidio.

De repente, un par de jugadas de peligro consecutivas de los nuestros provocaron la reacción de su entrenador. «Vamos a cerrar el partido, nos estructuramos P-5-4-1» —dijo mientras preparaba un doble cambio. En ese momento, el contexto se modificó de una forma en que pudimos adaptar la disposición del equipo, convirtiéndola en el tan ansiado P-2-3-5: portero, dos centrales, un contención fijo, los dos laterales por dentro jugando de interiores, los extremos pegados a fuera y los dos interiores más el punta en funciones de delanteros centro. El partido acabó 1-1.

¿Qué hubiera pasado si hubieran seguido dejando ellos a dos delanteros descolgados? Quién sabe. Pero lo que sí tengo claro es que la propuesta estructural del rival va a tener mucho peso en la decisión de cómo acabará siendo la nuestra.

¿Me dirás que si pretendemos iniciar el juego desde portería de forma combinada con salida de tres —con centrales abiertos y contención en el centro— y el otro equipo presiona con tres delanteros, no posicionaremos a un interior más cercano para obtener superioridad numérica de cuatro por tres, o haremos más bajos a los laterales para que se ubiquen como líneas de pase en amplitud —ya sean estas directas o indirectas mediante tercer hombre? Pues esas modificaciones son la esencia de lo que se ha venido explicando hasta ahora en este apartado.

Los momentos ofensivos

¿Qué es un momento de juego exactamente?

A mi entender, es una coyuntura —conjunto de factores y circunstancias determinadas— que puede evolucionar hacia diferentes escenarios y que contiene un conjunto de situaciones que se producen de forma simultánea y sucesiva en el juego, en torno a los cuales se pueden establecer finalidades parciales —objetivos operativos.

Por ejemplo: si la finalidad operativa fuera superar las primeras líneas de presión rival para llevar el balón desde nuestro primer tercio de campo hacia la media cancha, estaríamos hablando del momento de inicio dinámico del juego —dentro de la fase ofensiva. Este momento podría evolucionar hacia diferentes escenarios —dependiendo de la actuación del rival—, y en él encontraríamos un conjunto de situaciones que más adelante podríamos definir para establecer, en cada una de ellas, los fundamentos que creamos oportunos para resolverlas de forma óptima.

El inicio de juego estático

Como ya hemos aclarado anteriormente, este momento de juego se considerará —a nivel totalmente personal— dentro de la fase ofensiva del juego, en lugar de dentro del balón parado. ¿El motivo? Metodológicamente hablando me facilita mucho el día a día, tanto en los entrenamientos en campo como en la organización semanal del morfociclo patrón.

Abramos paréntesis. Se habla de morfociclo patrón cuando se planifica la semana de entrenamiento entre un partido y otro (Reis, 2017). El patrón utilizado será siempre muy similar, aunque el contenido de las sesiones podrá variar considerablemente de una semana a otra. Evidentemente, si jugáramos un sábado o un domingo, si tuviéramos doble jornada en esa semana o si hubiera algún entrenamiento previsto de forma especial —como podrían ser los partidos acordados entre equipos del mismo club—, habría ciertos puntos de esa organización microcíclica del entrenamiento que deberían ser ajustados. Todo esto se verá al detalle en el capítulo 10. Se cierra el paréntesis.

Para ver todos y cada uno de los ejemplos correspondientes a los diferentes momentos de juego, nos serviremos de un equipo que me fascinó por su gran adaptabilidad a los contextos: el Real Betis de Quique Setién. Para ello, analizaremos el partido que jugó contra el F. C. Barcelona de visita —con estructura base P-5-2-1-2— y el que disputó contra el Real Madrid de local —con estructura base P-4-3-3— durante la temporada 2018-2019.

¡Vamos allá!

El Betis estructuró su inicio de juego estático contra el F. C. Barcelona de la siguiente forma:

Imagen 14. Estructura P-2-1-4-2-1 del Betis en el momento de inicio del juego estático

Con una disposición base de P-5-2-1-2, en el momento de inicio del juego estático —correspondiente a la fase ofensiva—, el Real Betis utilizó, mayormente, una estructura P-2-1-4-2-1.

A su vez, contra el Real Madrid, su P-4-3-3 base se estructuró, durante el inicio de juego estático, en un P-2-4-1-3:

Imagen 15. Estructura P-2-4-1-3 del Betis en el momento de inicio del juego estático

¿Qué podremos obtener de conocer cómo se estructura el Real Betis en la mayoría de los inicios de juego estático? Básicamente, aquella información necesaria para generar una estructura para nuestro momento de bloque alto estático —la cual utilizaríamos para contrarrestar su inicio del juego desde portería.

La propuesta para ambos casos sería la siguiente, teniendo en cuenta que lo que buscaríamos mediante dicho bloque alto sería abrir el primer pase para seguidamente orientar la presión y robar u obligar a lanzar en largo:

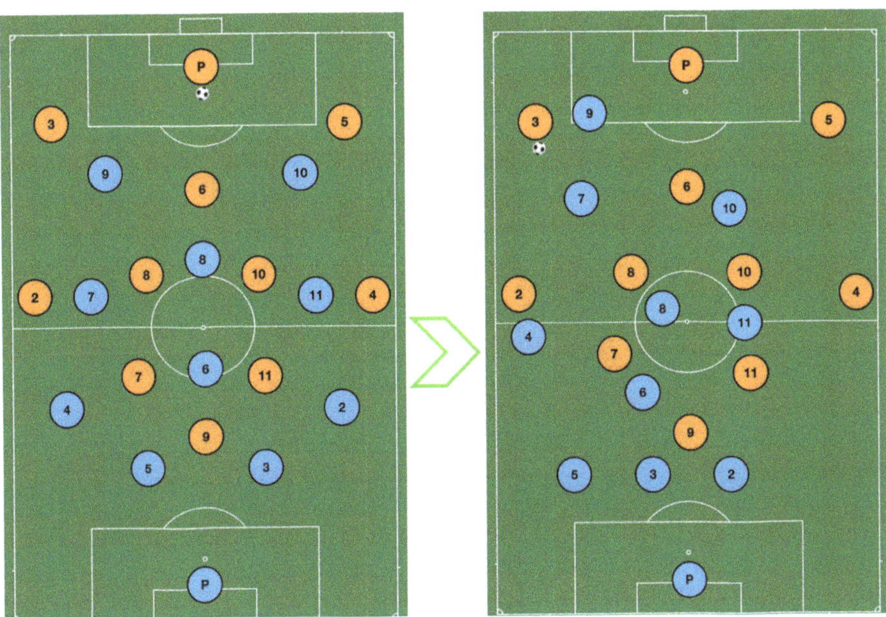

Figura 15. Estructura para el momento de bloque alto estático contra un P-2-1-4-2-1

Mediante una estructura P-2-3-3-2, dividiríamos a los rivales utilizando posiciones intermedias para generar un 2 vs. 3 arriba, un 3 vs. 4 en medio campo, un 3 vs. 2 en la media punta y un 2 vs. 1 en el fondo.

Al iniciarse el juego hacia uno de los centrales, el delantero cercano (9) encerraría para evitar la vuelta con el portero. El delantero lejano (10) se ubicaría cerca del contención fijo y preparado para llegar a reducir el cambio de orientación hacia el central lejano —en caso de producirse. De la siguiente línea de tres, el extremo del costado activo (7) saltaría a reducir el juego del central posesor —cerrando línea de pase hacia el centro—; el otro extremo (11) se cerraría para dividir al mediocentro lejano y al media punta lejano; y el mediocentro mixto (8) saltaría fuerte a disuadir la recepción de su par. A su vez, nuestro contención (6) tomaría la marca de su mediocentro ofensivo en carril activo. Finalmente, en la línea de cuatro, el lateral activo (4) saldría muy fuerte a disuadir la recepción de su lateral (2), y el resto de la línea defensiva (5, 3, 2) recorrería hacia zona activa, quedando en superioridad numérica atrás —3 vs. 1.

Para contrarrestar su P-2-4-1-3, la estructura utilizada sería el P-4-1-3-2; quedando 2 vs. 2 arriba, 3 vs. 4 en media cancha, 1 vs. 1 en la media punta y 4 vs. 3 atrás:

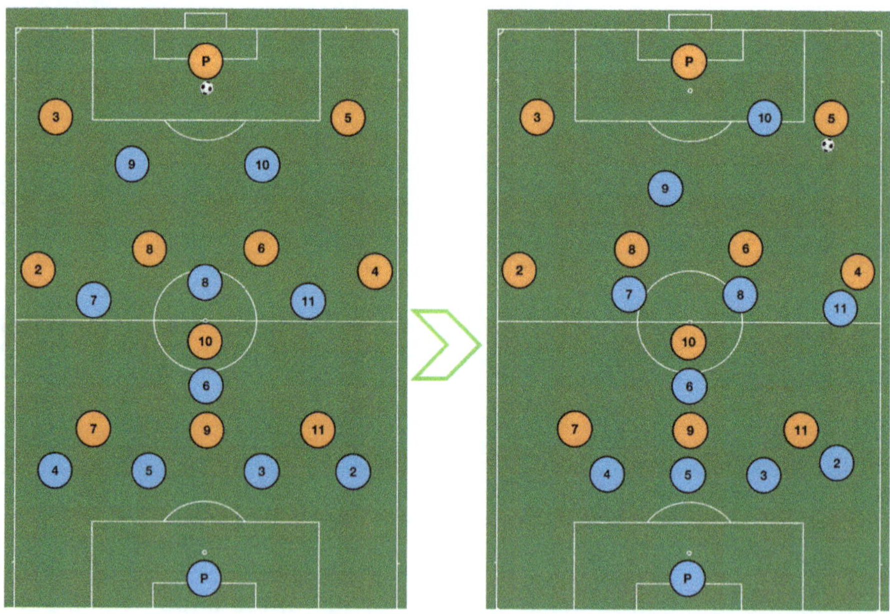

Figura 16. Estructura para el momento de bloque alto estático contra un P-2-4-1-3

De nuevo, al iniciarse el juego hacia uno de los centrales, el delantero cercano (10) encerraría para evitar la vuelta con el portero. El delantero lejano (9) se ubicaría entre el central y el contención del costado opuesto, tratando de disuadir el posible cambio de orientación. De la siguiente línea de tres, el extremo del costado activo (11) saltaría a acosar la recepción del lateral cercano al balón; el otro extremo (7) se cerraría para tomar a su contención lejano; y el mediocentro mixto (8) saltaría fuerte a disuadir la recepción del otro contención —el cercano al balón. A su vez, nuestro mediocentro contención (6) evitaría el juego de su enganche (10). Finalmente, la línea de cuatro (2, 3, 5, 4) recorrería hacia el costado activo de juego, quedando fijadas las marcas de los tres delanteros rivales, más un defensor sobrando para generar la superioridad numérica de 4 vs. 3 en el fondo.

Una gran diferencia entre las dos propuestas anteriores sería que en la primera se utiliza a un jugador que salta a reducir el juego del cen-

tral posesor del balón, para evitar que este pueda levantar la cabeza fácilmente y cambie la orientación del juego a los tres jugadores ubicados en el costado pasivo —los cuales quedan más liberados debido a la pronunciada orientación de la presión hacia la posición de balón.

En cambio, en la segunda propuesta no se utiliza a ningún jugador que salte a reducir el juego del central posesor, debido a que hay una disuasión muy fuerte de los posibles receptores en costado activo de juego —hecho que tiene como finalidad permitir al central que se «estrelle» contra nuestra disposición defensiva. Además, hay que tener en cuenta que en este caso solamente se liberarán a dos jugadores —su central y lateral lejano— durante la orientación de la presión, con el punta dividiéndolos para reducir las posibilidades de cambio de orientación por parte del rival —invitándole a jugar en costado activo.

Tal y como ya hemos recalcado en previas ocasiones, todo lo anterior —también lo que sigue— va a ser muy discutible. Pero la finalidad no será debatir sobre ello, sino entender la relación entre momentos y estructuras y cómo estas últimas funcionan, todo a través de los supuestos presentados.

El inicio de juego dinámico

El momento de inicio de juego dinámico es, a mi entender, uno de los momentos más importantes del juego.

¿El motivo? Creo firmemente que las condiciones generadas a partir de la salida de balón van a condicionar directamente los contextos de juego que nos encontraremos, más adelante, en los demás momentos que componen la fase ofensiva.

Por ejemplo, si lanzamos un balón directo a nuestro delantero centro contra una línea de cuatro más doble contención y extremos cerrados atentos a la segunda jugada, seguramente las condiciones del momento de ataque en 3/4 de campo —eso si conseguimos ganar el primer y segundo balón— serán bastante desfavorables.

Si, por lo contrario, decidimos salir generando superioridades numéricas hasta conseguir fijar o dividir rivales para liberar a compañeros, estos podrán jugar el balón en el momento de ataque en el último

tercio de una forma mucho más favorable, debido a que al haber eliminado rivales y movilizado el ataque, el equipo contrario presentará desajustes por donde poder sacar ventajas.

Lo que hicimos anteriormente —presentar una detallada propuesta estructural para contrarrestar al Real Betis— no va a ser una constante en este capítulo, para no saturarlo de excesivo ajedrez.

El Real Betis utilizó, en la gran mayoría de las ocasiones, un inicio del juego dinámico con estructura P-3-4-1-2 contra el F. C. Barcelona; y con estructura P-2-3-2-3 —la también llamada V-W-V-W— contra el Real Madrid:

Imagen 16. Estructura P-3-4-1-2 del Betis en el momento de inicio del juego dinámico

Imagen 17. Estructura P-2-3-2-3 del Betis en el momento de inicio del juego dinámico

Solo a nivel de apunte. Una posible estructura para defender el P-3-4-1-2 en bloque alto dinámico —utilizando un tipo de marca mano a mano— podría ser el P-3-4-3. En caso de no querer exponerse tanto con el uso de marcas personales, podríamos mantener la superioridad numérica atrás —aunque permitiríamos la superioridad del rival en su línea de balón— optando por una estructura P-4-4-2.

Para contrarrestar la estructura P-2-3-2-3 podríamos optar por un P-4-3-2-1, con un central en intermedias entre la línea defensiva y uno de sus interiores, con el objetivo de presionar más frontal —prácticamente al hombre. Por otro lado, podríamos hacer uso de la distribución P-4-2-3-1 si quisiéramos mantener la superioridad numérica atrás, tomando fuerte a sus dos interiores, disuadiendo la primera línea de pase y orientando su 2 vs. 1 a favor en salida para forzar el juego hacia un costado —normalmente el del central menos habilidoso en la toma de decisiones y técnicamente.

La progresión del juego

Una vez hemos superado con éxito el inicio de juego dinámico entramos en otro momento: la progresión del juego.

En la progresión hacia la portería rival, tanto la organización dinámica del equipo —principios y subprincipios— como los fundamentos —que veremos en el capítulo 7—, tomarán mucha relevancia. No obstante, se podrán identificar ciertas estructuras importantes, ya sean estas con finalidades de progresión o con objetivos de compensación por detrás del balón —equilibrando así al equipo.

En la diferenciación entre el inicio y la progresión del juego siempre surge una discusión: si el equipo rival nos regala el primer tercio o incluso media cancha, ¿nos seguiríamos encontrando en el inicio del juego al no haber superado ninguna línea rival? O, por el contrario, ¿estaríamos ya en la progresión debido a la zona del terreno de juego en la cual nos encontramos jugando?

Bajo mi punto de vista, todos los momentos del juego —tanto ofensivos como defensivos— están estrechamente relacionados con los espacios del terreno de juego. Entonces, entiendo que cuando llevamos el balón hasta la zona de medio campo con la finalidad de progresar hacia la portería rival, estamos precisamente en el momento de progresión del juego, sea cual sea la organización del equipo rival y hayamos superado o no sus primeras líneas defensivas.

Pero, además de la relación con el espacio de juego donde se encuentra el balón, hay otro aspecto aún más relevante, el cual permite diferenciar ambos momentos.

En el inicio del juego existen pocas o ninguna estructura compensatoria —con mis equipos no utilizo. En cambio, en la progresión del mismo sí aparecen dichas estructuras compensatorias. ¿A qué se debe esa diferencia? Básicamente a que la superioridad numérica del inicio del juego ya no existe en la progresión, donde nos encontraremos normalmente en igualdad o incluso inferioridad numérica.

Como curiosidad, hay equipos que tampoco utilizan las compensaciones en la progresión del juego—como podría ser el F. C. Barcelona—, poniéndolas en funcionamiento solo cuando entran en los momentos de ataque en 3/4 de campo y ataque del área. Otros equipos —de forma diametralmente opuesta— las utilizan desde el comienzo de la fase ofensiva, tanto en inicio como en progresión, para quedar más protegidos ante una posible pérdida de balón —ya se produzca esta en zona baja o en zona media.

A todo esto, recuerdo a mis laterales preguntándome sobre su posicionamiento en el inicio del juego: «¿Albert, me tengo que cerrar ahora o me espero a que el balón avance hasta la zona media?». Yo siempre les respondía: «Si reduces tu amplitud ahora, no podremos iniciar correctamente el juego. Tú mantente abierto y ayuda con tu posición a la salida de balón. Una vez realizada esta, al llegar a la zona media, empieza a compensar al equipo cuando el balón esté en el costado opuesto, cerrando tu posición hacia dentro junto al contención —en caso de jugar el rival con un solo punta descolgado— o hacia atrás a la altura de los centrales —en caso de jugar el rival con más de un delantero descolgado en paralelo».

Mediante mi respuesta, lo que buscaba era transmitirles que durante el inicio del juego no hacía falta que compensaran, pero sí en la progresión —aunque solamente lo hicieran cuando el balón progresara claramente por el otro costado.

Ojo, todo lo expuesto anteriormente es según mi forma de entender la fase ofensiva. Ya saben que la idea de juego de cada uno influye en cómo querrá que su equipo se desenvuelva en cada momento.

Para poder entender, de forma visual, las diferencias anteriormente explicadas, vamos a ver dos estructuras de progresión que utilizó el Real Betis contra el Real Madrid:

En la primera estructura se mantiene la misma disposición utilizada durante la salida de balón: P-2-3-2-3. De esta forma, no hay compensaciones en la zona media, aunque tampoco hay incorporaciones al ataque de ninguno de los dos laterales, hecho que permite mantener las distancias de reconversión tras pérdida más acortadas.

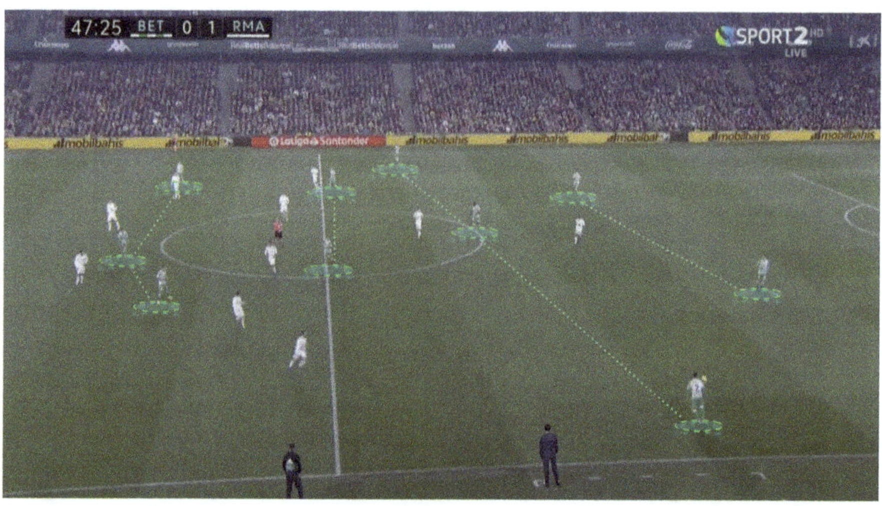

Imagen 18. Estructura P-2-3-2-3 del Betis en el momento de progresión del juego

En la segunda estructura, el P-3-1-2-4, sí podemos apreciar cómo el lateral izquierdo está totalmente incorporado como extremo, quedando el derecho más cercano a los dos centrales en forma de compensación. El resto de la estructura es muy similar a la disposición anterior; un contención más dos interiores por delante y los tres delanteros con amplitud reducida arriba.

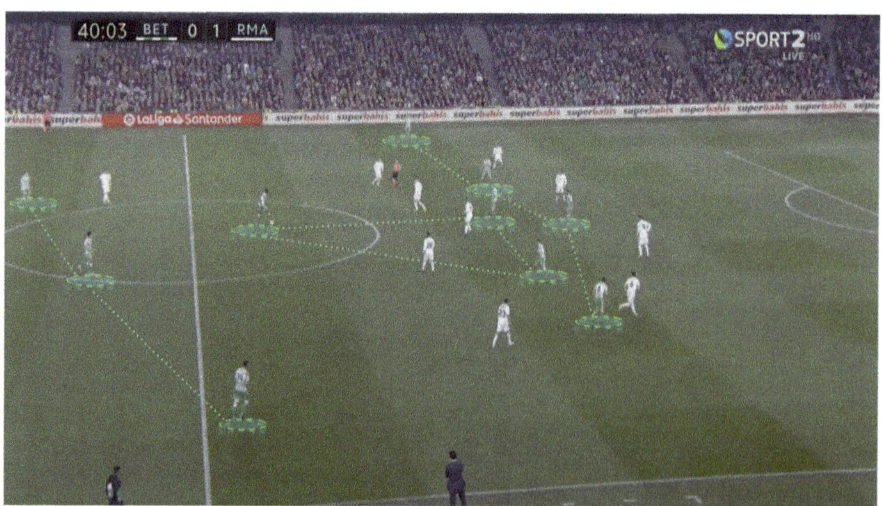

Imagen 19. Estructura P-3-1-2-4 del Betis en el momento de progresión del juego

Casualmente, en el partido contra el F. C. Barcelona, el Real Betis utilizó la misma estructura que mostramos anteriormente: el P-3-1-2-4.

La pregunta que surge en este punto es: ¿cómo puede ser que utilicen la misma estructura en progresión si la disposición básica en un partido fue de P-5-2-1-2 —contra el F. C. Barcelona— y en otro de P-4-3-3 —contra el Real Madrid?

Pues porque, como ya sabemos a estas alturas, una cosa será la estructura básica y otra aquella que emergerá —o, mejor dicho, que trabajaremos para que emerja— en cada momento del juego.

Imagen 20. Estructura P-3-1-2-4 del Betis en el momento de progresión del juego

En definitiva —e insistiendo—, el momento de progresión a nivel estructural va a depender mucho de cómo lo queramos dinamizar y de qué fundamentos prioricemos utilizar en las diferentes situaciones que lo compongan —ambos conceptos se desarrollarán en los siguientes capítulos.

El ataque en 3/4

Si en el momento de progresión del juego los aspectos dinámicos ya tomaban mucho protagonismo, aún van a incrementar más en el momento de ataque en 3/4. A su vez, las estructuras compensatorias también van a cobrar una mayor importancia.

Recordemos que el juego es un todo que no se puede disociar, por lo tanto, la forma en la que nos estructuremos en dichos momentos correspondientes a la fase de posesión va a tener un impacto totalmente directo en cómo el equipo pueda actuar una vez se pierda el balón. Este efecto residual lo vamos a analizar más adelante, concretamente en los momentos que componen las fases de transición.

Para abordar el momento de juego que nos ocupa ahora, vamos a analizar dos imágenes de las estructuras que utilizó el Real Betis contra el Real Madrid para atacar la zona de 3/4 de campo:

Imagen 21. Estructura P-2-1-3-4 del Betis en el momento de ataque en 3/4

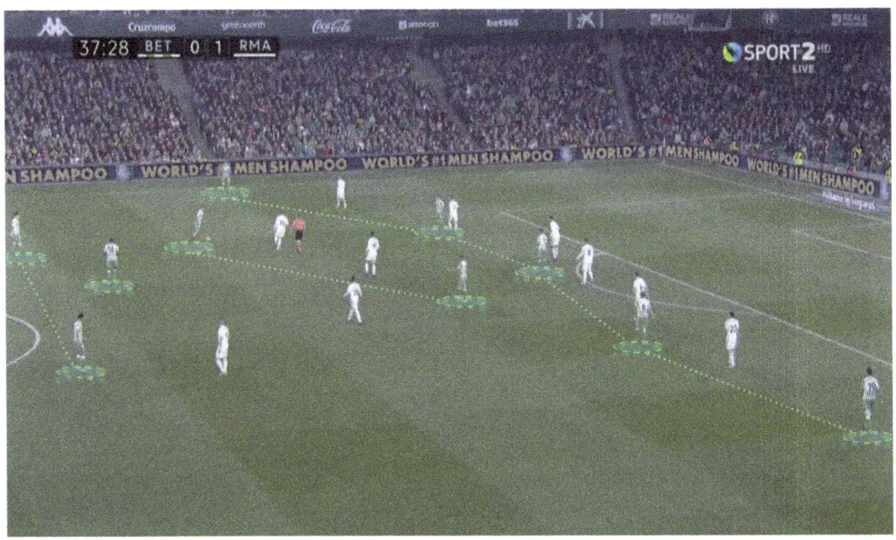

Imagen 22. Estructura P-2-1-2-5 del Betis en el momento de ataque a 3/4

¿Cuáles son las grandes diferencias entre ambas imágenes? En realidad, son dos:

1. La altura de los laterales del Betis. En la primera imagen, ambos laterales están a la altura del mediocentro contención. En la segunda imagen, están a la altura de la línea de delanteros.

2. La estructuración reactiva que provoca el Betis en el Real Madrid. Si nos fijamos en la primera imagen, el Real Madrid utiliza una línea de cinco más tres mediocentros y dos delanteros. En cambio, en la segunda, el Real Madrid está estructurado con una línea de seis atrás, los tres mediocentros, y solamente un punta.

¿Qué nos muestra este segundo punto? Nada más y nada menos que la influencia de la estructura de un equipo en la del rival.

Seguramente, el Real Madrid no tiene en su modelo de juego una estructura defensiva para el momento de bloque bajo con línea de 6, pero el peso del contexto al cual uno se tiene que adaptar constantemente puede generar este tipo de comportamientos emergentes en su equipo, los cuales tienen la única finalidad de continuar sosteniendo el objetivo o finalidad que se persigue en ese momento del juego —en el

caso de la defensa de bloque bajo podría ser no permitir que el balón llegue dentro de la propia área.

Fijando, finalmente, nuestra atención en las estructuras compensatorias del Real Betis que aparecen en las anteriores imágenes, estas son las mismas en ambas disposiciones: los dos centrales más un contención por delante.

El ataque del área

Atacar el área es el último momento de la fase ofensiva —también llamada fase de posesión. La diferencia entre el momento anterior —el de ataque a 3/4— y el que estamos tratando ahora, es que en el ataque del área el balón deberá llegar dentro del área rival con la intención de conseguir opciones de finalización.

En algunos partidos podremos observar a un equipo llegar fácilmente a 3/4 de campo una y otra vez, pero sin conseguir entrar en el último momento del juego y, por tanto, no presentando demasiadas opciones de finalización. Bajo mi perspectiva, y siendo un poco crudos —como es el fútbol muchas veces—, podría decirse que, a pesar de jugar muy bien o muy mal en los diferentes momentos del juego, el ataque del área y su correspondiente antítesis —la defensa del área— van a ser determinantes en el resultado final.

Hay muchos partidos donde un equipo es infinitamente superior a su oponente en el trámite del juego en general, pero que por errores en el ataque o la defensa del área —o ambos— no consiguen hacerse con la victoria.

Siempre pongo el ejemplo —con la finalidad de entender este momento— de que puedes tener deficiencias en los momentos previos a la llegada al área —tuya o contraria—, pero si una vez dentro de ellas eres efectivo, todo termina solucionándose.

Es por ese motivo que, si dispusiéramos de un presupuesto limitado y tuviéramos que elegir en qué tres posiciones invertir de forma preferente, esta sería una gran apuesta: delantero centro, portero y central. ¿Por qué? Porque son los jugadores que más veces llegarán a las áreas —propia y rival— y, por tanto, tendrán más incidencia en dichos momentos culminantes de cada fase —ofensiva y defensiva, respectivamente.

El Real Betis de Setién atacó el área de esta forma contra el Real Madrid:

Imagen 23. Secuencia estructural del Betis en el momento de ataque del área

Estas dos imágenes están tomadas con cuatro segundos de diferencia. La primera foto es justo en el momento en que el balón entra en

la zona de finalización, y la segunda cuando ya se introduce el esférico dentro del área.

Como podemos observar, hay tres jugadores que atacan dentro del área —primer palo, centro y segundo palo—, más cuatro coberturas ofensivas, una en cada carril lateral y otras dos en el central. Seguramente, una de las dos coberturas ofensivas por carril central podrá incorporarse al área como llegada de segunda línea.

Finalmente, los jugadores rivales en posiciones intermedias —los que pueden armar el contragolpe si conectan con ellos tras la recuperación— tienen próximo a su defensor, comprimiendo así el bloque en la zona de finalización rival, evitando partir el equipo en este último momento ofensivo.

Para cerrar la fase ofensiva, si nos fijamos en la progresión de la secuencia estructural de todos los momentos ofensivos, en el inicio del juego la estructura tendrá mucho peso y la dinámica de esta menos. En la progresión, ese peso ya se irá igualando mucho, pudiendo incluso la organizativa tomar el protagonismo. Ya en los momentos finales, de ataque en 3/4 y ataque del área, la organización dinámica será la que tome más relevancia por encima del posicionamiento, aunque sin perder de vista las estructuras que podamos llegar a utilizar para compensar y equilibrar al equipo por detrás de la pelota. De hecho, deberemos tener siempre en cuenta que cuanto más peso vaya agarrando la organización en torno al balón, más estructuras compensatorias por detrás de este serán necesarias.

Los momentos defensivos

Una vez analizados los momentos de la fase ofensiva, vamos a realizar el mismo proceso con los correspondientes a la fase defensiva: bloque alto estático, bloque alto dinámico, bloque medio, bloque bajo y defensa del área.

Estos momentos, igual que los anteriormente desarrollados, tendrán una estrecha vinculación con la zona del terreno de juego donde se estén produciendo las acciones.

El bloque alto estático

El bloque alto, como su nombre lo indica, es cuando el equipo se establece en la zona más avanzada del medio campo rival. Al hablar de estático hay que tener en cuenta que el balón no estará en movimiento, es decir, que el rival lo estará poniendo en juego de nuevo, normalmente desde saque de meta, aunque también puede ser un reinicio del juego tras cualquier infracción dentro de esa zona avanzada —un fuera de juego, una falta, etc.¿Cómo se estructuró el Real Betis durante ese momento defensivo en los juegos contra el F. C. Barcelona y el Real Madrid, respectivamente?

Pues les resultará curioso saber que contra el Real Madrid no utilizaron en ningún momento el bloque alto estático. ¿A qué pudo haberse debido?

Vamos a exponer las dos hipótesis:

1. La primera, debido a que las finalidades del plan de partido del Real Betis estaban relacionadas en su totalidad con bloques medios, permitiendo al Real Madrid iniciar el juego de forma libre, esperándolo en su momento de progresión.

2. La segunda —y esta es la que realmente ocurrió en ese partido— debido a que el rival inició su juego estático en largo, buscando llevar directamente el balón a la zona media y/o avanzada del terreno de juego.

Nuevamente, aparece el poder del contexto. Nuestro equipo deberá adaptarse a ese tipo de acciones más verticales, y normalmente lo hará estableciendo un bloque medio para defender los balones largos. Vamos a ver cómo lo hicieron:

Imagen 24. Estructura P-4-2-1-3 del Betis en el momento de defensa del inicio de juego en largo del Real Madrid

El Real Betis optó por generar una estructura de cuatro atrás protegida por una doble contención —la cual se encargaba de disputar el primer balón—, con un media punta cercano a dicha disputa, un punta más estirado y dos extremos en intermedias —quedando estos últimos ubicados entre el contragolpe y la ayuda al segundo balón.

Contra el F. C. Barcelona se estructuró de una forma totalmente distinta, realizando un bloque muy alto de presión para evitar que su rival pudiera iniciar el juego de una forma asociada desde atrás, forzándole así a saltar líneas —incomodando sus acciones en el inicio de la fase de posesión.

Como ya sabemos a estas alturas, el momento de inicio del juego estará muy relacionado con las condiciones que se generarán en los siguientes momentos —a medida que el balón vaya progresando. He aquí la gran importancia de dificultar ese primer momento del juego ofensivo rival, clave para muchos equipos.

Pues en ese partido —mediante el uso del bloque alto estático— el Betis consiguió cortar la mayoría de los circuitos de juego del F. C. Barcelona. Se dice que defender bien, muchas veces significa ir lo más arriba posible para evitar el juego del rival y no permitirle llevar el balón cerca de tu portería en condiciones óptimas. Eso trataron de hacer los verdiblancos, y les salió excelente.

Nos serviremos de estas dos imágenes para mostrarlo:

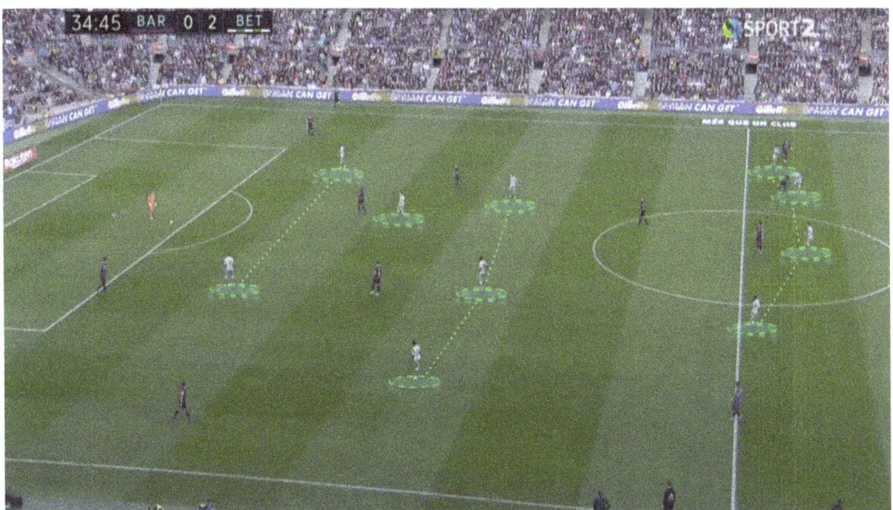

Imagen 25. Estructura P-4-3-1-2 del Betis en el momento de bloque alto estático (tras una infracción dentro del área del F. C. Barcelona)

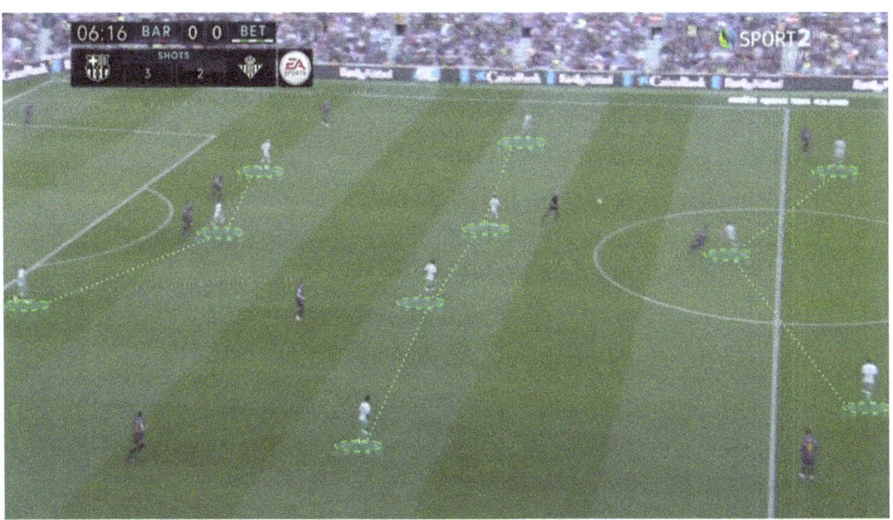

Imagen 26. Estructura P-3-4-3 del Betis en el momento de bloque alto estático (iniciando el juego el F. C. Barcelona en largo)

En la primera foto podemos observar que la estructura defensiva que se genera es un P-4-3-1-2. En la segunda, aun siendo muy similar, cambia a P-3-4-3.

Nuevamente nos preguntaremos: ¿por qué esa modificación si el momento de juego es el mismo? Porque el contexto del juego invita al Real Betis a posicionarse de esa forma. Recordemos el importante detalle de que el entorno incluía siempre al equipo rival.

Profundizando más en este tipo de estructuras que utilizó el Real Betis, las cuales se podrían llamar «mano a mano», podemos ver que la finalidad de las disposiciones era marcar a todos los jugadores del F. C. Barcelona para que estos no pudieran jugar el balón cómodamente —sabemos, y ellos también sabían, que el juego en largo del F. C. Barcelona era una debilidad para aprovechar.

Entonces, para cumplir con el propósito vinculado al momento de bloque alto estático, el Betis es estructuró como el contexto le solicitó:

- Si el contención del F. C. Barcelona no se hacía bajo entre los centrales, el Betis continuaba manteniendo un media punta y dos puntas. En cambio, si dicho pivote se integraba a la línea de centrales, los verdiblancos adelantaban al media punta para crear una línea de tres delanteros.
- Si uno de los interiores azulgranas se hacía muy alto —como si de un delantero se tratara—, automáticamente respondían posicionando una línea de cuatro atrás, quedando con una línea de tres en media cancha. Si ese interior se hacía bajo —para ayudar en el juego asociativo en corto—, los béticos dejaban una línea de tres atrás y convertían la línea de medios en una línea de cuatro.

Pero hay jugadores del Betis que no están pegados a su marca, ¿a qué se debe eso si la defensa es al hombre? Lo he bautizado como «el arte de dividir».

El concepto de «jugar en intermedias» —defensivamente hablando— sería un sinónimo de dividir al rival. Si somos capaces de entender cuándo hay que estar muy pegado a la marca —acoso—; cuándo hay que mantener unos metros de distancia —disuasión—; y cuándo hay que mantener solamente el control quedando en una posición más lejana —interceptación—, tendremos el triángulo defensivo completo, que es la base de toda defensa. Este tipo de posicionamientos permitirá quedar siempre a una distancia óptima respecto al rival, la cual ajustaremos continuamente según lo lejos o cerca que esté el balón de nuestra posición.

Rescatando la primera imagen anterior —la del P-4-3-1-2—, podemos observar en ella todos estos conceptos:

Imagen 27. Los jugadores en blanco son los que están en acoso respecto a su marca, los de color negro son lo que están en disuasión, y los rojos son los que están en interceptación

El bloque alto dinámico

A diferencia del bloque alto estático, el dinámico estará muy vinculado a la organización y los fundamentos. No obstante, como ya conocemos, las estructuras siempre van a tener su correspondiente importancia.

Los bloques altos dinámicos —cuando el balón ya está en movimiento— tienen como finalidad, normalmente, protagonizar el juego —llevando la iniciativa de este—, pero sin tener la posesión.

Con el objetivo inicial de no permitir el juego combinado del rival para recuperar la posesión lo más cerca posible de su portería, provocaremos que en multitud de ocasiones el equipo contrario acabe jugando en largo, dificultándole automáticamente el mantenimiento del control del juego —cuando el balón vuela por el aire, se pierde notablemente el control de la situación.

Pero, otra vez, la influencia del contexto tendrá mucho peso. Si el rival es muy fuerte en el inicio de juego dinámico, tendremos dos opciones: obviar ese momento y esperarlo en el momento de progresión —mediante un bloque medio—; o bien presionarlo insistentemente con un bloque alto dinámico. Por el contrario, un equipo que no utilice el inicio de juego dinámico de forma combinada, es decir, que priorice un juego más directo, nos condicionará de forma en que deberemos proteger más y mejor el primer y segundo balón.

Para observar el ejemplo anterior, nos serviremos de dos fotos:

Imagen 28. Estructura P-3-4-1-2 del Betis, marcada en verde, en el momento de bloque alto dinámico (iniciando el juego el F. C. Barcelona en corto), con la estructura base P-5-2-1-2 marcada, de fondo y con líneas blancas, por la televisión.

Imagen 29. Estructura P-4-2-1-3 del Betis en el momento de bloque alto dinámico (iniciando el juego el Real Madrid en largo)

En la primera imagen podemos ver cómo la estructura base —P-5-2-1-2— se adapta a P-3-4-1-2 para realizar un bloque alto dinámico de presión muy fuerte sobre el inicio del juego combinado del F. C. Barcelona. Tras analizar el partido, puedo confirmar que el planteamiento de este momento de juego le funcionó totalmente al Real Betis en ese encuentro.

En la segunda imagen se puede observar una estructura con línea de cuatro atrás más dos contenciones por delante y otro mediocentro muy cercano a ellos, solamente lanzando a tres jugadores en la presión alta —sin necesidad de saltar todos ellos a provocar el juego directo. En este caso, al jugar el Real Madrid en largo ante presión en su zona inicial de juego, fue muy importante mantener una estructura que proporcionara una mayor protección del primer y segundo balón. Por este motivo, la distribución elegida por el Real Betis fue el P-4-2-1-3.

Obviamente, frente a todos estos bloques altos dinámicos, cuando nos los apliquen a nosotros, deberemos buscar las mejores estructuras para garantizar el inicio del juego con el balón en movimiento —que serán el antídoto.

A nivel anecdótico, recuerdo un bloque alto dinámico de presión orientada hacia carril lateral —prácticamente mano a mano— median-

te un P-4-3-1-2 que nos aplicaron en un partido. La estructura que propuse para salir con el balón de forma dinámica fue totalmente errónea. Provoqué el colapso en mi equipo. Intenté iniciar el juego con un P-2-3-2-3 y me anularon, posicionalmente, por completo.

Aprendiendo del mal planteamiento estructural que hice, cuando me tocó enfrentar a la misma disposición algunos partidos más tarde, reformulé el plan y la disposición cambió a P-3-3-2–2 con uso del falso 9. Contrariamente al primer planteamiento, este segundo nos permitió llevar todo el peso del partido, gracias a la superioridad posicional constante de nuestra distribución respecto a la del rival.

Aquí les dejo el ejemplo gráfico de ambos planteamientos:

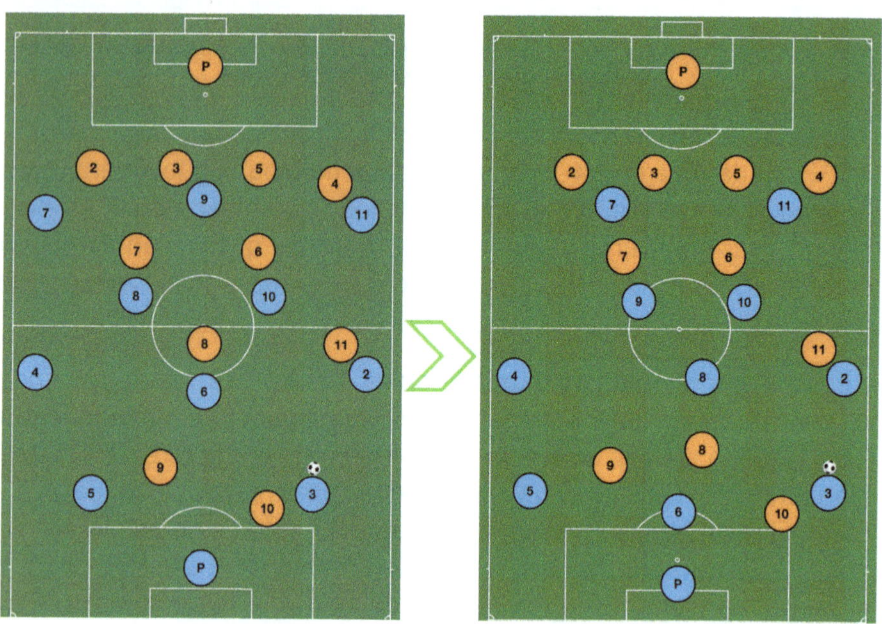

Figura 17. El rival en naranja y mi equipo en azul. La primera imagen pertenece al planteamiento 1, y la segunda imagen al planteamiento 2

Si nos fijamos bien en el primer posicionamiento, la única opción del central (3) —encerrado y presionado por detrás por el delantero rival— era cambiar el juego hacia el lateral libre en el costado pasivo (4). Puedo decir, sin mucho orgullo, que ese trazo diagonal nos costó dos goles al no realizarlo de forma precisa.

En el segundo planteamiento, las opciones se multiplicaron. Aunque seguíamos teniendo el cambio de orientación al lateral pasivo (4), se generaron otras opciones mejores de juego: pase en diagonal al intervalo generado para el mediocentro mixto (8) que vino a realizar funciones de eje —como yo le llamo—; y conexión con tercer hombre, jugando con falso nueve o enganche (9 y 10) para que estos liberaran al mediocentro mixto o al lateral (8 y 4) de frente al juego y en progresión. Finalmente, con solo dos jugadores en la punta del equipo (7 y 11) en el segundo posicionamiento —en lugar de los tres (7, 9 y 11) utilizados en el primero— se consiguió fijar a su línea de cuatro en el fondo para mantener la superioridad numérica y posicional en el centro del terreno de juego.

El simple ajuste estructural de nuestro momento de inicio de juego dinámico en el segundo partido permitió superar su momento de bloque alto dinámico de forma constante, evidenciando de nuevo que el peso de las estructuras deberá ser tomado muy en cuenta en la elaboración de los planes de partido.

El bloque medio

Cuando el propósito del bloque alto dinámico no funcione correctamente y el rival consiga ubicarse con la posesión del balón cerca de nuestra media cancha, entrenaremos en el momento de bloque medio. ¿El objetivo de este? Que el rival no pueda controlar el balón dentro de nuestra mitad del terreno de juego.

Este momento estará vinculado con un tipo de defensa más posicional, priorizando la zona y esperando a que el balón entre dentro de esta para poder ejecutar una presión muy fuerte en el centro de juego y recuperar el esférico. Además, al tener más metros de espacio al frente, cuando se recupere la posesión podremos enlazar con contragolpes al espacio.

Recordemos que la finalidad primera y última de las estructuras en los diferentes momentos de juego será la de imponer condiciones. En mi opinión, hay dos grandes formas de someter al rival:

- La primera; mediante el balón, utilizando un juego asociativo —en ofensiva— y presionando alto para hacerse con la posesión lo antes posible —defensivamente.
- La segunda; mediante los espacios, tratando de recuperar el balón haciendo uso de defensas zonales más medias y/o bajas, para generar espacios en profundidad tras la recuperación, y utilizando contragolpes a través de los desequilibrios defensivos identificados —transiciones ofensivas.

Habrá muchos entrenadores, como un servidor, que debido a la protagónica idea de juego que intentan desarrollar, solamente utilizarán bloques medios y bajos cuando el rival los provoque mediante su buen juego asociativo. Eso sí, una vez nos fuercen a retroceder se abrirá automáticamente la posibilidad de aprovechar este tipo de momentos para seguir imponiendo condiciones, aunque esta vez a través de los espacios.

En realidad, son muy pocos los partidos donde uno puede someter a partir del balón durante los 90 minutos, a no ser que se tenga una plantilla con una superioridad cualitativa muy grande respecto a la de los rivales.

En mi equipo ideal, siempre sueño con un grupo de jugadores tan completos que puedan imponer condiciones mediante el balón durante la mayor parte del partido, y encima sean capaces de utilizar los espacios para seguir comandando el juego a través de estos cuando se encuentren en momentos de no posesión con espacios abiertos para correr.

Otros entrenadores, en cambio, dan prioridad directa a los momentos de bloque medio y bajo, utilizando estos de forma preferente en su idea de juego —ojo, no será mejor ni peor propuesta que la anteriormente descrita. Elección totalmente legítima.

Volviendo al Real Betis, este utilizó diversas estructuras en el momento de bloque medio. Contra el Real Madrid, al comienzo del juego —minuto 20 y perdiendo 0-1— utilizó una estructura P-4-3-3. Ya avanzada la segunda parte —minuto 84 y con 1-1 en el marcador— cambió la disposición a P-4-4-2.

Imagen 30. Estructura P-4-3-3 del Betis en el momento de bloque medio (con posicionamiento atrasado)

Imagen 31. Estructura P-4-4-2 del Betis en el momento de bloque medio (con posicionamiento adelantado)

Este es un buen momento para añadir algunos detalles:

El primero, referente a las alturas de los bloques defensivos. Cuando un equipo se ubica a una altura que no es totalmente alta ni tampoco

cien por cien media —como en la última imagen—, ¿lo podríamos llamar bloque en altura 3/4?

Según mi visión —no quiere decir que deba ser así forzosamente— cuando un equipo no se ubica en un posicionamiento alto, directamente entiendo que está en un bloque medio —me salto el bloque 3/4.

No obstante, esa posición media se puede utilizar de distintas formas. Se podría ubicar la mitad del equipo en campo contrario y la otra mitad en campo propio —este sería el bloque medio puro—; o bien todo el equipo en campo propio excepto la primera línea, que se posicionaría en campo contrario —este sería un bloque medio más atrasado. Otra opción —como la que aparece en la última imagen— sería ubicar todo el equipo en campo contrario excepto la última línea, que se encontraría en campo propio —en este caso, hablaríamos de un bloque medio más adelantado.

El segundo aspecto que resaltar será a nivel de contexto. En todos los momentos de juego —sea cual sea la fase a la que correspondan—, aparte de vincular el elemento «equipo rival» al entorno —detalle que ya conocemos bien—, deberemos incorporar también estos dos elementos, los cuales tendrán cierto peso en el desarrollo del juego: el minuto y el marcador.

Dependiendo del minuto de partido y el resultado, el entorno incitará al equipo a estructurarse de una determinada manera, con la finalidad de adaptarse a los requerimientos que el juego presente en esos instantes.

Entonces, volviendo a las imágenes anteriores, puede que perdiendo 0-1 el Betis buscara tener más presencia en su primera línea del bloque medio mediante tres jugadores —utilizando el P-4-3-3. Al empatar el partido y a solo cinco minutos de la conclusión del mismo, puede que esa presencia se reestructurara a una primera línea de dos delanteros —P-4-4-2, ganando así un jugador más en medio campo.

Contra el F. C. Barcelona, la estructura del Betis en el minuto 20 —con 0-1 a favor— fue de P-4-4-2. En cambio, en el minuto 76 —con 1-3 arriba en el marcador— se modificó a P-5-4-1.

¿Será que a falta de quince minutos para el término del encuentro, y con un resultado favorable de dos goles, se priorizó una estructura con un jugador más en la última línea y uno menos en la primera? He aquí otro ejemplo del peso del minuto y el marcador.

Imagen 32. Estructura P-4-4-2 del Betis en el momento de bloque medio (con posicionamiento puro)

Imagen 33. Estructura P-5-4-1 del Betis en el momento de bloque medio, marcada con líneas blancas por la televisión (con posicionamiento atrasado)

El bloque bajo

Prosiguiendo con la secuencia de momentos defensivos, cuando el rival consiga controlar el balón dentro de nuestra mitad de campo, entraremos instantáneamente en el momento de defensa en bloque bajo. Este momento se caracterizará por estar el bloque del equipo muy cercano a su propia portería —sobre todo la última línea—, aunque siempre fuera del área.

Primeramente, será importante destacar que durante dicho momento los espacios que existirán para contragolpear serán aún mayores que en el bloque medio, aunque la distancia hasta la portería contraria también habrá aumentado considerablemente.

Durante el bloque bajo, la importancia del juego zonal también crecerá, junto con la necesidad de cerrar los espacios de juego, especialmente del carril central, creando superioridades numéricas en ciertas zonas del bloque defensivo —a veces se buscan por dentro y otras por fuera— o bien esperando el error del rival —debido a la gran densidad de jugadores y, normalmente, a la inferioridad numérica del contrario. Todo lo anterior con una misma finalidad última: evitar la llegada del balón dentro de nuestra área.

Vamos a observar tres diferentes estructuras que utilizó el Real Betis durante ese momento del juego.

Contra el F. C. Barcelona, cuando el bloque era bajo, pero no hundido en exceso, predominaba la distribución P-5-2-1-2 —coincidiendo con la estructura base planteada para ese partido:

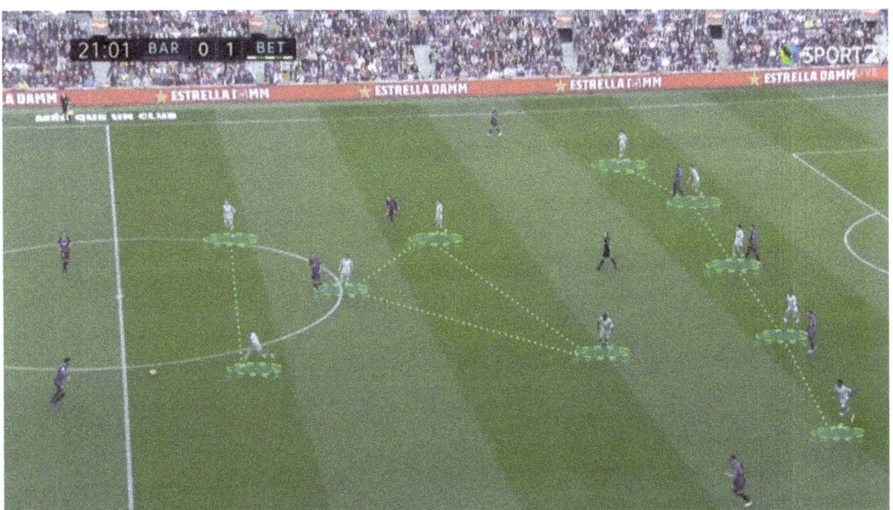

Imagen 34. Estructura P-5-2-1-2 del Betis en el momento de bloque bajo (con posicionamiento adelantado)

Cuando el F. C. Barcelona hundía más el bloque bajo del Betis, este aumentaba su protección, sobre todo por el carril central —tres centrales más tres mediocentros—, utilizando un posicionamiento P-5-3-2, el cual mantenía —igual que en la disposición anterior— la posibilidad de contragolpe con dos puntas en posiciones intermedias:

Imagen 35. Estructura P-5-3-2 del Betis en el momento de bloque bajo (con posicionamiento atrasado)

Precisamente, será importante recalcar la necesidad de establecer, durante el momento de bloque bajo, una estructura donde haya algunos jugadores en posiciones intermedias —o incluso descolgados.

La generación de enlaces en progresión tras recuperaciones de la posesión en zonas tan hundidas será indispensable. De lo contrario, las dificultades para salir de dichos espacios del terreno de juego serán cada vez mayores, ahogando el equipo contrario nuestras recuperaciones bajas gracias a sus transiciones ofensivas hacia delante.

Cambiando de partido —cuando jugó contra el Real Madrid—, la estructura predominante del Betis en el momento de bloque bajo, el cual apareció poco debido al 74% de posesión que tuvieron —712 pases completados con un 91% de precisión—, fue la siguiente:

Imagen 36. Estructura P-4-4-1-1 del Betis en el momento de bloque bajo (con posicionamiento puro)

La defensa del área

Entramos ahora en el último momento de la fase de no posesión.

Imaginemos que nuestra estructura a la hora de defender el inicio de juego estático del rival ha sido defectuosa y este ha conseguido salir jugando, pudiendo superar, incluso, nuestro bloque alto dinámico de forma fácil y encadenar con el momento ofensivo de progresión del juego. Ya dentro de ese nuevo momento —donde nosotros utilizamos un bloque medio— un desajuste en el carril interior provoca que nos vayamos directamente a bloque bajo, donde otro error en una compensación en carril opuesto genera la opción clara para el equipo rival de llevar el balón dentro de nuestra área —con la intención de finalizar a gol.

¿Podrás creer que, con una sólida actuación en el momento de la defensa del área, todos los anteriores errores cometidos en los previos momentos defensivos quedarán solventados? —esa idea ya apareció anteriormente, ¿recuerdas?.

Demasiadas veces he escuchado: «los partidos se ganan y se pierden en las áreas». Y, aunque me he resistido mucho a creer en esta idea tan detallista, el fútbol me ha demostrado una y otra vez que esa afirmación tiene gran peso en el resultado final de los encuentros. Es por este motivo que —metodológicamente hablando— será muy importante el uso de tareas para optimizar tanto el ataque como la defensa del área.

Haciendo referencia nuevamente al nivel estructural del juego, el Real Betis defendió el último momento de la fase defensiva de la siguiente forma:

Imagen 37. Estructura P-4-3-2-1 del Betis en el momento de defensa del área

Este último es un ejemplo frente el F. C. Barcelona, donde hay una línea de tres defensores dentro del área, estando el cuarto —el más exterior en costado activo— acosando al posesor dentro del cajón; una segunda línea de tres jugadores para defender las incorporaciones desde atrás, así como la segunda jugada; y dos jugadores en zona de rechace largo; más un último totalmente descolgado —que no sale en la imagen.

Decimos que la disposición anterior es solo un ejemplo debido a que la estructura utilizada por cualquier equipo en este momento del juego vendrá muy condicionada por cómo lo ataque el equipo rival —aunque sí se podrán tener patrones estructurales propios que se mantendrán como base durante la defensa del área.

Un ejemplo de dichos patrones posicionales básicos podría ser: mantener a una línea de tres defensores dentro del área (3, 5, 4) —ubicando al lateral activo (2) en zona de cajón tratando de evitar el envío al área por parte del rival—; con el contención (6) protegiendo el punto de penal; el mediocentro mixto (8) en el vértice del área grande próximo al balón; el enganche (10) en la zona de rechace; y el extremo pasivo (11) cerrando en el vértice del área grande opuesto a la zona del balón. Además, el extremo del carril donde se encuentre el balón (7) y el punta (9), quedarían descolgados arriba.

Ahora bien, si el rival nos atacara con cuatro jugadores dentro del área, seguramente la línea de tres anterior necesitaría de la incorporación del contención (6) para convertir la marca individual en 4 vs. 4. Además, este movimiento tendría un efecto dominó: bajaría más al enganche (10) hacia la zona de rechace y cerraría al extremo opuesto (11) hacia dentro para ubicarse más centrado, ayudando también en la zona de rechace.

La representación gráfica de la evolución de ese posicionamiento sería la siguiente:

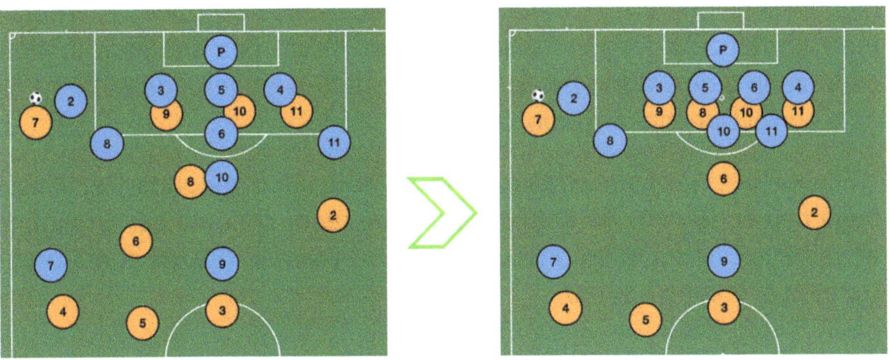

Figura 18. Evolución estructural del momento de defensa del área

Al ejemplo anterior podríamos añadirle una opción más arriesgada, que sería mantener la primera estructura de línea de tres al enfrentarnos a una entrada de cuatro rivales dentro del área, solamente cerrando hacia dentro al lateral pasivo (4) para tomar a su 10 y recurriendo al segundo central (5) para tomar la entrada de su 8, dejando liberado a su jugador más alejado del balón, el 11.

Diametralmente opuesto, se podría utilizar una propuesta posicional base más proteccionista que las expuestas hasta el momento; ubicando al enganche (10) sobrando zonalmente entre las marcas de la línea de cuatro para realizar un 5 vs. 4 dentro del área; bajando al extremo del carril (7) al vértice del área grande; y recorriendo al mediocentro mixto (8) hacia la frontal del área, igual que al extremo pasivo (11) —para que se encargaran de todo el ancho de la zona de rechace.

Se utilice la disposición que se utilice, una parte importante de la defensa del área será entender que cuando el balón entre dentro de la misma, o bien esté a la altura de los cajones del área —y en disposición de ser mandado hacia dentro de esta— se deberán activar las estructuras necesarias para proteger la última zona. Y esta distribución nunca deberá olvidar las zonas de rechace.

¿Por qué insisto tanto en esa zona de segundo balón?

En muchas ocasiones, el equipo se posicionará para proteger los espacios más cercanos a la portería, olvidando las entradas de segunda línea, así como de los posibles rechaces. De hecho, con equipos que se posicionan muy bien durante la defensa del área, al ser muy difícil fi-

nalizarles de primera instancia, lo que deberemos buscar —como plan establecido para el ataque del área— será una segunda jugada, esperando a que algún punto de su estructura en zona de rechace no esté correctamente armado.

Eso es precisamente lo que hacía, en muchas ocasiones, Pep Guardiola con su Bayern de Múnich, plan que reconoció utilizar en alguna de las entrevistas que concedió a Martí Perarnau (2018) cuando entrenaba al equipo bávaro.

Los momentos de transición

A estas alturas ya somos conscientes de que las transiciones son puramente organización dinámica, ya que las estructuras que precederán a dichos comportamientos —tras perder o recuperar el balón— serán meramente residuales. No obstante, aunque los posicionamientos iniciales en las transiciones vengan heredados, tendrán su respectiva relevancia.

A continuación, vamos a analizar la correlación entre las estructuras utilizadas por el Real Betis contra el F. C. Barcelona durante el momento de juego que precedió a la correspondiente recuperación o pérdida de la posesión.

Empecemos con las estructuras para transiciones defensivas —tras pérdida de balón.

Recordemos que el Betis se estructuró P-3-4-1-2 durante el inicio dinámico del juego. ¿Cómo crees que el equipo quedó posicionado tras perder el balón en ese momento —en su primer tercio del terreno de juego?

Pues la estructura heredada fue exactamente la misma:

Imagen 38. Estructura P-3-4-1-2 del Real Betis en el momento de pérdida de balón en zona baja

¿Y en el momento de progresión?

Cuando el Betis progresaba en el juego utilizaba una estructura P-3-1-2-4. ¿Cuál fue la distribución que heredó tras perder la posesión en esa zona media del terreno de juego?

Si rescatamos la imagen que se utilizó en su correspondiente apartado para ejemplificar el momento de progresión de Betis, veremos que la estructura residual que aparecerá tiene mucho sentido.

Observa detenidamente que, en esta primera imagen, el jugador por izquierda ubicado en la línea más avanzada del equipo empieza a retroceder su posición para, aparte de dar una línea de pase en amplitud, ofrecer equilibrio al equipo —anticipando una posible pérdida de su compañero en costado activo durante la progresión del juego—:

Imagen 39. Estructura P-3-1-2-4 del Betis durante el momento de progresión del juego

En la imagen que se muestra a continuación es donde podemos apreciar que el mismo jugador está ya a la altura de la penúltima línea del equipo cuando se pierde el balón en la zona media —treinta y tres minutos más tarde respecto a la primera foto.

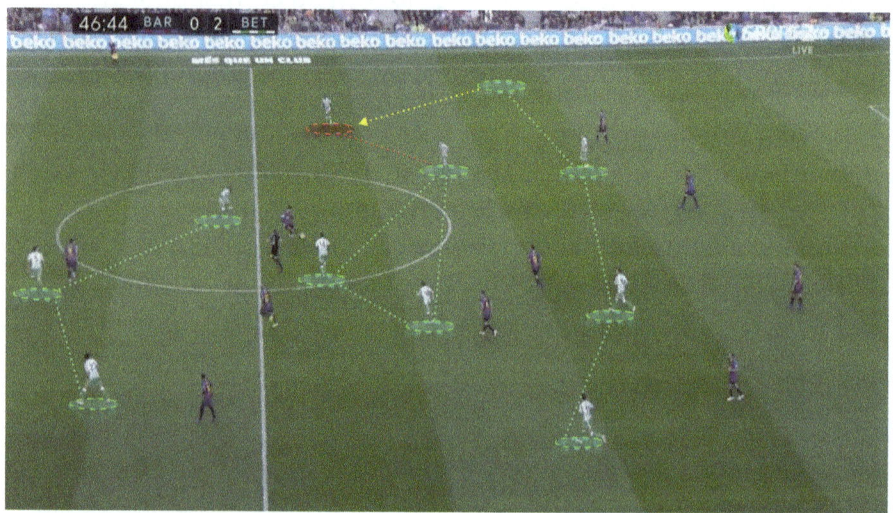

Imagen 40. Estructura P-3-1-3-3 del Betis en el momento de pérdida del balón en zona media

La estructura en verde es la que utilizó el Betis en su momento de progresión del juego, y la línea roja es la que hace evidente la modificación de la misma a P-3-1-3-3, debido a la anticipación del cambio de momento por parte de su carrilero izquierdo —flecha amarilla.

Qué interesante detalle pudimos descubrir analizando las estructuras del equipo verdiblanco, ¿verdad?

Hablando ahora de la zona más avanzada, ¿qué estructura utilizó el Betis en el momento de ataque a 3/4 y cuál fue la que heredó al perder el balón en esa zona alta?

Imagen 41. Estructura P-3-2-1-4 del Betis, marcada en verde, utilizada durante el momento de ataque a 3/4; y estructura P-3-3-1-3 completada con la línea roja, utilizada en el momento de pérdida en zona avanzada

Tal y como indica la descripción de la foto, la estructura P-3-2-1-4 del Betis utilizada durante el momento de ataque en 3/4, se vio ligeramente modificada a P-3-3-1-3 al perder el balón, nuevamente debido a la anticipación compensatoria de su carrilero por izquierda —flecha amarilla.

Una vez analizadas las disposiciones del equipo bético tras perder el balón en las tres zonas horizontales del terreno de juego —zona baja,

zona media y zona alta—, vamos ahora a realizar el mismo procedimiento, pero con las transiciones ofensivas.

¿Qué estructuras heredó el Real Betis tras recuperar el balón en sus diferentes alturas?

En la zona más avanzada, la estructura defensiva utilizada para el bloque alto —P-3-4-1-2— se heredó por completo en la transición ofensiva al recuperar la posesión en esa parte del terreno de juego.

Imagen 42. Estructura P-3-4-1-2 del Betis en el momento de recuperación del balón en zona avanzada

Analizando ahora la zona media, cuando el Betis recuperó el balón en esa altura, la estructura P-4-4-2 de su bloque medio se convirtió rápidamente en una distribución P-4-3-1-2, con la sola modificación de avanzar automáticamente uno de sus mediocentros más ofensivos justo en el momento de hacerse con el esférico:

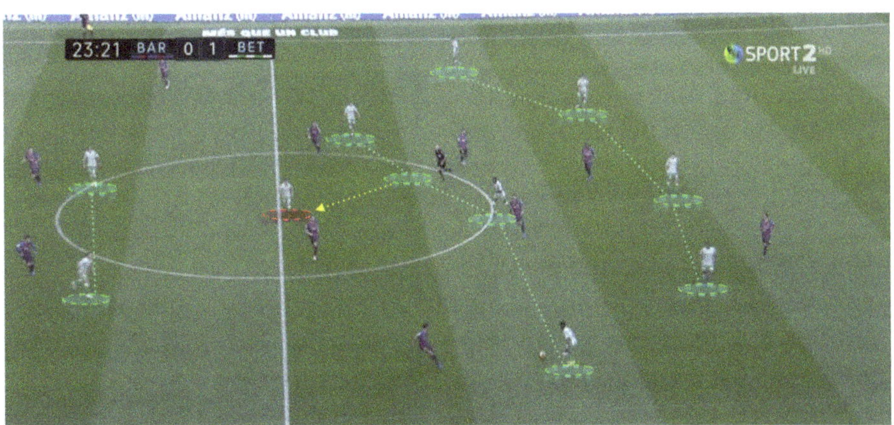

Imagen 43. Estructura P-4-4-2 del Betis, marcada en verde, utilizada durante el momento de bloque medio; y estructura P-4-3-1-2 completada con flecha amarilla y círculo rojo, utilizada en el momento de recuperación en zona media

Finalmente, en la zona más cercana a la propia portería —con un posicionamiento preferente de P-5-3-2 en su bloque bajo— el Betis presentó una clara herencia estructural al recuperar el balón en esa parte baja:

Imagen 44. Estructura P-5-3-2 del Betis en el momento de recuperación del balón en zona baja (buscando conectar directamente con uno de los puntas descolgados)

Los momentos de balón parado

Los últimos momentos que analizaremos son los correspondientes a la fase de balón parado. Recordemos que cada uno de sus tipos —ya sea ofensivo o defensivo— se entenderá como un momento de juego diferente.

Para observar algunos ejemplos, nos serviremos de secuencias de imágenes tomadas durante la ejecución estructural de ciertos balones parados que aparecieron durante el partido que enfrentó al Real Betis contra el F. C. Barcelona.

Empezaremos con la estructura utilizada para defender los saques de esquina en contra. A nivel general, los verdiblancos utilizaron una defensa mixta con todo el equipo, compuesta por cinco jugadores defendiendo al hombre más cuatro zonales y uno al rechace.

Profundizando en dicha estructura —tal y como podemos ver en la imagen—, al llevar el F. C. Barcelona a dos lanzadores, los jugadores zonales se distribuyeron de la siguiente forma: uno se acercó al tiro de esquina; otro quedó cercano al vértice del área pequeña —preparado para salir a la ayuda del 2 vs. 1—; otro mantuvo su altura en el primer palo —cubriendo posicionalmente la llamada «zona corta»—; y el último se ubicó justo al costado del punto de penal.

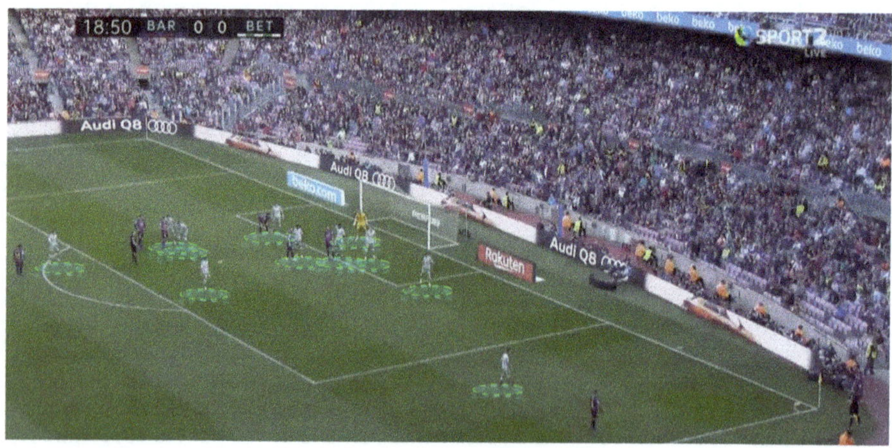

Imagen 45. Estructura del Real Betis durante un saque de esquina defensivo (el F. C. Barcelona llevó a dos jugadores al córner)

¿Qué diferencias estructurales hubo entre la defensa de un saque de esquina y la de una falta lateral dentro de cajón durante el partido por parte del Real Betis? Lo podremos observar en la siguiente imagen:

Imagen 46. Estructura del Real Betis frente al F. C. Barcelona durante una falta lateral de cajón defensiva

Aunque el tipo de lanzamiento del F. C. Barcelona fue muy parecido al anterior, existieron ciertas diferencias. En este caso, los azulgranas utilizaron a un solo lanzador, así como dos jugadores al rechace y seis dentro del área.

¿Por qué será importante resaltar esta estructura ofensiva del rival? Porque deberemos adaptar automáticamente la nuestra.

De esta forma, el Real Betis continuó defendiendo con las mismas bases posicionales que antes, aunque esta vez necesitó a un hombre más en el marcaje individual para igualar el 6 vs. 6 dentro del área. En consecuencia, en lugar de hacer uso de una doble zona cerca del primer poste —como sí hizo en el saque de esquina—, esta se modificó a un solo hombre zonal.

Además, el jugador del rebote se hundió para quedar en intermedias entre este y la ayuda zonal en los espacios alrededor del punto de penal. El otro jugador, que durante el saque de esquina estaba zonal cerca de dicho punto de penal, ahora se ubicó más hacia fuera del área

para controlar la segunda línea de los azulgranas —por si quisieran sorprender con alguna jugada preparada. Finalmente, el hombre que anteriormente salió a jugar el 2 vs. 1 en el saque de esquina, ahora se ubicó en una posición muy similar, ya que en esta nueva imagen lo encontramos realizando funciones de barrera.

Concluyendo con los ejemplos sobre disposiciones defensivas en balones parados, vamos a ver cómo defendió el Real Betis las faltas lejanas. En este caso, vamos a utilizar una foto de la estructura elegida para contrarrestar una falta entre lateral y frontal del F. C. Barcelona:

Imagen 47. Estructura del Real Betis frente al F. C. Barcelona durante una falta lateral/frontal defensiva

La disposición totalmente zonal del equipo permitió defender correctamente este tipo de faltas. Si se marcara individualmente, los cambios de posiciones entre jugadores rivales provocarían un auténtico caos en la disposición defensiva, generando la pérdida de marcas, así como facilitando posibles bloqueos.

De esta forma, el Betis optó por una defensa de ocho jugadores en zona, uno en la barrera y otro más descolgado arriba. Los jugadores de la zona se distribuyeron con uno en el costado exterior de la barrera —evitando cualquier tipo de jugada ensayada por ese lado más despoblado—; dos bien centrados —encargados del centro corto—; más otros cinco pendientes del espacio donde residían los atacantes rivales —defendiendo el centro largo.

A nivel ofensivo, analizaremos dos momentos: el de saque de esquina y el de saque de banda en zona avanzada.

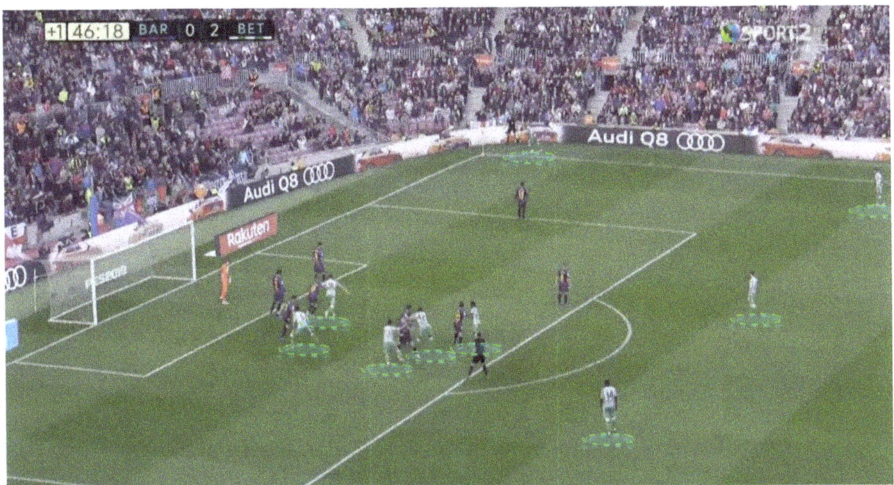

Imagen 48. Estructura del Real Betis frente al F. C. Barcelona durante un saque de esquina ofensivo

En esta imagen de saque de esquina a favor vemos que el Real Betis utiliza un golpeo abierto —con trayectoria hacia fuera de la portería—, entrando al remate con una primera línea de dos jugadores muy cercanos al área pequeña, y otra línea más atrasada de tres jugadores —entrando estos desde la altura del punto de penal.

Finalmente, ubicaron estratégicamente a tres jugadores al rebote, dos de ellos posicionados cubriendo el ancho de la frontal del área grande y otro más pegado a la línea de banda del costado desde donde se ejecutaba el lanzamiento de esquina —preparado por si tenía que intervenir en alguna jugada predeterminada. Cabe destacar que, aunque no aparece en la imagen, hay un jugador más cerrando por detrás de dicha estructura, el cual queda mano a mano con el jugador descolgado del F. C. Barcelona.

En el siguiente momento, correspondiente a un saque de banda en zona avanzada —el cual acaba con un peligroso remate a gol desde dentro del área grande—, el equipo verdiblanco se posicionó de la siguiente forma:

Imagen 49. Estructura del Real Betis frente al F. C. Barcelona durante un saque de banda ofensivo en zona avanzada

El jugador con el balón en las manos tiene a un compañero ubicado en profundidad, pegado a la línea de banda en dirección al saque de esquina; otro jugador bético justo por delante, en diagonal al lanzamiento de manos; un tercero dentro del área, posicionado a la altura del saque de banda; y dos jugadores más por detrás, uno cercano a la zona donde se produce la acción y otro más centrado en la zona exterior lejana a la frontal del área grande.

Nuevamente, reconociendo esos patrones estructurales, podremos prever cómo deberán ser los nuestros, ya sea de forma reactiva —para contrarrestar al rival— o proactiva —tomando la iniciativa del juego sirviéndonos del posicionamiento del contrario.

Tus momentos

Llegados a este punto, es la hora de pensar en tus estructuras de juego para cada uno de los momentos. Sírvete de los siguientes ejemplos para completar las tablas que te van a permitir ordenar esta parte tan trascendental de tu modelo de juego:

ESTRUCTURAS POR MOMENTOS DE JUEGO

FASE OFENSIVA Estructura base: P-4-4-2

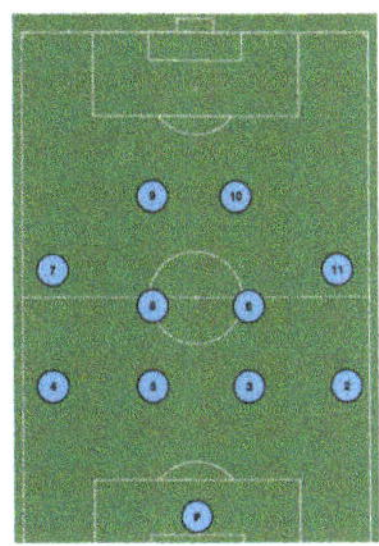

Momento inicio de juego estático	Momento inicio de juego dinámico	Momento de progresión	Momento de ataque a 3/4	Momento de ataque del área
P-2-3-1-4	P-2-4-1-3	P-2-3-2-3	P-3-3-4	4 dentro del área; puntas, medio centro ofensivo y extremo + 3 coberturas ofensivas; medio centro defensivo y laterales + 2 centrales atrás
Finalidad	Finalidad	Finalidad	Finalidad	Finalidad
Salir en corto de forma combinada, con superioridad numérica	Llevar el balón controlado hasta la zona de progresión	Entrar con el balón controlado en campo contrario, hundiendo al rival	Encontrar la opción de ubicar el balón, con ventaja, dentro del área rival	Finalizar la jugada a gol, equilibrando al equipo por detrás del balón

Tabla 4. Ejemplo de propuesta estructural para la fase ofensiva de un modelo de juego

ESTRUCTURAS POR MOMENTOS DE JUEGO

FASE DEFENSIVA Estructura base: P-4-4-1-1

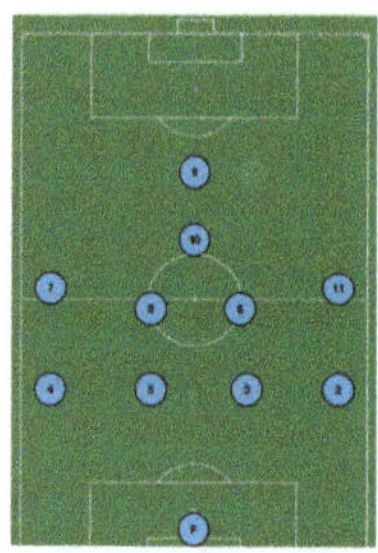

Momento bloque alto estático	Momento bloque alto dinámico	Momento bloque medio	Momento bloque bajo	Momento defensa del área
P-4-3-3	P-4-1-3-2	P-4-4-1-1	P-5-3-1-1	Línea de 5; línea de 4 más medio centro defensivo + 3 en segunda línea; medio centro ofensivo más extremos + 2 jugadores descolgados (escalados)
Finalidad	Finalidad	Finalidad	Finalidad	Finalidad
Evitar el juego combinado del rival, recuperando el balón en zona alta	Evitar que el balón entre de forma controlada en nuestro campo, recuperando la posesión en zona alta	Evitar que el balón progrese hacia nuestra portería de forma controlada, recuperando la posesión en zona media	Evitar que el balón entre dentro del área, recuperando la posesión en zona baja	Evitar la finalización a gol

Tabla 5. Ejemplo de propuesta estructural para la fase defensiva de un modelo de juego

TRANSICIÓN OFENSIVA			
Momento recuperación tras bloque alto	Momento recuperación tras bloque medio	Momento recuperación tras bloque bajo/defensa área	Momento recuperación tras pérdida rápida
Herencia del P-4-3-3 en estático y del P-4-1-3-2 en dinámico	Herencia del P-4-4-1-1, con punta descolgado en el centro, y media punta y extremo del lado pasivo en posiciones intermedias	Herencia del P-5-3-1-1 o defensa del área, con punta descolgado en un costado (activo o pasivo, dependiendo de estructura compensatoria del rival), y media punta en posición intermedia	Herencia de la situación anterior (más específica que el momento) Estructura impredecible debido a la organización aplicada instantes previos a la nueva recuperación
Finalidad	Finalidad	Finalidad	Finalidad
Dependiendo del nivel de organización del rival: contragolpe directo, hundir y tocar, o doble P (posesión + posición)	Dependiendo del nivel de organización del rival: contragolpe directo, hundir y tocar, o doble P (posesión + posición)	Dependiendo del nivel de organización del rival: contragolpe directo, hundir y tocar, o doble P (posesión + posición)	Dependiendo del nivel de organización del rival: contragolpe directo, hundir y tocar, o doble P (posesión + posición)

Tabla 6. Ejemplo de propuesta estructural para la fase transición ofensiva de un modelo de juego

TRANSICIÓN DEFENSIVA			
Momento pérdida zona alta	**Momento pérdida zona media**	**Momento pérdida zona baja**	**Momento pérdida tras recuperación rápida**
Herencia del P-3-3-4 con 4 y 2 a altura de balón y 5, 6, 3 más portero por detrás; o ataque del área, con 4, 6, 2 en cobertura ofensiva y 5, 3 más portero como últimos	Herencia del P-2-3-2-3 con 3 a altura de balón, 6 próximo para cobertura, 2 en posición lejana para equilibrar, y portero por detrás	Herencia del P-2-3-1-4 en estático, con 5 y 3 a altura de balón y 6 como primer jugador próximo al balón; y del P-2-4-1-3 en dinámico con 3 a altura de balón y 6 y 8 como jugadores más cercanos al balón	Herencia de la situación anterior (más específica que el momento). Estructura impredecible debido a la organización aplicada instantes previos a la nueva pérdida
Finalidad	Finalidad	Finalidad	Finalidad
Recuperar rápidamente la posesión del balón en campo contrario, retrocediendo inmediatamente en caso de no conseguirlo	Frenar la progresión del rival hacia nuestra mitad de campo, manteniendo el mayor número posible de jugadores por detrás del balón	Proteger rápidamente los espacios centrales con el mayor número de jugadores posible, evitando entrar dentro del área	Proteger rápidamente los espacios centrales para evitar la finalización del rival

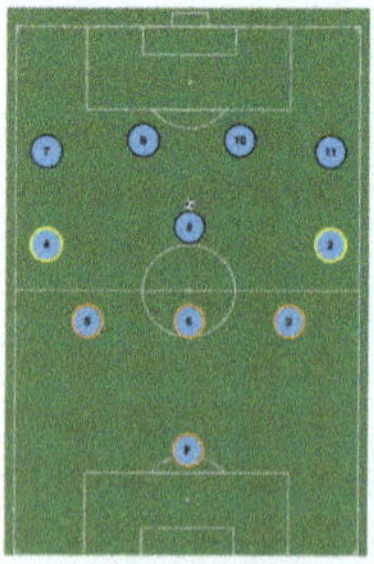

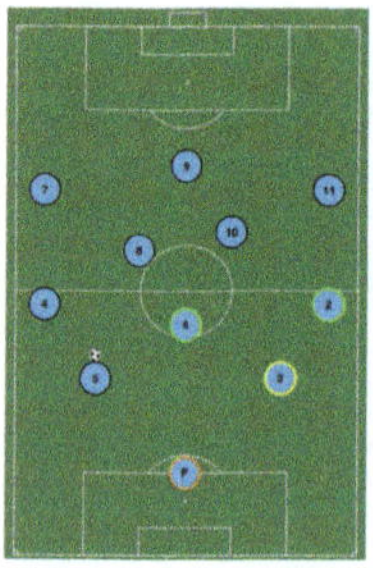

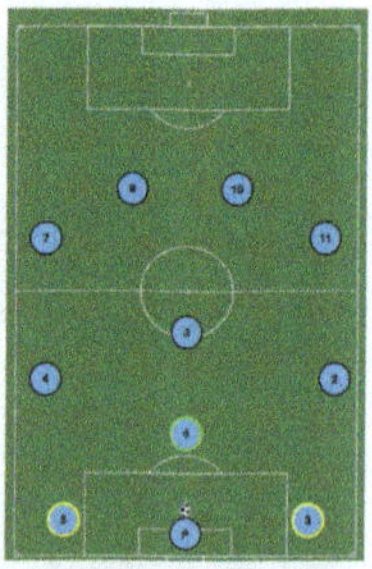

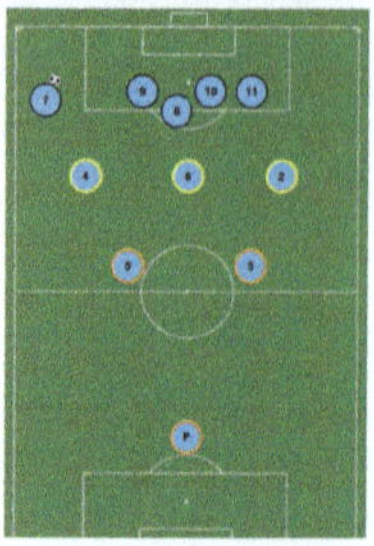

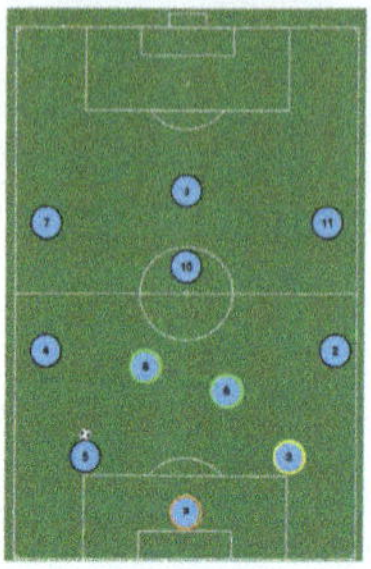

Tabla 7. Ejemplo de propuesta estructural para la fase transición defensiva de un modelo de juego

BALÓN PARADO OFENSIVO				
Saque esquina	**Falta lateral cajón**	**Falta lateral lejana**	**Falta frontal lejana**	**Saque de banda avanzado**
Utilizaremos a 1 o 2 lanzadores Entraremos a rematar 4 o 5 jugadores Tendremos a 2 jugadores en la zona de rechace, pudiendo hacer uno de ellos entrada de segunda línea al área o ayudar atrás al 3 vs. 2 o 3 vs. 3 Dejaremos siempre a un jugador más que el rival atrás (excepto en 3 vs. 3)	Utilizaremos a 1 lanzador Entraremos a rematar 5 jugadores Tendremos a 2 jugadores en la zona de rechace, pudiendo hacer uno de ellos entrada de segunda línea al área o ayudar atrás al 3 vs. 2 o 3 vs. 3 Dejaremos siempre a un jugador más que el rival atrás (excepto en 3 vs. 3)	Utilizaremos a 1 lanzador Entraremos a rematar 5 jugadores Tendremos a 2 jugadores en la zona de rechace, pudiendo hacer uno de ellos entrada de segunda línea al área o ayudar atrás al 3 vs. 2 o 3 vs. 3 Dejaremos siempre a un jugador más que el rival atrás (excepto en 3 vs. 3)	Utilizaremos a 1 lanzador Entraremos a rematar 5 jugadores Tendremos a 1 jugador en la zona de rechace + el lanzador, pudiendo hacer el primero de ellos entrada de segunda línea al área Mantendremos a 3 jugadores cerrando atrás	El lateral del costado activo realizará el servicio de banda y el extremo se mantendrá en profundidad dentro del cajón El punta se ubicará en diagonal profunda dirección al área rival El interior del costado activo y el contención se acercarán al saque para dar línea de pase en continuidad y/o seguridad El interior y extremo lejanos equilibrarán y quedaremos con 3 atrás
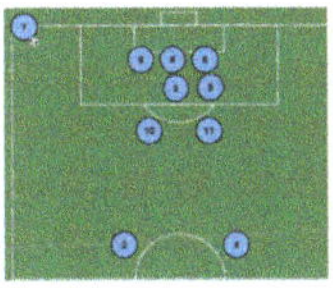	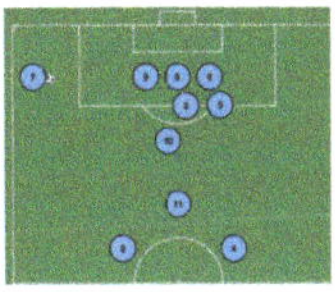	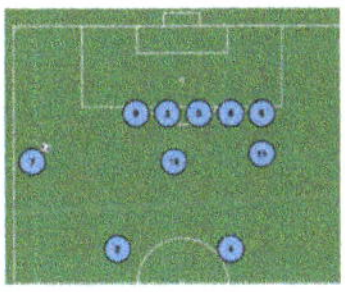	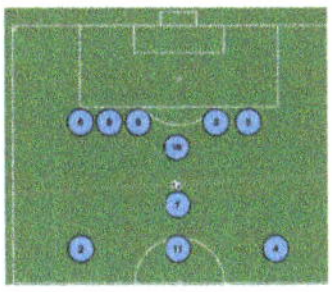	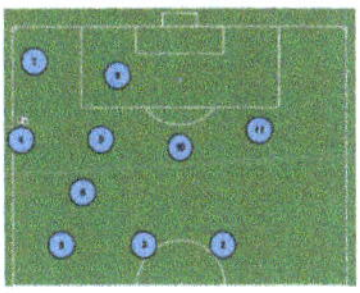
Finalidad	Finalidad	Finalidad	Finalidad	Finalidad
Conseguir finalizar a gol, ya sea en primera o segunda jugada, evitando contragolpes	Conseguir finalizar a gol, ya sea en primera o segunda jugada, evitando contragolpes	Conseguir finalizar a gol, ya sea en primera o segunda jugada, evitando contragolpes	Conseguir finalizar a gol, ya sea en primera o segunda jugada, evitando contragolpes	Buscar el juego asociativo para enviar el balón dentro del área rival, evitando contragolpes

Tabla 8. Ejemplo de propuesta estructural para la fase de balón parado ofensivo de un modelo de juego

BALÓN PARADO DEFENSIVO				
Saque esquina	Falta lateral cajón	Falta lateral lejana	Falta frontal lejana	Saque de banda avanzado
Defensa zonal P-5-4-1 El primer grupo de jugadores: punta más línea de 4 estirada El segundo grupo de jugadores: mediocentros más extremo del costado opuesto. El jugador más cercano al tiro de esquina estará atento al juego en corto	Defensa zonal P-5-3 El primer grupo de jugadores: punta más línea de 4 estirada El segundo grupo de jugadores: medio centros defensivos más extremo del costado opuesto. El jugador más centrado deberá estar atento a cubrir el posible rechace	Defensa zonal P-7-2 El primer grupo de jugadores: punta más línea de 4 estirada, con mediocentros defensivos entre centrales El segundo grupo de jugadores: medio centro ofensivo y extremo del costado pasivo	Defensa zonal P-7-3 El primer grupo de jugadores: línea de 4 abierta con punta y mediocentros defensivos en el centro El segundo grupo de jugadores: medio centro ofensivo y ambos extremos	El extremo activo se ubicará por delante del extremo rival, ayudando a su lateral, que estará por detrás de este. Además, saltará al lateral que saca en caso de una devolución a este El contención se ubicará por delante del punta rival, ayudando al central que estará por detrás de este
Saque esquina	Falta lateral cajón	Falta lateral lejana	Falta frontal lejana	Saque de banda avanzado
Además, el extremo del costado activo (jugador más lejano a la portería), deberá cubrir el posible rechace, así como salir ante juego en corto	El extremo del costado activo y el medio centro ofensivo realizarán funciones de barrera	El extremo del costado activo realizará funciones de barrera	No utilizaremos barrera	Un interior ayudará al costado activo y el otro interior equilibrará el carril central Extremo lejano y resto de la línea defensiva recorrerá hacia el centro El punta evitará el juego hacia atrás

Finalidad	Finalidad	Finalidad	Finalidad	Finalidad
Evitar la finalización del rival, ya sea en primera o segunda jugada	Evitar la finalización del rival, ya sea en primera o segunda jugada	Evitar la finalización del rival, ya sea en primera o segunda jugada	Evitar la finalización del rival, ya sea en primera o segunda jugada	Evitar el juego asociativo del rival, protegiendo de forma prioritaria el área

Tabla 9. Ejemplo de propuesta estructural para la fase de balón parado defensivo de un modelo de juego

Tras haber observado las tablas anteriores, será importante resaltar dos aspectos, uno poco relevante y el otro mucho.

El primero, la aparición parcial de los momentos relacionados con la fase de balón parado. Al ser un ejemplo nos hemos saltado algunos momentos, como podría ser el de falta frontal cercana o el saque de banda lejano —tanto a favor como en contra.

El segundo aspecto, clave para los futuros procesos organizativos dinámicos, está relacionado con la finalidad establecida. ¿Por qué se propuso identificar la finalidad operativa que se buscará en cada uno de los momentos de juego?

Por una parte, por la necesidad de establecer siempre el objetivo operativo del equipo en cada uno de los momentos de juego, dando significado y valor a las estructuras que hemos creado —pudiendo ofrecer siempre un porqué a nuestros jugadores.

Por otra parte, debido a que cada una de las finalidades se deberá concretar mediante unos principios de juego —vinculados a su vez a subprincipios—, dotando así al equipo de ciertos atractores que utilizará durante el transcurso del juego para mantenerse constantemente conectado con los objetivos a cumplir. Todos estos aspectos serán los que abordaremos en el siguiente capítulo.

Pero antes de avanzar al cuarto pilar, y con el afán de seguir confeccionando tu modelo de juego, abrimos la posibilidad de que puedas plasmar tus estructuras en las plantillas correspondientes.

CAPÍTULO 6. CUARTO PILAR: LA ORGANIZACIÓN DINÁMICA

> «Los principios de juego son la concreción de los comportamientos colectivos que buscamos dentro de nuestras estructuras, dinamizando estas con base en subprincipios y según tres espacios —el de intervención, el intermedio y el lejano— con el objetivo de materializar la finalidad previamente establecida para el momento de juego en el cual estamos inmersos, todo sin renunciar a la creatividad autoecoorganizativa de nuestro equipo».

Phil Jackson decía que para poder explotar todo el talento individual a la vez que trascender como equipo los límites de la singular creatividad de cada uno de sus integrantes, se necesitaba del punto de partida: la organización del juego (Bryant 2018).

PRIMERA PARTE

El punto de partida organizacional

Solo en contadas ocasiones nuestro plan de juego tendrá suficiente peso como para imponer condiciones mediante la superioridad posicional de las estructuras establecidas para cada momento del juego. Lo más normal será que dicho plan necesite de la obtención de ventajas mediante la organización dinámica que ofreceremos al equipo —también en los diferentes momentos de juego— para conseguir imponer condiciones a través de los movimientos colectivos, en y desde la zona.

¿Qué significa «en y desde la zona»? Nada más y nada menos que nuestros jugadores deberán moverse a partir de las posiciones establecidas por las estructuras. Desde ellas partirán y a ellas volverán, siempre según los requerimientos posicionales del momento de juego correspondiente. El juego de posición, en sí mismo, se basa en mantener ciertos espacios ocupados, pero no de forma estática ni siempre por los mismos jugadores.

Un ejemplo de lo anteriormente expuesto podría ser el siguiente plan de juego ofensivo, el cual recuerdo muy bien. Jugábamos fuera de casa contra un equipo con estructura base defensiva P-4-3-2-1 —también llamada árbol de Navidad. Le planteamos una estructura ofensiva con superioridad posicional inicial, pero basada realmente en una organización dinámica que se activaba con el salto de su volante a nuestro lateral —en su tránsito hacia el P-4-3-3.

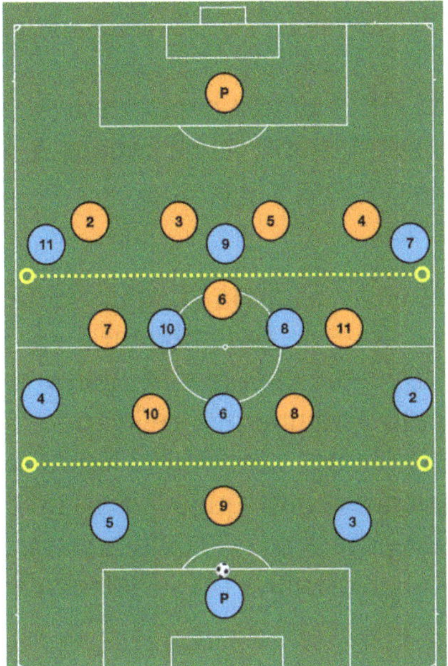

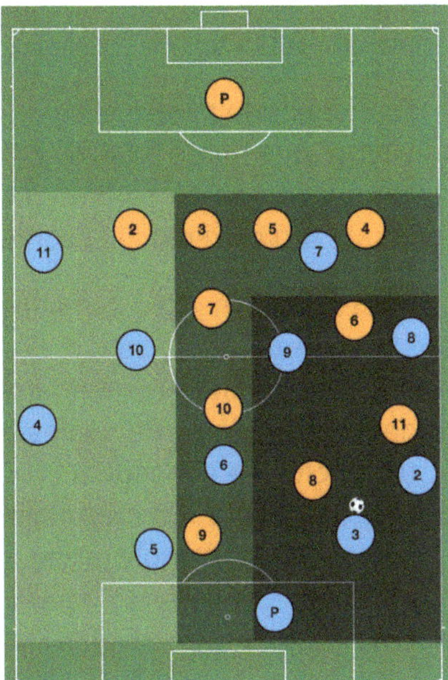

Figura 19. Plan de juego estructural (imagen 1) y organizativo (imagen 2) en el momento del inicio de juego dinámico contra una estructura base P-4-3-2-1 (transformada a P-4-3-3)

Tal y como se puede observar en la primera imagen, lo que buscábamos a nivel estructural, a partir de una distribución P-2-3-2-3, era una superioridad numérica en la zona inicial —de 3 vs. 1 teniendo en cuenta al portero—; una superioridad posicional en el 5 vs. 5 del medio campo —marcada con líneas amarillas—; y una inferioridad numérica en el fondo que, posicionalmente, permitiera sostener a su línea defensiva lo más profunda posible.

A nivel organizativo dinámico —en la segunda imagen—, cuando se conseguía superar el 3 vs. 1 inicial y un central (3) progresaba con el balón controlado, su interior cercano saltaba a su encuentro, cerrando el otro interior a nuestro contención (6). Además, el volante activo saltaba fuerte al lateral (2), el cual lo hacíamos bajo para que ese volante tuviera más recorrido para llegar y liberara así mayor espacio a su espalda. En ese momento clave, nuestro interior próximo al balón (8) se movía hacia fuera, activando a nuestro extremo (7) como punta —entre lateral y central para fijar a ambos—, y desplazando hacia

abajo a nuestro delantero centro nominal (9) para que actuara como interior —falso 9.

En el costado pasivo, el interior lejano (10) estiraba hacia fuera para dividir a su volante pasivo, y nuestro lateral lejano (4) se pegaba a la línea esperando un cambio de orientación para ir a buscar el 2 vs. 1 con nuestro extremo (11) contra su lateral.

Observando las tres zonas marcadas en la segunda imagen, dentro de la zona de intervención —la más oscura— se generaba un 5 vs. 3 (P, 3, 2, 9, 8). En la zona intermedia —la medio oscura— se utilizaron jugadores fijadores de rivales (6 y 7), para asegurar que en la zona de intervención se conseguían las condiciones de superioridad óptimas. En la zona lejana —la más clara— se ubicaron cuatro jugadores a nivel posicional con un triple propósito: recibir el balón en el costado pasivo con ventaja espacial (4), equilibrar al equipo ofensiva (11) y defensivamente (5), y dividir a rivales (10).

Imagino que te preguntarás varias cosas: ¿es todo lo anteriormente descrito un plan de juego específico para el partido, o está directamente relacionado con los principios y subprincipios del modelo de juego? ¿Dónde quedan exactamente descritos esos principios y subprincipios en el ejemplo?

Teniendo en cuenta que todo partido se juega —o debería jugarse— en función de un plan específico, será precisamente en dicho plan donde se ajustarán los principios y subprincipios inherentes a nuestro modelo de juego.

El triángulo rotatorio de interior saliendo a fuera, punta jugando de falso 9 y extremo fijando entre central y lateral rival, fueron algunos de los movimientos base que contenía mi modelo de juego y que se utilizaron como claves para el plan de partido.

Seguramente, para otro encuentro se precisarán diferentes organizaciones dinámicas del sistema, como podría ser el interior jugando entre líneas, el punta fijando a los centrales en profundidad y el extremo manteniendo una amplitud máxima.

Lo más importante de todo esto será entender que lejos de coartar la autonomía de nuestros jugadores, lo que estaremos buscando es darles herramientas para facilitar la aparición de dicha libertad dentro de un contexto favorable, el cual se creará gracias a los parámetros organizacionales anteriores.

Estabilidad fácilmente desestabilizable

Estos primeros párrafos pueden parecer muy herméticos —como si de automatizaciones sin margen de adaptación se tratara—, pero, en realidad, no lo son. Hay cuatro grandes razones que justifican y refuerzan este tipo de planteamientos.

Me gustaría aclarar que ninguna de ellas persigue el objetivo de generar un metaanálisis sobre la toma de decisiones y los diferentes niveles de consciencia vinculados a la misma.

Todo lo que se expondrá a continuación, aunque ligado a cierto grado de estudio de la materia, será muy empírico (basado en la experiencia):

1. *Dominar a que se quiere jugar para poder incorporar otros elementos*

Cuando uno empieza a conducir por primera vez —durante las prácticas para obtener la licencia— está totalmente centrado en sus movimientos: suelto el gas, aprieto el embrague, tiro para atrás la palanca del cambio, miro por el retrovisor, activo el intermitente derecho para girar sin peligro de colisión... Al estar tan pendiente de todos los movimientos, uno no puede sintonizar su radio favorita —ni siquiera podría cantar las canciones que ponen en ella—, tampoco puede mantener una conversación formal con su copiloto, y ni hablar de tomar un refresco durante el trayecto. No se puede hacer nada más que centrar la atención en todo lo que se necesita ejecutar para conducir debidamente el automóvil.

Pero cuando uno va adquiriendo más experiencia y empieza a dominar todos los movimientos necesarios, al presentar un dominio motriz tan grande ya podrá empezar a centrarse en otros elementos mientras conduce. Ahora sí podrá sintonizar la radio, cantar las canciones que pongan en ella e, incluso, interactuar con el copiloto mientras toma un refresco.

¿A qué se debe esta diferencia?

Muy sencillo. Cuando dominemos profundamente cualquier acto motriz lo podremos autorregular. En consecuencia, seremos capaces de atender otros parámetros para incorporarlos a nuestra acción, haciendo esta más eficaz y sofisticada a la vez.

Lo mismo le pasará a nuestro equipo. Cuando este domine las organizaciones básicas del modelo de juego y consiga autorregularlas, podrá empezar a incorporar otra multitud de aspectos que, a la postre, le permitirán adaptar, modelar y flexibilizar los movimientos ya dominados —todo según las necesidades del contexto.

En otras palabras, cuando el equipo llegue a dominar por completo el tipo de juego que queremos aplicar podrá empezar a autoorganizarse creativamente, incorporando soluciones propias fuera de los márgenes establecidos por el modelo de juego.

Pero este proceso necesitará de una periodización magistral, que en caso de conseguirse aumentará muchísimo la eficacia adaptativa del equipo a los diferentes contextos. Si lo quisiéramos forzar antes de tiempo, automáticamente *caotizaríamos* nuestro juego. Y al contrario, si no permitiéramos ese margen de creatividad autoecoorganizativa, nuestro equipo no se podría adaptar a aquello que el entorno demandara, quedando estancado en comportamientos automatizados que no producirían ningún tipo de armonía colectiva.

Solo a nivel de aclaración conceptual, hablamos de autoorganización cuando nos referimos, en su forma más teórico-conceptual, a nuestro equipo —sin la intervención del contexto. En el preciso momento en que el entorno entra en juego —así será en la realidad deportiva—, deberemos utilizar el término de autoecoorganización. Esa diferencia reside en la teoría ecológica de que los diferentes ambientes influirán directamente en la autoorganización de cualquier sistema.

Jugadores con estabilidad comportamental, pero fáciles de desestabilizar

Siguiendo en la línea ecológica anterior, cuando los jugadores no logran expresarse mediante su creatividad —siempre dentro de sus posibilidades de acción, llamadas *affordances*—, el equipo empieza a carecer de viveza. Este se empezará a hermetizar en sí mismo sin intercambiar suficiente información con el exterior, algo muy poco inteligente.

Los principios de la rama termodinámica de la física lo exponen de forma clara. Cuando un sistema no intercambia información con el entorno, no tendrá forma de adaptarse a él y, en consecuencia, no podrá sobrevivir en este. Por el contrario, si intercambia demasiada información, sin tener filtros que le permitan seleccionar cuál debe entrar y cuál no, acabará en estados de infoxicación (Morin, 1990).

¿Qué buscaremos entonces? Jugadores que sepan qué tienen que hacer en cada momento del juego, pero que puedan flexibilizar sus decisiones por el bien del colectivo. Algo fácil de decir, pero muy laborioso de conseguir.

Un ejemplo práctico de esto sería el movimiento del delantero centro al primer palo cuando hay una opción de centro lateral. Moviéndose allí podrá anticipar al primer central y conectar el remate, o bien arrastrar a dicho central para crear un espacio en el centro del área pequeña —donde podrá aparecer un segundo delantero.

Durante un campeonato ese comportamiento del delantero moviéndose al primer palo había estado proporcionando mucho rendimiento al equipo. Entonces llegó un partido donde el central rival era rápido, fuerte, concentrado dentro del área y con grandes capacidades para ganar situaciones de duelo en disputa de balones. Nuestro delantero había ya perdido dos opciones de conectar el remate al perder la disputa hacia el primer palo con ese central. Algunas jugadas más tarde, y observando que el segundo delantero no iba a llegar al área, inició la carrera hacia el primer palo —como normalmente—, pero cambió rápidamente su dirección hacia el segundo, ganando así la espalda al central y conectando un cabezazo al fondo de la red. Adaptó la, hasta el momento, eficaz respuesta para generar otra de mayor eficacia para ese contexto en particular.

2. *No pienses el juego, fluye con él*

Continuando con el desarrollo de los parámetros decisionales, estará el tipo de decisiones que un futbolista puede tomar durante el

juego. Aunque conectadas con la teoría heurística de George Pólya (1990), personalmente las clasifico en tres grupos:

Las contrastadas son aquel tipo de decisiones totalmente racionales, es decir, aquellas donde podemos hacer una lista de pros y contras —basadas en la inteligencia según Pólya. Requerirán de tiempo para ser tomadas. Por ejemplo: me caso o no me caso, me compro un apartamento o una casa, un coche familiar o un SUV...

Está claro que, en el fútbol, a nivel jugador, estos contextos decisionales solamente aparecerán antes de un lanzamiento de falta, córner, penalti, o cualquier acción donde el balón detenido nos ofrezca el tiempo necesario para valorar detenidamente la decisión que vamos a ejecutar.

Cuando el tiempo se acorte y, por tanto, podamos racionalizar en menor medida, aparecerán las decisiones de tipo intencional —Pólya las vincula a la experiencia. En estas, el juego nos ofrecerá solamente un instante para pensar. Por ejemplo: antes de recibir un pase desde media distancia; previo a realizar un desmarque según la circulación del balón; o bien el movimiento hacia los espacios libres del área cuando un centro por el otro costado está a punto de ser ejecutado.

No podemos pensar en los pros y en los contras de la decisión, pero sí dotar de intención nuestra acción. Durante un partido, este tipo de contextos aparecerán una y otra vez.

Cuando el tiempo ya prácticamente sea inmediato, aparecerán aquellas decisiones que muchas veces están estrechamente relacionadas con los parámetros de rendimiento —conseguir generar o coartar ocasiones de gol. Las bauticé como autorreguladas, debido a que son decisiones donde uno no puede conectarse con su racionalidad, al no haber prácticamente espacio ni tiempo para hacerlo —Pólya hace referencia a ellas como búsquedas ciegas.

Imagina a un jugador regateando a tres rivales dentro del área para definir, o a un central lanzándose al suelo para cortar *in extremis* un mano a mano contra su portero. Será precisamente en este tipo de contextos cuando la frase, «no pienses, fluye», cobrará el máximo sentido.

Al entrelazar la competencia consciente con la competencia subconsciente —que ya apareció en el primer capítulo del libro—, es cuando el jugador empezará a fluir con el juego, pudiendo absorber grandes cantidades de complejidad para resolver situaciones a veces inverosímiles.

Andrés Iniesta reflexionaba durante una entrevista sobre que, a veces, las preguntas son más para el cerebro que para la racionalidad. Decía que existen situaciones que uno ha vivido y reproducido tantas veces que su cerebro las acaba almacenando. Entonces, cuando dichas situaciones vuelven a aparecer, uno las resuelve de forma automática, ya que el fútbol se caracteriza por no haber prácticamente segundos para pensar (Estupinyà, 2016).

En la misma línea y haciendo referencia a Bruce Lipton, este biólogo celular explica que la mente humana presenta dos partes. La primera es la consciente —también llamada mente creativa—, la cual está muy ocupada en las tareas complejas que requieren de su involucración. La segunda es la subconsciente —el famoso piloto automático—, la cual realiza todas las funciones básicas sin el requerimiento de nuestra atención (Noonan, 2017).

Pues bien, cuando seamos capaces de utilizar la parte subconsciente para integrar todos los principios básicos de nuestro modelo de juego, tendremos mucho más disponible la parte consciente para atender otros aspectos determinantes del entorno.

Minuto 90. Vamos en carrera, a toda velocidad, hacia el punto de penal. No estamos atendiendo ni a nuestro cuerpo, ni a la decisión de atacar el área, ni tan siquiera donde está ubicado el portero rival. Estamos observando, sola y detenidamente, si tras ese contragolpe fulminante, nuestro extremo va a estropear la jugada con el control excesivamente largo que acaba de realizar. Al final, muy forzado, este llega a sacar el centro hacia atrás. El balón sale volando como un globo hacia una posición más atrasada a la nuestra justo cuando llegábamos a rematar de frente. De repente, gracias a que nuestro piloto automático se ocupó de todo lo demás y permitió que nos centráramos en la trayectoria del balón y en el cálculo de opciones de remate, reaccionamos y sacamos una chilena espectacular. El portero no puede hacer

más que deleitar el acrobático remate mientras se queda como una estatua. ¡Pum, gol!

He aquí un ejemplo de que fluir permite resolver jugadas impensables.

3. *Entrenamiento basado en la variabilidad, sin cerrar el balón*

Por último, las tareas de entrenamiento deberán presentar componentes de no linealidad conectados a elementos cercanos a la realidad del juego, los cuales permitan tomar decisiones libremente —aunque de forma guiada— dentro de contextos de desarrollo preferencial, dirigidos estos hacia la optimización de parámetros previamente seleccionados —sean de la índole que sean.

Todos estos procesos de desarrollo deberán estar dotados de opciones para el poseedor del balón, pero sin cerrar los circuitos de circulación del esférico. Evidentemente, sí podremos —o más bien deberemos— ordenar a los compañeros del posesor del balón para que estos le ofrezcan opciones de relación, pero no deberemos caer en el error de predeterminar la circulación de la pelota. Esta siempre podrá ir donde el juego nos abra la mejor opción, la cual emergerá producto de las ubicaciones y movimientos de los compañeros sin balón.

Normalmente, pensamos que el entrenador y los jugadores tienen las respuestas del juego, pero en realidad es el propio juego el que las contiene. Solo hará falta que estemos muy atentos para identificarlas.

Pero esa atención, ¿en qué se podría concretar?

Teniendo en cuenta la gran importancia de la percepción en el proceso de toma de decisiones e interpretación del juego, será de especial relevancia exponer la teoría del «ojo silencioso».

Este fenómeno se define como el aumento de la percepción visual que permite a los deportistas eliminar cualquier distracción —concentración solo en estímulos clave— al mismo tiempo que preparan su siguiente movimiento.

La kinesióloga Joan Vickers encontró, durante una investigación en la Universidad de British Columbia, una alta correlación entre el nivel del jugador y su capacidad para mantener durante más tiempo y de manera más estable sus parámetros perceptivos.

Además, a pesar de que este tipo de percepción está muy relacionada con los estados de *flow* —vinculados a la autorregulación y el subconsciente—, durante la evolución de sus trabajos, Vickers descubrió que estos procesos podían traerse perfectamente al consciente para ser entrenados y optimizados con los jugadores (Robinson, 2018).

Por lo tanto, claro está que podremos incidir en el desarrollo de este tipo de habilidades con nuestros futbolistas.

Para hacerlo, deberemos entender que toda la información que estos recogerán del juego tendrá dos tipos de aproximaciones. La primera, relacionada con el concepto que apareció anteriormente, las *affordances*. Nuestros futbolistas verán solo aquello con lo cual puedan operar, es decir, que sus posibilidades de acción determinan aquello que percibirán —y, en consecuencia, cómo actuarán.

Por ejemplo, un central que no tiene buena técnica de golpeo en largo ni fuerza para superar las líneas de presión rivales por arriba, normalmente centrará su visión del juego en las opciones de relación cercanas —obviando las lejanas. Pero si potenciamos sus posibilidades de acción y tanto su técnica como su fuerza de golpeo empiezan a mejorar, a su vez se ensanchará su registro perceptivo.

La segunda aproximación estará basada en que la recogida de información dentro del juego será de tipo situacional, es decir, asociada a un contexto en particular que aparecerá en un momento temporal determinado.

Al tener los momentos y situaciones tan decodificados en nuestro modelo de juego, establecer aquellos patrones informacionales más relevantes y significativos referentes a los mismos no debería ser un problema.

Este paso permitirá a nuestros jugadores no solo entender qué está sucediendo dentro de un contexto en particular y qué posibilidades de acción tienen en él, sino que abrirá la puerta incluso a anticipar de forma temprana las probables formas de evolución de la jugada.

Obviamente, para conseguir todo lo anterior harán falta horas y horas de trabajo. Pero lo realmente importante es que la posibilidad de enseñar a ver mejor el juego existe, y eso ya es motivo suficiente como para ponerse a ello.

Las zonas dinámicas

Dicen Álex Sans y César Frattarola, a los cuales tengo mucho aprecio porque me acogieron en su Centro de Investigación y Desarrollo del Alto Rendimiento en Fútbol (CIDARF) justo cuando empezaba a profundizar de verdad en el mundo del entrenador, que el poseedor del balón solo tiene cinco opciones de juego, las cuales deberíamos ofrecerle siempre, pero sin determinarle cuál tomar.

Pensemos: ¿qué puede hacer el jugador que tiene el balón?

Concordando plenamente con Sans y Frattarola (2011), este solo puede:

- Progresar en el juego de forma individual —mediante conducción o regate, con intención de avanzar hacia el gol.
- Progresar en el juego de forma colectiva —mediante pase, corto o largo, con intención de llevar el balón hacia la portería rival.
- Dar continuidad al juego —mediante pase horizontal o cambio de orientación, con intención de conservar la posesión del balón.
- Dar seguridad o emergencia al juego —jugando hacia atrás o lanzando el balón hacia adelante, esta última acción sin intención de hacer llegar el esférico a ningún compañero.
- Finalizar a portería —con la intención de anotar gol.

Si nos fijamos bien, la última opción solamente aparecerá —y no siempre— en el último tercio del terreno de juego. Entonces, para llegar hasta él nos quedarán únicamente cuatro opciones, las cuales trataremos de que aparezcan constantemente —esté donde esté el balón y tenga quien lo tenga.

Un ejemplo gráfico de lo comentado anteriormente sería el siguiente:

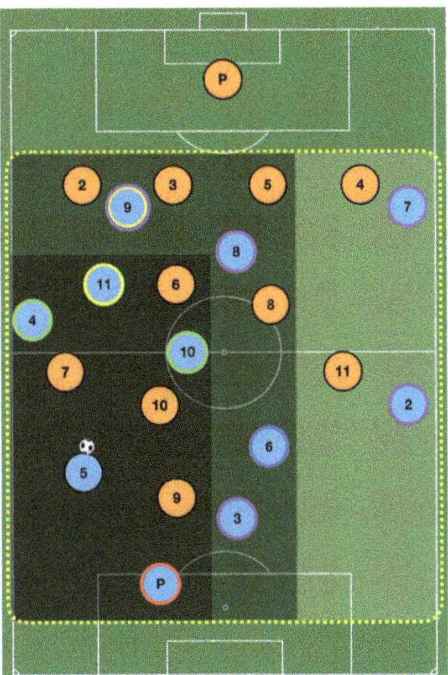

Figura 20. Opciones del posesor del balón en las diferentes zonas de juego (intervención, intermedia y lejana)

Dentro de la zona de intervención, generando un 5 vs. 4, encontramos a dos jugadores (4 y 10) —con círculo verde— ofreciendo espacio al central izquierdo (5) para que pueda progresar individualmente mediante la conducción. A su vez, tenemos también al portero —con círculo rojo— ofreciendo un juego en emergencia hacia atrás; y a un jugador más (11) —con círculo amarillo—, ofreciendo la opción de progresión con pase corto —balón filtrado al intervalo.

Ya en la zona intermedia, encontramos al delantero centro (9) —con círculo amarillo— ofreciendo una opción de progresión mediante pase largo —salto de línea—, a la vez que fijando la posición de los defensores próximos —círculo morado. También podemos ver a dos jugadores (3 y 8) —con círculo morado— realizando funciones de equilibrio y división, respectivamente, uno cubriendo la posible pérdida de balón recorriendo hacia el centro, y el otro dividiendo a los contenciones rivales para generar espacios de recepción en progresión a otros compañeros. Por último, otro jugador (6) —con círculo azul— está ofreciendo una opción de continuidad en el juego, situándose a la espalda de su defensor más próximo, buscando un espacio donde poder recibir con

cierta ventaja y dar fluidez al juego del equipo —normalmente hacia el costado contrario de donde proviene el balón.

En la zona lejana, encontramos solamente a dos jugadores (7 y 2) —nuevamente con círculo morado— realizando ambos funciones de fijación, manteniendo la amplitud del equipo y provocando que el rival no pueda recorrer totalmente hacia el costado activo de juego —donde se encuentra el balón.

Solo a nivel de apunte, la extensión total del área donde queda el equipo posicionado —línea discontinua amarilla— se llamará espacio de fase. Ese espacio será donde se representarán todos los posibles estados de un sistema, caracterizados siempre por la posición de cada uno de sus integrantes en los respectivos momentos.

A todo lo anterior: ¿dónde irá el balón?

Eso ya dependerá de la decisión que tome el central izquierdo. Como ya sabemos, el balón no se cerrará, es decir, que podrá ser jugado hacia aquel compañero que el poseedor del esférico considere más adecuado, siempre tratando de cumplir con la finalidad establecida para el momento de juego correspondiente.

Analizando ahora las opciones que se pueden ofrecer según la zona donde estemos ubicados como compañeros del posesor del balón —propuesta de repartición de espacios de juego inspirada en la de Paco Seirul·lo (2010)—, estas podrían ser:

- Zona de intervención: los jugadores están suficientemente próximos al balón como para crear las cuatro opciones de relación inmediata.

  - Opción de emergencia —como la que ofrece el portero en la imagen anterior.

  - Opción de continuidad —imaginemos, en la imagen anterior, que se acercara el lateral activo (4), haciéndose bajo, para ofrecer un apoyo de continuidad al central.

  - Opción de progresión colectiva en corto —como la que ofrece el extremo (11) en la imagen anterior, o la que también podría ofrecer el interior activo (10) si se ubicara dentro del intervalo de juego en lugar del extremo.

- Opción de progresión individual —como la que ofrece el lateral (4) y el interior activo (10) en la imagen anterior.

- Zona intermedia: los jugadores están en una posición interválica, ofreciendo opciones de relación a zonas contiguas y creando condiciones favorables para estas.

  - Opción de continuidad —como la que ofrece el contención (6) en la imagen anterior.

  - Opción de progresión colectiva en largo —como la que ofrece el delantero centro (9) en la imagen anterior, o podría ofrecer el interior pasivo (8), realizando un desmarque al espacio entre centrales.

También podríamos añadir la opción complementaria de equilibrar al equipo —como el central derecho (3) en la imagen anterior— y de dividir a los rivales para crear espacios para los compañeros —como el interior lejano (8). Aunque estas opciones no ofrecerán una opción directa al poseedor del balón, sí lo harán de forma indirecta.

Hay que añadir que, en multitud de ocasiones durante un partido, los jugadores que estarán conectando el movimiento del balón entre zonas serán los intermedios, ya que estos normalmente se encontrarán en las posiciones más centradas del terreno de juego —posiciones puente. Dichos futbolistas, que jugarán a 360º, deberán poseer unas cualidades interpretativas muy importantes, ya que estarán constantemente fluyendo con el juego de una zona a otra.

- Zona lejana: los jugadores están en una posición distante, ofreciendo opciones de relación pasivas y marcando, en gran parte, los bordes del espacio de fase.

  - Opción de continuidad —imaginemos que el lateral pasivo (2) se hiciera bajo, manteniendo la amplitud, para aparecer como opción de cambio de orientación.

- Opción de progresión colectiva en largo —sería como si el extremo lejano (7) realizara un desmarque al espacio entre central y lateral lejanos.

También podríamos añadir como complementarias, tal y como se ha hecho en la zona anterior, la opción de equilibrar ofensiva o defensivamente al equipo —como el lateral lejano (2) en la imagen anterior—; la de dividir a los rivales para crear espacios —como si ese lateral (2), por ejemplo, se moviera hacia dentro, entre el extremo y el contención lejano—; e incluso la de fijar a demarcaciones específicas o líneas contrarias mediante nuestra ubicación —como el extremo del costado pasivo (7), el cual, si se ubicara entre el central y el lateral lejano, podría conseguir fijar a ambos a la vez.

¿Sabes qué es lo más divertido dentro del océano de conceptos que aparecieron en los últimos párrafos?

Que todas esas zonas y funciones expuestas no permanecerán estables por muchos segundos, cambiando una y otra vez de forma fugaz —danzarán con el movimiento del balón.

Por eso insistimos en que el cambio de estados interpretativos del juego por parte de cada uno de nuestros futbolistas cuando las diferentes zonas se dinamicen será la clave para un armonioso comportamiento colectivo. Y como hemos podido ver ya en el apartado previo, la percepción tendrá un rol totalmente protagónico durante este proceso.

¿Habías oído alguna vez el concepto de «jugar con los once jugadores»? A mí me lo enseñó Bora Milutinović —entrenador que ha dirigido en cinco Copas del Mundo con cinco selecciones diferentes. Para decir que jugamos con once, todos los jugadores deberán estar conectados al juego a nivel interpretativo. Aunque el extremo quede a cuarenta y cinco metros del balón solamente ofreciendo amplitud, este deberá estar conectado con dicha función y preparado para enlazarla con otra. Imaginemos que el central desplaza el balón directamente hacia su posición. En ese momento, la zona lejana en la que se encontraba el extremo pasaría a ser la de intervención —para el central ocurriría lo opuesto.

Puedes imaginar cuáles serán los primeros jugadores en ayudar al extremo dentro de la nueva zona de intervención, ¿verdad? ¡Claro, los intermedios!

Para finalizar, cabe destacar que todas las opciones de juego en referencia a las zonas dinámicas presentadas en este apartado han estado vinculadas a la fase de posesión. No obstante, también se deberán desarrollar para la fase de no posesión, así como para las transiciones.

Dependiendo de dónde nos encontremos a la hora de defender, sabremos si tendremos que acosar fuertemente hacia el centro de juego, si será mejor dividir a nuestra marca para equilibrar un espacio intermedio o si necesitaremos cerrar ángulos de presión para reducir espacios útiles de juego en costado activo.

Cuando recuperemos o perdamos el balón pasará tres cuartos de lo mismo: ¿mi posición me permitirá salir al contragolpe, estirar para que salga otro compañero o acompañar la profundidad del equipo? ¿Podré reaccionar presionando tras la pérdida o deberá recorrer en diagonal para cerrar de forma inmediata un desequilibrio espacial?

Todo eso se deberá interpretar en función de la zona dinámica donde me encuentre inmerso en un determinado momento del juego, ya que de ella dependerán las posibilidades de acción que pueda implementar en la próxima. Por eso resaltábamos la gran importancia de percibir estímulos de juego que permitan anticipar acontecimientos dentro del mismo.

SEGUNDA PARTE

Introducción a los principios y subprincipios de juego

«Evitar que el balón entre de forma controlada en nuestro campo, recuperando la posesión en zona alta». Esta fue la finalidad que pusi-

mos como ejemplo para un equipo durante el momento de bloque alto dinámico, correspondiente a la fase defensiva.

¿Cómo se podría definir dicha finalidad a partir de principios y subprincipios de juego? —elementos imprescindibles del modelo de juego definidos por Vitor Frade dentro de la periodización táctica— (Delgado-Bordonau, 2012).

Una forma —de las muchas que puede haber— sería la siguiente, la cual está fundamentada en el análisis del Bayern de Múnich y el Manchester City, ambos bajo las órdenes de Guardiola.

Cabe destacar que todos los ejemplos utilizados para este capítulo corresponderán a ciertos momentos de juego observados en algún equipo de élite. No obstante, su interpretación, para desarrollarlos de forma profunda, será totalmente personal, tratando de leer las intenciones colectivas e individuales del equipo —solo su entrenador conocerá realmente los principios y subprincipios utilizados.

FASE DEFENSIVA (P-4-4-1-1)

MOMENTO DE BLOQUE ALTO DINÁMICO (P-4-3-1-2)

Principio de juego dominante

Orientar el balón hacia un carril lateral y presionar fuertemente el costado activo para recuperar la posesión o forzar el juego en largo dentro de la zona

Subprincipio

Zona de intervención
El delantero (9) abrirá la línea de pase hacia un central y lo encerrará hacia fuera, donde tanto extremo (11) como contención (6) reducirán el espacio respecto a su marca para evitar su recepción

Zona intermedia
El segundo delantero (10) evitará la circulación por dentro del rival, a la vez que el mediocentro ofensivo (8) lo ayudará disuadiendo a su par para que este no pueda recibir el balón. El lateral (4), primer central (5) y segundo central (3) también deberán disuadir a su par, a no ser que este se vaya con el compañero cercano, momento en que quedarán en funciones de cobertura de espalda. Finalmente, el extremo opuesto (7) cerrará el carril central

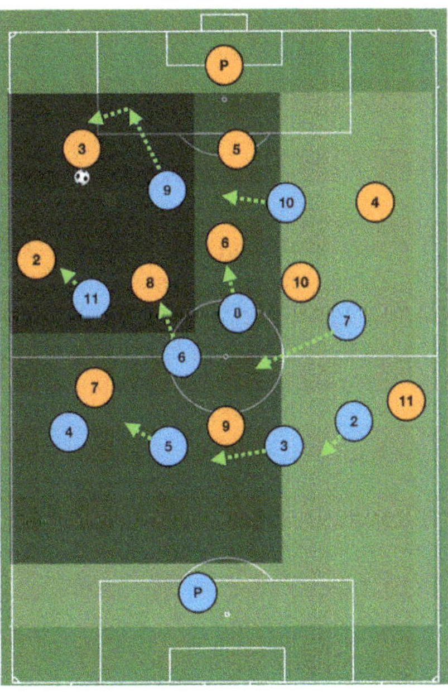

Zona lejana
El lateral (2) más alejado de la jugada cerrará los ángulos de presión hacia dentro, quedando en posición de intercepción y cobertura del compañero más próximo al mismo tiempo

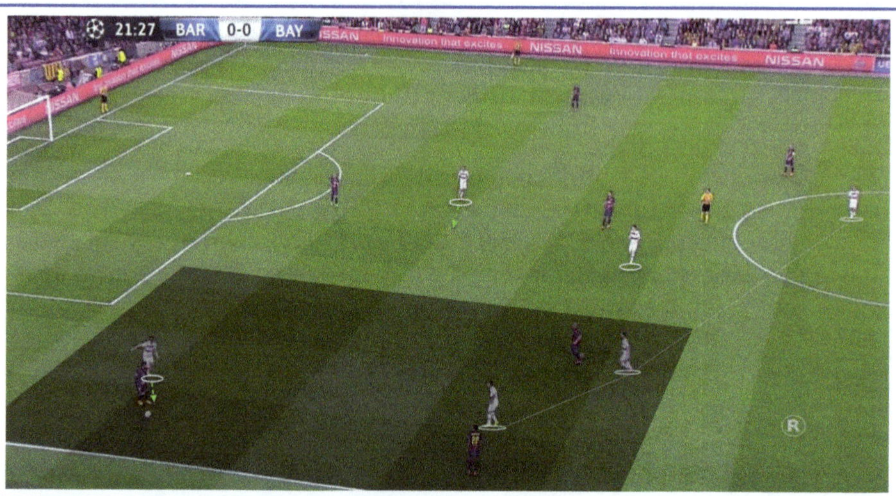

Principio de juego complementario 1
Ante juego largo del rival, ganar el primer y segundo balón dentro de carril activo

Subprincipio

Zona de intervención
El extremo (11) y el contención (6) se acercarán a ganar un posible segundo balón. El lateral (4) y el central (5), tendrán una de estas dos opciones: ganar la disputa del balón o cubrirla. El central lejano (3) estará defendiendo a su par o bien en funciones de cobertura

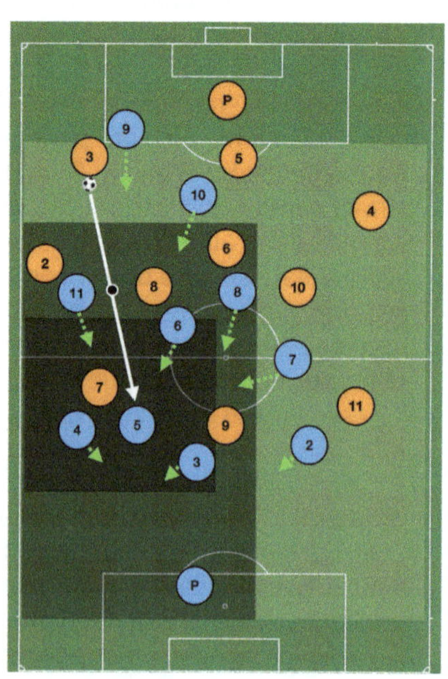

Zona intermedia
El segundo delantero (10) y el mediocentro ofensivo (8), el cual saltó a presionar, recorrerán hacia abajo de forma secuencial, quedando prácticamente en línea vertical con los centrales. El extremo opuesto (7) acabará de cerrar hacia el carril central

Zona lejana
El primer delantero (9) ajustará su profundidad y el lateral (2) más alejado de la jugada ajustará hacia dentro, manteniendo siempre una posición intermedia que le permita llegar tanto al costado activo como al costado pasivo en pocos segundos

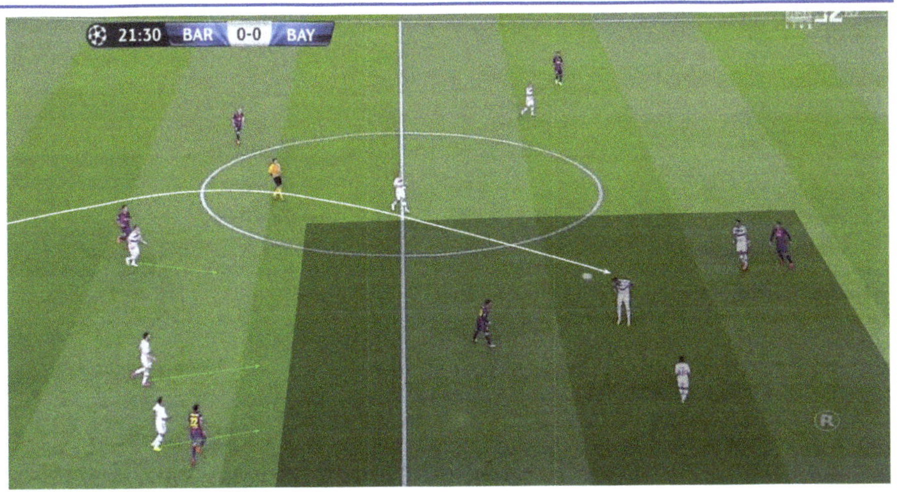

Principio de juego complementario 2
Ante cambio de orientación, llegar a defender todo el equipo por detrás del balón lo más rápido posible, enlazando con el momento de bloque medio

Subprincipio

Zona de intervención
El extremo (7), el lateral (2) y el mediocentro ofensivo (8) serán los que deberán llegar antes a la zona activa para evitar la progresión inmediata del rival

Zona intermedia
Los centrales (5, 3) deberán recorrer con la línea defensiva para cubrir a los compañeros de la misma. El segundo delantero (10) y el mediocentro lejano (6) se desplazarán rápidamente hacia el carril central, quedando ubicados en este, aunque a diferentes alturas

Zona lejana
El punta que encerró (9), así como el extremo (11) y el lateral opuesto (4), los cuales quedaron más lejos del cambio de orientación, recorrerán en diagonal para compactar al equipo hacia la nueva zona activa

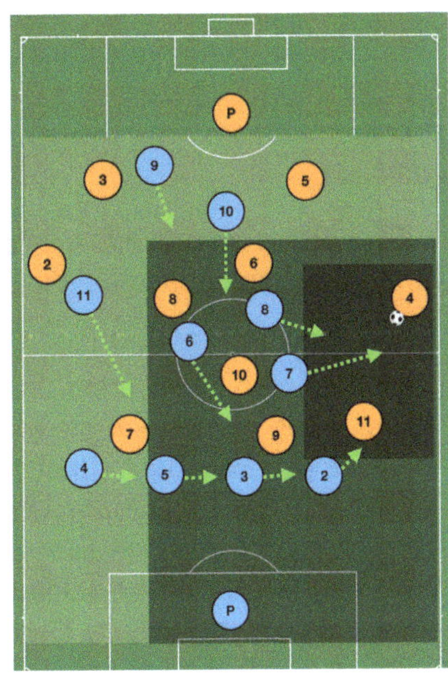

Tabla 10. Principios y subprincipios de juego para el momento de bloque alto dinámico

Tal y como ya conocemos, las estructuras y las organizaciones dinámicas se entrelazarán durante los momentos de juego. Si nos fijamos en la tabla anterior, aparte de aparecer la distribución utilizada —la cual ya quedó vinculada a la finalidad operativa perseguida durante el momento correspondiente—, también quedaron detallados los comportamientos del equipo para conseguir alcanzar dicho objetivo parcial.

Será precisamente esa explicación conductual a lo que llamaremos principios y subprincipios de juego.

Jean-Philippe Rennard explica que una estructura de interacciones múltiples como puede ser un banco de peces tiene diferentes objetivos. Estos pueden ser alejar a los depredadores o buscar alimento, por ejemplo. Pero para conseguirlos necesita organizarse según principios, y lo hace basándose en tres: esquivarse los peces entre ellos —no chocar con los demás—; intentar colocarse en el centro del colectivo; y sintonizar las velocidades —nadar a una velocidad similar que los peces que me rodean. Eso significa que a partir de reglas elementales se podrá obtener un comportamiento global complejo —llamado emergencia— (Schmitt, 2006).

Este aspecto de los sistemas complejos adaptativos, el cual vincularemos con lo fractal, será la clave para entender el capítulo 10. Ya llegaremos a él.

Por ahora vamos a responder una importante pregunta: ¿qué tipos de principios existen?

Mourinho explicaba en una de sus disertaciones: «Siempre va a haber una serie de principios de juego que van a ser dominantes, pero en tu modelo de juego tendrás que cubrir todos los momentos del juego» (The coaches voice, 2019).

En concordancia con la afirmación anterior y tras reflexionar ampliamente sobre el tema, creo firmemente que existirán dos tipos de principios de juego: los dominantes y los complementarios.

Los principios dominantes serán aquellos con preferencia dentro de nuestro modelo de juego. En otras palabras, los que priorizaremos para resolver cada momento del juego acorde con el objetivo operativo que persigamos durante el mismo. Además, este tipo de principios intrínsecos concretarán de forma tangible nuestras ideas esenciales —las primeras que aportamos al modelo— sobre el terreno de juego.

Pero ¿qué ocurre cuando la actuación del rival no permite cumplir el objetivo y sabotea nuestra organización primaria? Lo que sucederá inmediatamente es que el momento evolucionará hacia un escenario.

Podríamos definir un escenario como una serie de particularidades que emergerán en el juego como consecuencia de la actuación del rival —en respuesta a nuestro principio dominante.

Obviamente, estos escenarios también deberán ser solucionados mediante comportamientos colectivos, es decir, a través de principios de juego, aunque esta vez los llamaremos complementarios. ¿Por qué? Porque dependerán de unas condiciones específicas del juego para producirse y solo se activarán si estas aparecen —serán circunstanciales.

Mediante el uso de este tipo de principios de juego extrínsecos, podremos conseguir lo que resaltaba Mourinho: ensanchar nuestro modelo de juego para cubrir la mayor parte de las posibilidades del juego.

Figura 21. Relación entre conceptos del modelo de juego y del juego mismo

En este punto será de vital importancia entender que, tras establecer nuestras ideas, el siguiente paso siempre será gestionar la calidad del equipo, y es muy probable que dicho proceso desencadene en una permutación de los principios de juego.

Sirvámonos de un ejemplo para profundizar en este detalle clave.

Imagina que nuestra idea ofensiva está estrechamente relacionada con la salida combinada desde atrás para viajar todo el equipo juntamente con el balón. La concreción de esa idea sobre el terreno de juego durante el momento de salida de balón dinámica podría establecerse mediante el principio dominante de «generar superioridades numéricas y posicionales para superar las primeras líneas de presión rival».

No obstante, durante su aplicación, el rival decide presionar mano a mano para evitar la creación de superioridades, tratando así de sabotear nuestro principio dominante. En ese preciso instante, aparecería de forma automática un escenario de juego que deberíamos solucionar.

¿Cómo lo haríamos? Utilizando el principio circunstancial de «jugar el balón directamente a la última línea del equipo para aprovechar el mano a mano en el fondo».

Aunque el salto de línea no sea parte de nuestra esencia más primaria, lo tendremos que incluir como un principio dentro de nuestro modelo de juego. Obviamente, no será un principio dominante, ya que no concretará de forma directa nuestra idea de juego ofensivo, pero sí será un complemento muy importante para poder seguir siendo efectivos dentro del momento.

Es decir, que los principios complementarios tendrán la primordial función de cubrir las posibles necesidades que el entorno pueda generar. De hecho, tal y como indica la etimología de la palabra complementar, este tipo de principios perseguirán la finalidad última de hacer el modelo de juego más completo, más efectivo.

Sigamos generando supuestos para continuar con la reflexión.

Llegamos a un equipo nuevo, en el que también queremos aplicar la idea de salir jugando desde atrás, y empezamos a analizar la gestión de la calidad para detectar las posibilidades reales de hacerlo: jugadores que tenemos, cultura futbolística de la ciudad, rivales que enfrentaremos, etc.

De la indagación anterior concluimos tres cosas: en la liga donde jugaremos la tendencia defensiva es la de presionar muy fuerte arriba; nuestro portero y centrales no tienen mucha capacidad de salida de balón y nuestros delanteros ganan la mayoría de las disputas con su par.

¿Podríamos, con base en las anteriores informaciones, permutar el principio dominante —de salir jugando por abajo— con el circunstancial —de hacerlo por arriba?

Pienso que sería una opción perfectamente viable —sería un ajuste inteligente. El principio que antes concretaba nuestra idea ofensiva seguirá estando presente, aunque de una forma complementaria —solamente se utilizará cuando el rival no presione tan fuerte arriba y las condiciones para sacar el balón jugado lo permitan.

Y aquí, en este punto de la ecuación, es cuando viene la clave para acabar de cerrar el círculo argumentativo.

Al adaptar los principios de juego a la realidad que tenemos, podremos competir mejor y obtener un mayor rendimiento, a la vez que ganaremos tiempo para enseñar al portero y a los centrales a sacar el balón por abajo, hecho que permitirá aumentar la aparición de las salidas combinadas —poco a poco. Al cabo de un tiempo más, cuando lleguemos a consolidar esas salidas de tal forma que los rivales ya no se atrevan a presionar con tantos hombres arriba, podremos permutar de nuevo los principios, volviendo el dominante a ser aquel que respetaba al 100% nuestra idea de juego ofensiva.

Klopp explica todo lo anterior de una forma muy concisa: «Las ideas sobre cómo organizar a mis equipos realmente no han cambiado nunca, porque creo en ellas. Pero como entrenador tienes que adaptar los estilos a la calidad de los jugadores que tengas» (Jones, 2020).

Muchas veces tenemos tendencia a etiquetar el modelo de juego de un entrenador tras pocos partidos desde su llegada a un club. Pienso que deberíamos analizar el juego del equipo de una forma más longitudinal —por un período más largo de tiempo— para poder determinar si ese entrenador acaba jugando con sus ideas o, finalmente, ha cambiado las mismas por otras debido a la imposibilidad de ejecutarlas con dicho equipo —esta será una opción que abordaremos al detalle en el capítulo 9.

Frank Wolfgang decía que se necesitan ciento cincuenta horas de trabajo conceptual antes de que el equipo pueda interiorizar el modelo de juego (Honigstein, 2019).

Imaginando que un equipo estuviera en contacto con el modelo de juego 1,5 horas al día, seis días a la semana —tomando en cuenta también el partido—, estaríamos hablando de la necesidad de dieciséis semanas —como mínimo— para empezar a jugar a lo que el entrenador pretende. Eso, en una liga como la española, sería casi la mitad del campeonato. En competiciones con doble torneo anual, sería prácticamente un campeonato entero.

El puente entre los principios y los fundamentos de juego: los subprincipios

Una vez expuestos los principios de juego, surgirá la siguiente cuestión: ¿en qué se diferencia exactamente un principio —ya sea dominante o complementario— de un subprincipio?

Como se ha podido observar perfectamente en la tabla presentada con anterioridad, los subprincipios son las conductas específicas que representan a los principios y que los jugadores deberán aplicar en el juego dependiendo de la zona donde se encuentren —zona de intervención, zona intermedia o zona lejana.

Tal y como expone Seirul·lo (2010), en los deportes de equipo cooperar significa repartir responsabilidades individuales en todo el terreno de juego —en las zonas que mencionamos en el párrafo anterior— compartiendo intereses y objetivos.

Cabe destacar que muchas de esas responsabilidades —o comportamientos— que los subprincipios solicitan ya se presentarán como dominadas. Esto sucederá por dos motivos: el filtro que habrán pasado los jugadores para entrar en el alto rendimiento deportivo, el cual garantizará unos mínimos importantes con relación a las bases comportamentales de este deporte; y la experiencia —en el sentido más amplio de la palabra— que han tenido hasta el momento aplicándolas día sí día también.

Es decir, que tomar la iniciativa de presionar a mi par si este está en disposición de relacionarse con el poseesor; cerrar un espacio que mi compañero acaba de abrir al abandonar su posición o recorrer con el equipo hacia el costado donde se encuentra el balón reduciendo la amplitud de mi línea, que son conductas que aparecerán como subprincipios, no nos deberían demandar un desarrollo preferencial —puede que en algunos casos lo hagan. Únicamente pidiendo su implementación, deberían poder ser puestos en escena —perfectamente— dentro del marco de los principios.

Este último será un apunte muy importante para no dejarnos sobrepasar por la falsa sensación de hipercomplejidad que supone tener que atender a todos y cada uno de los comportamientos de nuestros jugadores. En la realidad, no será para nada de esta forma.

Volviendo a los bancos de peces, un experimento realizado con estos descubrió que las conductas de un colectivo dependen de la cantidad de integrantes del mismo que las canalicen hacia un determinado objetivo. Mediante un pez robótico, trataron de alejar a otros peces de la comida —actuar en contra de los intereses del banco. Cuando el grupo era pequeño, los demás compañeros seguían al pez artificial

cuando este se alejaba del alimento. Pero cuando introdujeron un mayor número de peces, al tomar el robot nuevamente una decisión no concordante con los intereses del colectivo, los demás integrantes no lo siguieron (Kneser, 2009).

A partir de esa investigación se descubrió el concepto de umbrales mínimos: se necesita un cierto número de individuos apoyando un comportamiento para que todo el colectivo lo ejecute.

Eso es precisamente lo que nos proporcionarán los subprincipios de juego, los cuales actuarán como el elemento de mayor especificidad organizativa a nivel colectivo que tendrá el modelo de juego, a la vez que abrirán la puerta a un tipo de organización más individual.

Esa será precisamente la puerta que deberemos atravesar para acceder a todo aquello que no quede definido en dichas conductas organizativas específicas.

Pero para hacerlo —lo haremos más adelante—, necesitaremos realizar un cambio de perspectiva: de la colectiva pasaremos a la individual.

De esta forma, entrarán en escena los fundamentos de juego, los cuales aparecerán de forma recurrente —aunque superficial— a lo largo de este capítulo, empezándose a concretar ya en la parte final del mismo.

La organización dinámica ofensiva

A nivel de principios y subprincipios de juego ofensivos, vamos a poner un ejemplo referente a uno de los momentos que integra esa fase de posesión. El momento escogido ha sido el de progresión del juego y, utilizando como base una de las estructuras más presentes en los últimos años —la V-W-V-W—, la finalidad establecida será la de «Entrar con el balón controlado en campo contrario, hundiendo al rival».

El siguiente supuesto está inspirado en el F. C. Barcelona —frente al Arsenal en Champions League— y en el Manchester City —frente al Chelsea en Premier League—, ambos dirigidos por Pep Guardiola. No obstante, para el último escenario se decidió utilizar el excelente cambio de orientación en largo de uno de los mejores centrales del mundo; Virgil van Dijk.

FASE OFENSIVA (P-4-3-3)

MOMENTO DE PROGRESIÓN DEL JUEGO (P-2-3-2-3)

Principio de juego dominante

Movilizar el balón hasta poder conducir sin presión cercana para encontrar al hombre libre, en progresión y con ventaja, dentro de la zona activa de juego

Subprincipio

Zona de intervención

El central (5) conducirá con el balón para fijar al interior o al extremo rival, o bien para dividir a ambos. El lateral activo (4) progresará con el central, ubicándose justo a la espalda de su extremo, a la vez que el extremo (11) ocupará el intervalo o estirará como segundo punta para que lo ocupe el interior (10). En caso de ocuparlo el extremo, será el interior quien estirará como segundo punta. El mediocentro contención (6) quedará en posición intermedia —entre opción de pase en continuidad y cobertura de la posible pérdida. El portero (P) actuará como salida de emergencia por atrás

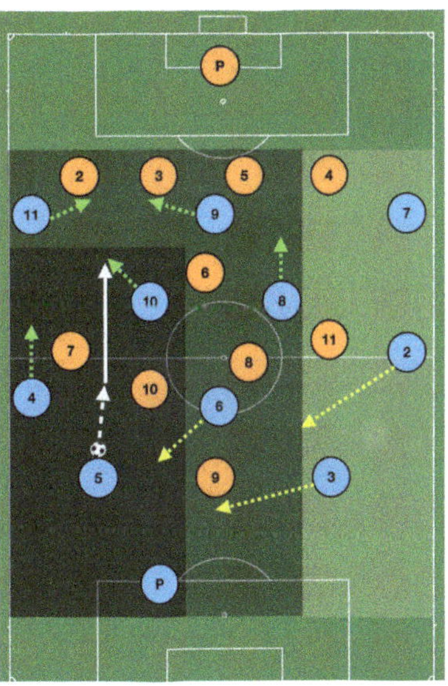

Zona intermedia

El extremo (11) ocupará el intervalo o estirará como segundo punta para que lo ocupe el interior (10). En caso de ocuparlo el extremo, será el interior quien estirará como segundo punta. A su vez, el punta (9) deberá estirar a la línea defensiva rival para generar el espacio de recepción entre líneas —en los intervalos—, buscando siempre ubicarse con el primer central, evitando que este salte hacia delante. El otro central (3), igual que el lateral pasivo (2), recorrerán para cubrir la posible pérdida —identificando ya su marca en ataque. El interior lejano (8) se ubicará en el intervalo opuesto —dividiendo al contención rival—, quedando también en disposición de facilitar un cambio de orientación indirecto —principio de juego complementario 1

Zona lejana

Finalmente, el extremo (7) lejano ofrecerá opciones de cambio de orientación directo. Se podrán activar como principio complementario 2, en caso de no poder jugar dentro del carril activo

libro
futbol
.com

22:34 BAR 1-1 ARS
SKY SPORT
UniCredit
UniCredit

22:31 BAR 1-1 ARS
SKY SPORT
Ford
Star Experience
UEFA
CHAMPIONS LEAGUE

Principio de juego Complementario 1

En caso de tener los intervalos en carril activo cerrados, jugaremos de forma combinada hacia la zona pasiva de juego

Subprincipio

Zona de intervención

Los jugadores más cercanos (5, 4, 10, 6) actuarán como generadores del escenario —provocarán que el rival recorra en exceso hacia un costado para igualar las marcas dentro de ese espacio. En el momento de dirigir el juego hacia la zona pasiva, los jugadores más atrasados del costado de donde proviene el balón (4, 5, 6) deberán recorrer automáticamente para equilibrar al equipo. El portero (P), posicionado como salida de emergencia por atrás, también recorrerá con el equipo

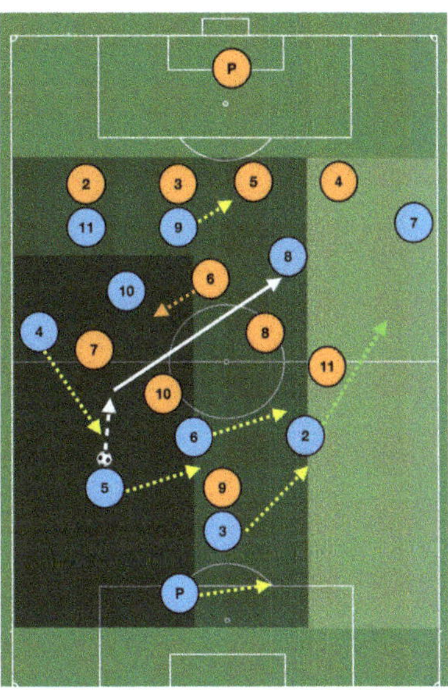

Zona intermedia

Los jugadores más estirados (11, 9) actuarán como fijadores —mantendrán a su par dentro de la zona activa de juego. Seguidamente, el punta (9) recorrerá inmediatamente hacia el costado donde se dirige el balón, igual que el central (3). El interior lejano (8) —ubicado en diagonal— será la opción que buscar

Zona lejana

El extremo (7) en amplitud podrá ser otra opción —aunque de forma indirecta. Una última posibilidad podría ser el lateral pasivo (2), el cual podrá leer la situación y cambiar su postura de equilibrio por la de ofrecer una opción de cambio de orientación —también indirecto

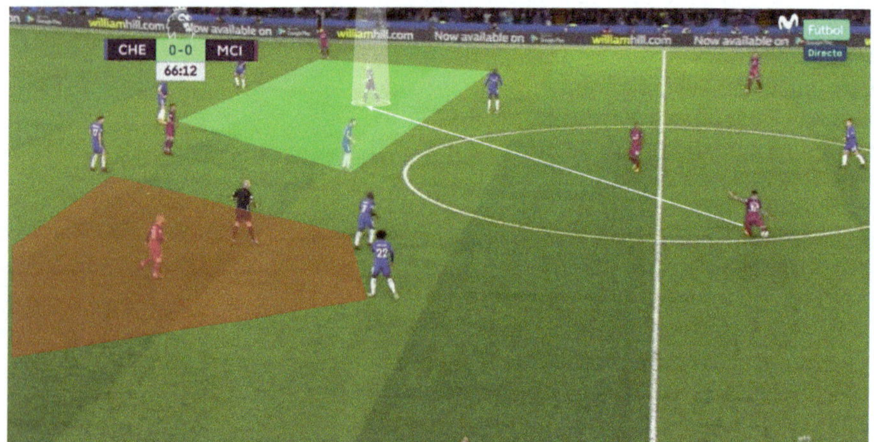
CHE
0-0
MCI
66:12
williamhill.com
Now available on
Fútbol
Directo

Principio de juego complementario 2
Si nos encierran totalmente y no podemos jugar combinado, saltaremos la línea jugando directamente hacia los jugadores más avanzados del equipo

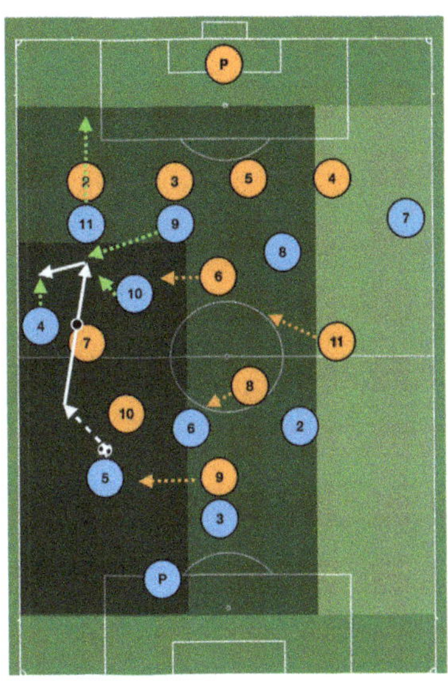

Subprincipio

Zona de intervención

El punta (9) se mostrará como opción de salto de línea, posicionado con el primer central, apareciendo el compañero ubicado en intervalo (10 u 11) así como también el lateral activo (4), apoyando la descarga de frente. En esta última opción, igual que pasó en el principio complementario 1, las compensaciones de los jugadores del costado de donde proviene el balón (4, 5, 6, P) serán muy importantes

Zona intermedia

Otra opción será jugar a la espalda del lateral con un balón al espacio, buscando este trazo el extremo (11) o el interior (10) —el que en ese momento esté actuando como segundo punta. También se podrá saltar hacia el costado pasivo, desplazándose el punta (9) hacia el segundo central y utilizando un movimiento en diagonal profundo el interior lejano (8). El central (3) también recorrerá con el equipo

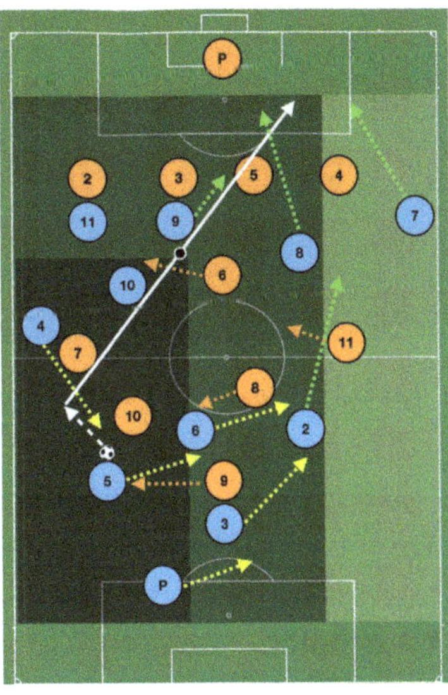

Zona lejana

En el salto hacia el costado pasivo, el extremo lejano (7) podrá utilizar un movimiento en diagonal profundo, de forma simultánea con el interior —con posibilidades de recibir el cambio directo. Nuevamente, el uso de dicho movimiento por parte del extremo lejano podría activar a su lateral (2) para que este se incorporara al espacio que se genera —con la finalidad de recibir una posible descarga, un segundo balón o cubrir ofensivamente

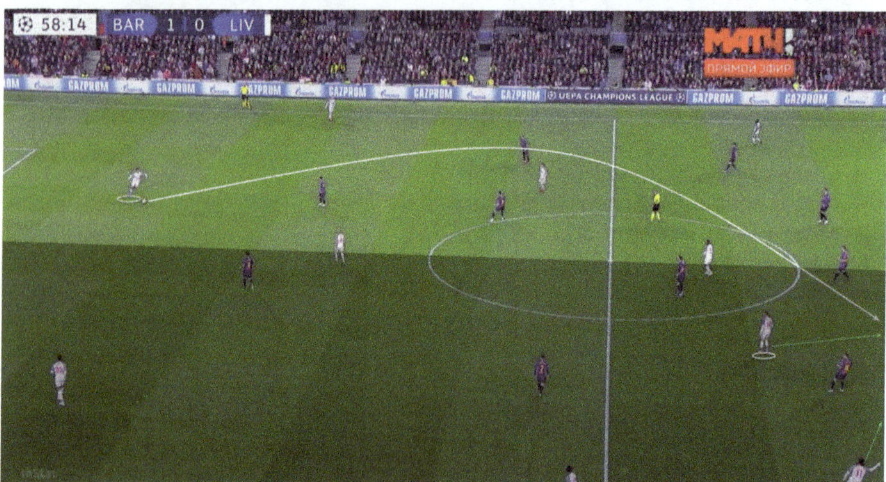

Tabla 11. Principios y subprincipios de juego organizacionales para el momento de progresión del juego

Atendiendo a las zonas dinámicas de las representaciones gráficas anteriores deberemos entender que, por definición, estas serán fluctuantes. Es decir, se irán ajustando, dependiendo de dónde se encuentra el balón —centro de juego. Además —y para mí lo más relevante— cada entrenador tendrá la libertad de incidir en su tamaño —dónde empiezan, dónde acaban, forma vertical, forma horizontal, etc.— dependiendo de cuántos jugadores y cuáles quiera vincular a ciertas funcionalidades. Esa decisión estará basada normalmente en la calidad de nuestros futbolistas —en la calidad de pase que estos tengan.

Decía Guardiola que en el Bayern de Múnich no tenía la calidad y seguridad de pase que sí ofrecían los jugadores del F. C. Barcelona, y eso le condicionaba la organización (Valdano, 2018). Ese podría ser un gran motivo por el cual implicar a menos jugadores dentro de la zona de intervención —para tener un mayor equilibrio en zonas contiguas— o bien priorizar más funcionalidades vinculadas a emergencia y/o continuidad en ella.

Imaginemos que tenemos a unos de esos extremos insostenibles a nivel de mano a mano. Una muy buena elección sería priorizar limpiar mucho la zona de intervención, generando equilibrio alrededor de esta —coberturas ofensivas—, para activarle la opción de desequilibrio una y otra vez. Ese sería un buen ejemplo de cómo utilizar las zonas dinámicas y, en consecuencia, las conductas de los jugadores dentro de las mismas, todo en clave gestión de la calidad —potenciando las cualidades de nuestros jugadores más creativos.

En las imágenes anteriores, por ejemplo, veíamos a cinco jugadores en zona de intervención —estando el contención (6) entre esta y la intermedia. Esos eran los jugadores que considerábamos idóneos para involucrarlos directamente con el balón según el principio de juego a aplicar.

Ahora imaginemos que, en lugar de querer llevar el balón hasta dentro del intervalo, quisiéramos acumular en un costado para jugar un tercer hombre mediante el contención (6) hacia el central lejano (3) —liberando a este último.

En este nuevo supuesto, la zona de intervención pasaría a ser horizontal —mucho más ancha que la anterior— e implicaría a un jugador menos —P, 5, 6, 3.

Quedaría algo así —4, 10, 8, 2 actuando de fijadores intermedios y 11, 9 y 7 lejanos—:

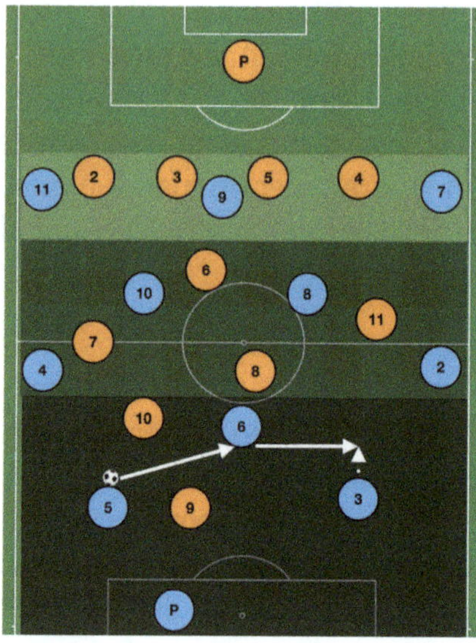

Figura 21. Cambio en la dinámica de aparición de zonas según el contexto aplicado

Míster, demasiada información

En este punto será importante reflexionar sobre una pregunta que aparece muy recurrentemente cuando se presentan los principios y subprincipios de juego: «míster, ¿no será demasiada información para los jugadores?».

He dado vueltas durante mucho tiempo sobre si la respuesta a la pregunta anterior era sí o era no. Sin llegar a ninguna parte aún, me encontré recurrentemente con dos reflexiones que sigo puliendo día tras día:

1. La calidad de los jugadores influye, y mucho. Cuantas más capacidades tengan los futbolistas de nuestra plantilla —en todos los sentidos—, menor será la información que necesitarán y más la que podrán absorber eficazmente. Contrariamente, si se tiene una plantilla con capacidades limitadas —y limitantes—, deberemos reforzar mucho este tipo de informaciones para ayudar al correcto desempeño de los jugadores, pero sin sobrepasar los topes que estos puedan gestionar —de lo contrario, los vamos a bloquear.
2. En realidad, quien tiene un montón de información en la cabeza es el entrenador. Él deberá conocer todos y cada uno de los

rincones de su modelo de juego. No obstante, el jugador solo deberá tener clara la idea de juego que se está implementando, la posición dentro de la estructura a utilizar en cada momento, cómo comportarse dentro de la misma y qué fundamentos aplicar según la situación que se presente en el juego.

Por ejemplo, el lateral durante una presión alta deberá saber que su entrenador quiere defender presionando en campo contrario para recuperar el balón lo antes posible. Para hacer eso, solamente deberá conocer que su posición será en el lateral izquierdo, dentro de una línea defensiva de cuatro jugadores, durante el momento de bloque alto dinámico. Deberá saber que su comportamiento será saltar fuerte al extremo si el balón está por su carril o equilibrar al equipo en amplitud, recorriendo hacia el carril central, si el balón está en el carril opuesto al suyo. Finalmente, deberá tener claros los tres fundamentos necesarios para realizar eficazmente los comportamientos anteriores: los dos por demarcación de «reducir el espacio de juego ante una posible recepción al pie del extremo» y «recorrer hacia el carril central hasta la altura del segundo poste de la portería»; y el de línea defensiva de «mantener la amplitud y la profundidad intra e interlineal».

En definitiva, por un lado, sí me parece que el entrenador deberá gestionar muchísimos conceptos de juego —Guardiola utilizó en el Bayern de Múnich diez salidas de balón y veintitrés módulos de juego distintos— (Perarnau, 2017). Pero, por otro, el jugador solo deberá conocer aquellos esenciales referentes al comportamiento colectivo, los de la línea a la cual pertenezca y los suyos como individuo.

Además —como ya sabemos—, entrenando de una forma correcta, multitud de estos comportamientos se acabarán autorregulando, no teniendo nuestros jugadores que racionalizar las respuestas durante gran parte del juego, solamente fluyendo con el mismo.

Otro punto de gran relevancia será el tema de estudiar. ¿Por qué para trabajar como fisioterapeuta hay que estudiar el cuerpo humano y las técnicas correspondientes antes de poder intervenir al paciente, y el futbolista no tiene que estudiar el juego y sus posibilidades para poder desenvolverse mejor dentro de este?

En el CIDARF (Centro de Investigación y Desarrollo del Alto Rendimiento en el Fútbol) asistí a sesiones teóricas para jugadores donde

se estudiaba el juego y los fundamentos más importantes para tenerlos —tanto declarativa como procedimentalmente— disponibles para ser aplicados. Entonces, no veo por qué no deberíamos complementar el trabajo en cancha con el trabajo de estudio, el cual puede constar de autoevaluaciones a partir de visualización de jugadas —propias y de otros futbolistas.

Como última idea antes de empezar con la concreción de los principios y subprincipios defensivos, vamos a contar una anécdota más.

Resulta que, durante un análisis del rival, el cual tenía como finalidad última entender los patrones de juego que este utilizaba frecuentemente —en otras palabras, descubrir sus principios y subprincipios de juego—, no conseguía encontrarlos de ninguna forma. Le pregunté a un experimentado analista cómo lo hacía él en esos casos. La respuesta fue: «Amigo mío, si tú que eres experto en ello no puedes encontrar a qué juegan, ponte en la piel de sus futbolistas. No encontrar patrones significa que no tienen ni idea de cómo organizarse a nivel colectivo. Habrá incertidumbre en la preparación del partido contra ellos, sin duda, pero te puedo asegurar que ese equipo no podrá producir un rendimiento sostenido haciéndolo de esta forma».

La organización dinámica defensiva

Decía Guardiola: «La táctica es que cada jugador sepa exactamente qué debe hacer en cada momento y cada posición que ocupa durante un partido en concreto» (Perarnau, 2017).

Coincido plenamente con esa idea de que, si los jugadores conocen su ubicación y comportamiento en cada uno de los momentos del juego, podremos llegar a desarrollar al cien por cien el modelo que pretendemos implantar. Y eso, precisamente, es lo que nos permitirán los principios y subprincipios de juego.

A nivel defensivo, vamos a utilizar como ejemplo el momento de defensa del área. La finalidad del equipo para ese momento será la de «evitar la finalización a gol».

El supuesto estará basado en el Manchester United de José Mourinho enfrentando al Chelsea:

FASE DEFENSIVA (P-4-4-1-1)

MOMENTO DEFENSA DEL ÁREA (línea de cinco; línea de defensas más mediocentro defensivo + tres en segunda línea; mediocentro ofensivo más extremos + dos jugadores descolgados (escalados); punta y enganche

Principio de juego dominante

Bloquear las opciones de envío dentro del área a la vez que se marca individualmente dentro de la misma, con superioridad más uno, para evitar remates en dirección a portería

Subprincipio

Zona de intervención

El lateral del costado del balón (2) más su extremo (11) realizarán acciones defensivas para evitar que el balón llegue dentro del área en condiciones de ser rematado

Zona intermedia

Quedarán dentro del área el mediocentro contención (6) y el primer central (3), realizando uno de los dos la cobertura hacia portería quedando al mismo tiempo como defensor zonal en el primer palo; más el segundo central (5) y el lateral opuesto (4). Todos marcarán a su par o quedarán en zona en caso de no tener marca. El mediocentro mixto (8) estará atento a las entrenadas de segunda línea y, junto con el extremo del costado pasivo (7), cerrarán la zona de rechace. A su vez, el mediocentro creativo (10) se moverá hacia los intervalos del costado activo de juego para recibir tras recuperación con opciones de progresar

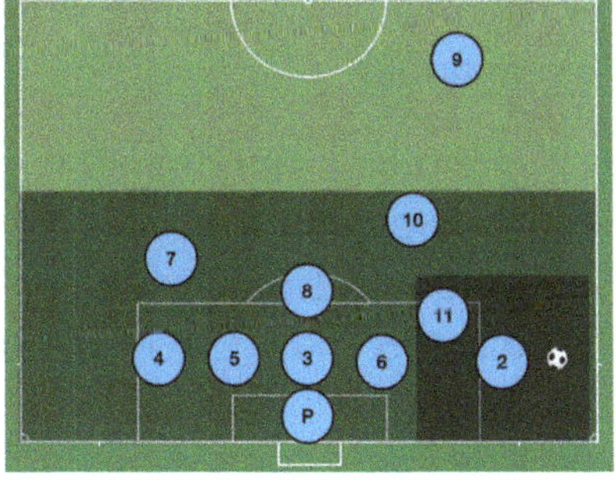

Zona lejana

El punta (9) se desplazará en profundidad, recargándose hacia el costado activo para poder ser una opción de apoyo como segunda línea en caso de recuperación

Tabla 12. Principio y subprincipio de juego para el momento de la defensa del área

Si nos fijamos en la tabla anterior podremos ver que en este momento solamente presentamos el principio de juego dominante con su correspondiente subprincipio —no seguimos profundizando en los comportamientos complementarios del equipo de Mourinho.

¿Qué pasará entonces si la jugada evoluciona y aparecen distintos escenarios?

Por motivos estrictamente personales —esa decisión puede ser diferente para cada técnico— durante la defensa del área priorizo la identificación de situaciones con la utilización de fundamentos de juego para resolverlas. Por lo tanto, salto directamente del momento a las situaciones —obviando los escenarios y sus correspondientes principios de juego complementarios.

Este es un detalle que me ha ayudado mucho como entrenador a poder trabajar, metodológicamente hablando, este último momento del juego defensivo de una forma más específica.

Insisto, esta decisión tiene un trasfondo muy personal. Siempre he pensado que durante la defensa del área pueden presentarse multitud de situaciones diferentes, muchas de ellas poco organizadas.

¿Qué quiero decir con esto? Que si el extremo que debe ayudar al lateral en carril activo (11) quedara descolgado, algunos de los mediocentros (8, 6) no llegarán a la ayuda del área, y se presentará una inferioridad numérica dentro de la misma en caso de que el primer central (3) hubiera salido a realizar la cobertura a su lateral (2), esto significaría que el principio de juego —sería complementario, al responder a un escenario— pasaría a ser prácticamente inoperante.

Entonces, ¿cómo podríamos mantener al equipo operante ante este sinfín de complejas situaciones que pueden presentarse? Nada más y nada menos que mediante los fundamentos, especialmente los referentes a las demarcaciones de laterales, centrales y mediocentros defensivos en este caso.

Estas respuestas óptimas nos permitirán resolver de una forma eficaz muchas de las situaciones que emerjan en el juego, independientemente de que estas se presenten de modo caótico —organizacionalmente hablando.

Más adelante —en el capítulo 7— rescataremos este ejemplo de principio y subprincipio defensivo para desarrollar al detalle los fundamentos de juego que podríamos implicar en el mismo, con la finalidad de entender plenamente el uso de estas importantes respuestas óptimas.

La organización dinámica en transiciones

Transiciones ofensivas

Ciertos compañeros me han insistido varias veces: «¿no crees que en las transiciones ofensivas sería mejor tener un momento de recuperación en zona baja, otro en zona media y otro en zona alta, tal y como tienes en las transiciones defensivas tras pérdida de balón?».

Para abordar esas transiciones tras recuperación, vayamos por puntos.

- Punto uno: la herencia

Recordemos que las fases de transición —ambas— presentan componentes mucho más dinámicos que estructurales. De hecho, las estructuras que encontraremos en cada momento de dichas transiciones serán residuales, es decir, que provendrán del momento anterior, y ese momento siempre —excepto en casos muy específicos que expondremos más adelante— estará vinculado a la fase ofensiva o defensiva.

Por ejemplo, si durante el momento de bloque alto dinámico de la fase defensiva la estructura es P-3-4-3, cuando se recupere la posesión en dicha zona alta, el posicionamiento será el que se utilizó para precisamente ganar el balón, aunque, como ya sabemos, esta distribución no será del todo pura —debido a la propia dinamización de la misma.

¿A dónde quiero llegar con eso? A entender que únicamente deberemos organizar —de forma dinámica— a nuestro equipo tras la recuperación, porque la estructura ya vendrá heredada según el momento anterior.

Esta distinción será muy importante.

De igual forma, cuando perdamos el balón, la transición defensiva estará estructurada según el momento previo —normalmente correspondiente a la fase ofensiva.

Imaginemos que perdemos el balón durante el momento de progresión, por ejemplo, con una estructura P-3-1-4-2. Entonces, la transición defensiva estará contextualizada en torno a dicho posicionamiento, quedando solo por establecer la organización dentro de la misma —mediante los ya conocidos principios y subprincipios de juego.

- Punto dos: ¿pierdo o recupero?

Será importante resaltar que hay una gran diferencia entre realizar la transición tras perder el balón que tras recuperarlo.

En la transición defensiva perderemos el balón tras haber llevado nosotros la iniciativa del juego, es decir, que habremos generado un contexto de pérdida que —en gran parte— podremos anticipar: «sé que, si la pierdo en este momento, quedaré posicionado de esta forma».

En cambio, en la transición ofensiva habremos recuperado el balón mediante acciones reactivas —en un porcentaje muy elevado—, por lo tanto, al haber llevado la iniciativa del juego el rival, las circunstancias que aparecerán cuando estos pierdan la posesión serán menos anticipables. Esto significará que dependiendo de los comportamientos del rival antes de recuperar nosotros el balón, podremos aplicar un tipo u otro de transición en el juego.

Esa diferencia va a ser clave a la hora de entender por qué habrá tanta relación entre la zona de pérdida y el posterior comportamiento, así como tan poca entre la zona de recuperación y el posterior comportamiento —a mi entender.

- Punto tres: la metodología

Resulta que cuando quiero transferir al entrenamiento la propuesta teórica que relaciona los comportamientos tras recuperación y las zonas de juego no me siento cómodo a nivel metodológico.

En el diseño de juegos episódicos —tareas muy tácticas— de transición ofensiva, siempre escojo los principios y subprincipios del equipo según si en la recuperación del balón el rival está organizado, semiorganizado, desorganizado, o se trata de una recuperación tras previa recuperación.

Si el equipo recupera en zona baja, media o alta, no será un parámetro que influya en los comportamientos aplicados durante la transición ofensiva. En cambio, sí lo hará y mucho, el nivel de organización del equipo rival, el cual deberá estar muy bien definido para que el colectivo lo pueda interpretar rápidamente de una misma forma.

Acaso recuperando el balón a escasos cinco metros de nuestra área, si el rival está completamente abierto, ¿no lo contragolpearemos directamente al espacio?

Y recuperando ese mismo balón, pero con el rival totalmente organizado para presionar tras pérdida hacia delante, ¿no intentaremos conservar la posesión para enlazar con el momento de inicio del juego dinámico?

Por último, si el oponente llegara a estar partido en dos claros subbloques, ¿no lo intentaríamos separar aún más llevándolo hacia su último tercio?

A mi entender, y es algo totalmente personal, cuando mi equipo recupere el balón en zona baja, media o cerca del área rival —sea a la altura que sea—, deberá priorizar actuar según los niveles de organización del equipo contrario —anteriormente expuestos.

Vamos a ver un ejemplo básico de lo que hemos explicado anteriormente, diferenciando los tres tipos de transición ofensiva —esta vez las zonas serán fijas, no dinámicas, marcando únicamente los tres sectores horizontales del campo—:

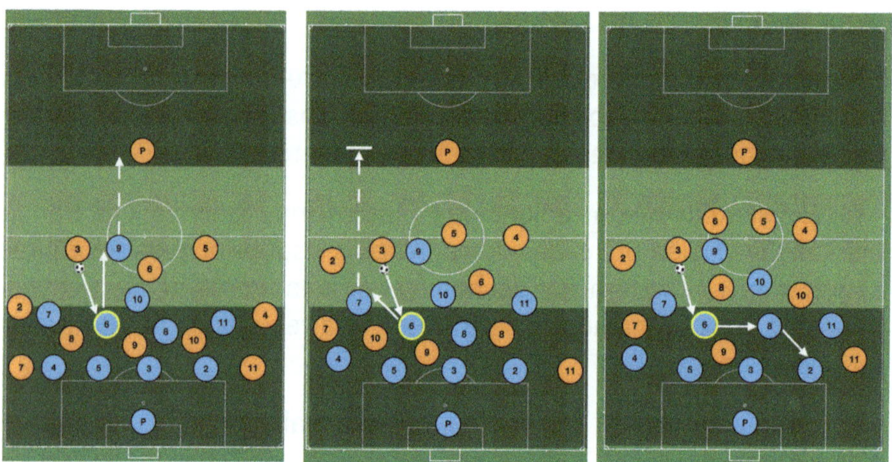

Figura 22. Tipos de transición ofensiva tras recuperación en zona baja: con rival desorganizado (imagen 1); semiorganizado (imagen 2); y organizado (imagen 3)

Transiciones defensivas

Poniendo ahora el foco en la transición defensiva, pasará algo muy similar.

Entrenaremos los momentos de transición tras pérdida dependiendo del momento ofensivo en que nuestro equipo haya perdido el balón. En este caso, pero, a diferencia de las transiciones ofensivas, sí habrá una estrecha relación entre el momento de pérdida y la zona del campo donde esta ocurra: el inicio de juego se producirá en la zona baja, la progresión en la media y la finalización en la zona alta —pudiéndose perder el balón en cualquiera de las alturas.

¿Cómo sería un principio y subprincipio de juego para el momento de pérdida de balón en zona media?

Teniendo en cuenta que la finalidad será «frenar la progresión del rival hacia nuestra mitad de campo, manteniendo el mayor número posible de jugadores por detrás del balón», vamos a suponer que el balón se pierde como lo hizo el Manchester United frente al Chelsea —estando en una estructura ofensiva de P-4-3-3.

La organización dinámica establecida para cumplir con la finalidad anteriormente descrita podría ser:

FASE TRANSICIÓN DEFENSIVA

MOMENTO PÉRDIDA EN ZONA MEDIA (herencia de P-4-3-3)

Principio de juego dominante
Frenar inmediatamente la progresión del balón mientras el equipo se organiza por detrás de la línea del esférico

Subprincipio

Zona de intervención
El extremo que perdió el balón (11) recorrerá rápidamente en diagonal hacia atrás, igual que el mediocentro ofensivo (10) —ambos quedaron superados por el balón tras la pérdida

Zona intermedia

El jugador no superado por el balón más próximo a este (8) presionará fuertemente. Por detrás se estructurará una primera línea, con el extremo que perdió el balón más el contención (6). El lateral cercano a la pérdida (4) retrasará su posición en diagonal, igual que el punta (9)

Zona lejana
Conformando esa primera línea de tres jugadores se unirá a ella el extremo opuesto (7), el cual habrá recorrido en diagonal hacia el centro. La segunda de las líneas —esta vez de cuatro (4, 5, 3, 2)— quedará cercana a la primera, con el contención justo por delante

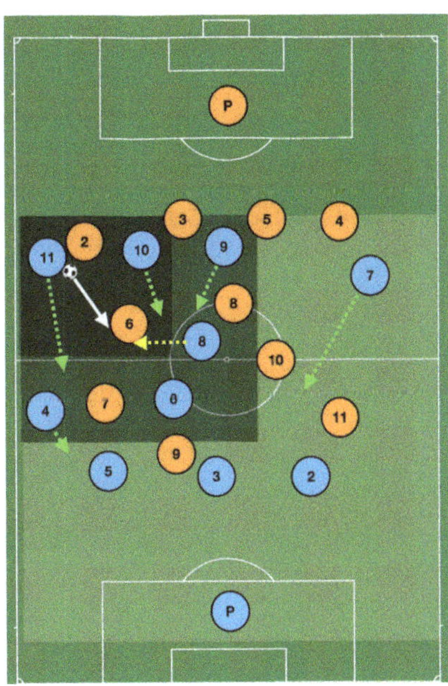

CHE 1-0 MUN
46:36 +2'

CHE 1-0 MUN
46:41 +2'

Principio de juego complementario 1

En caso de que el rival se perfile hacia su portería, ayudaremos a la presión del centro de juego mientras la altura del bloque del equipo se adelanta hasta que el rival controle el balón de forma segura nuevamente

Subprincipio

Zona de intervención
El jugador más cercano a la pérdida (9) presionará fuerte el balón, saltando nuevamente ante pase atrás hacia el portero. El extremo del costado activo (11) lo acompañará en la presión

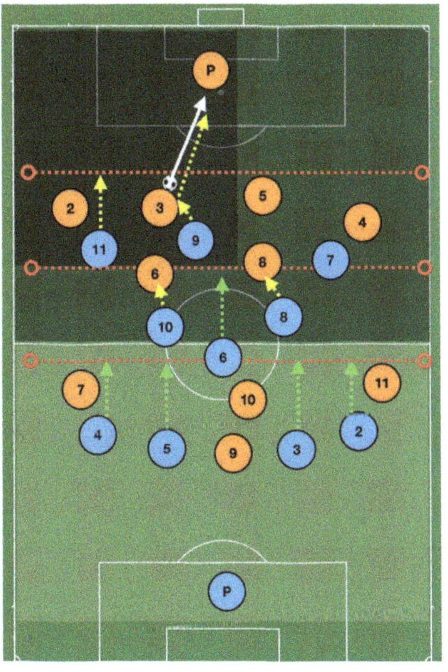

Zona intermedia
Los dos mediocentros por delante del contención (10, 8) presionarán hacia delante a su par. El extremo opuesto (7) tomará una posición intermedia para equilibrar al equipo, a la vez que cierra ángulos de presión

Zona lejana
El mediocentro contención (6) avanzará su posición para dominar el centro del terreno de juego de forma zonal. La última línea (4, 5, 3, 2) quedará bien compacta, pero perfilada para poder defender correctamente el espacio trasero ante cualquier trazo largo del rival —altura marcada con la línea roja cercana a medio campo. Cuando el rival controle el balón de forma eficaz y con opciones de juego combinado, el avance se detendrá automáticamente

***Tabla 13.* Principios y subprincipios de juego organizacionales para el momento de pérdida en zona media**

Otras transiciones

Finalmente, ¿qué hay de los momentos de pérdida tras pérdida, y de recuperación tras recuperación?

Estos momentos hacen referencia a cuando perdemos el balón y, una vez lo recuperamos, lo volvemos a perder rápidamente; o bien cuando recuperamos el balón y, tras perderlo nuevamente, lo recuperamos de forma inmediata.

En este tipo de momentos —aún referentes a las fases de transición— el gran detalle a remarcar será que no habrá una herencia posicional, sino que encontraremos una herencia totalmente organizacional.

Como ejemplos, sería el equipo que mientras se está organizando para contragolpear vuelve a perder el balón, o el equipo que se está organizando para presionar tras pérdida y vuelve a recuperar el balón antes de ejercer dicha presión.

Estos momentos pueden ser de gran relevancia, bajo mi punto de vista.

Uno de los escenarios más peligrosos que he vivido con mis equipos ha sido cuando, tras recuperar el balón, lo volvíamos a perder en el primer o segundo pase —mientras el equipo se estaba organizando para encadenarse con el siguiente momento de juego. En múltiples ocasiones ese desequilibrio nos generó graves problemas, los cuales, normalmente, logramos solucionar a partir de un fundamento de línea llamado «temporizar ante inferioridad numérica, posicional y/o desequilibrio espacial».

Opuestamente, en partidos donde nos encontramos con un rival viviendo la mayoría del juego en un bloque bajo muy compacto, incluso incrementamos a propósito el número de balones comprometidos en el último tercio para conseguir un doble objetivo:

1. Generar opciones de gol mediante balones filtrados —muy difíciles de progresar en una distribución tan cerrada a nivel de espacios.

2. Prepararnos para que el rival cortara dichos balones y, al querer abrir su estructura para enlazarla con la transición ofensiva, recuperar rápidamente la posesión y poder obtener así unas condiciones menos restrictivas cerca de la portería rival.

Utilizando este tipo de transiciones conseguimos abrir muchos partidos que estaban realmente cerrados.

La organización dinámica en balón parado

Todas las organizaciones dinámicas referentes al balón parado son, nada más y nada menos, los movimientos que los jugadores ejecutarán para rematar o evitar que el balón sea rematado.

Ofensivamente, estos comportamientos serán proactivos. En cambio, defensivamente, serán reactivos —a no ser que tengamos tan estudiado al rival que podamos anticipar sus jugadas.

En este punto, no nos podemos olvidar de las jugadas ensayadas, las cuales también estarán totalmente relacionadas con los aspectos organizativos del colectivo durante el momento de juego a balón parado que nos ocupe.

Vamos a poner un ejemplo de cómo sería una jugada ensayada, a nivel de principios y subprincipios de juego, en el momento de falta frontal cercana. La secuencia corresponde a la utilizada por el F. C. Barcelona durante la final de Champions League 2011 —solamente el principio dominante, ya que el complementario ha sido evolucionado de forma hipotética—:

FASE BALÓN PARADO OFENSIVO

MOMENTO FALTA FRONTAL CERCANA (dos tiradores con diferentes piernas hábiles. Un jugador en el costado exterior de la barrera —un metro separado de esta. Tres jugadores en posición de ataque del área; dos más ubicados en zona de rechace larga —no corta—; y dos más cerrando atrás)

Principio de juego dominante

Amagar un disparo directo para jugar hacia el balcón del área y descargar al jugador que gana la posición justo por detrás de la barrera

Subprincipio

Zona de intervención

El jugador que amagará el golpeo (10) estará más alejado del balón, pasando por encima de este y dirigiéndose hacia fuera. El jugador que realizará el pase (8) estará más cercano al esférico, y golpeará este raso y tenso hacia el balcón del área. El jugador que va a rematar a gol (11) se posicionará en el costado exterior de la barrera —a un metro de esta para cumplir con la normativa—, utilizando un movimiento de «voy y vengo» para quedar por detrás de la barrera y encarado a portería

Zona intermedia

Los jugadores en posición de ataque del área (6, 9, 3) se recargarán hacia el segundo palo, entrenado en diagonal a la vez que bloqueando a los defensores rivales, excepto uno de ellos (6), el cual realizará una diagonal hacia el balcón del área para recibir el pase y descargar —de primeras— hacia el rematador. A su vez, el lateral menos rápido (2) y el extremo (7) se posicionarán en la zona de rechace larga, para ofrecer espacio a la jugada

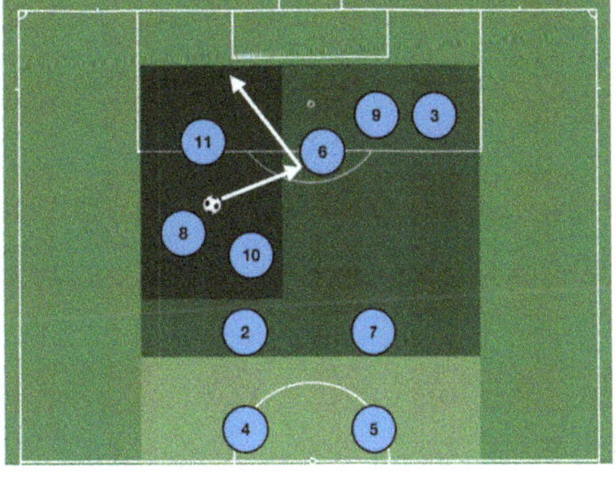

Zona lejana

El lateral (4) y central (5) más rápidos quedarán cerrando atrás, equilibrando al equipo

libro
futbol
.com

iCredit
MasterCard
Maestro
SONY make.believe 3D
Ford
NEW FOCUS
Ford

Principio de juego complementario 1

En caso de cerrarse la opción principal, podremos jugar con el compañero que pasó por fuera o bien centrar al 2 vs. 2 en el segundo palo

Subprincipio

Zona de intervención

Si los rivales disuaden las opciones de ejecutar la jugada principal, podremos utilizar al compañero que pasó por fuera (10), el cual deberá centrar de primeras, tenso y por delante. En última instancia, si ninguna opción se abre, el jugador cercano al balón (8) centrará directamente al 2 vs. 2 del segundo palo

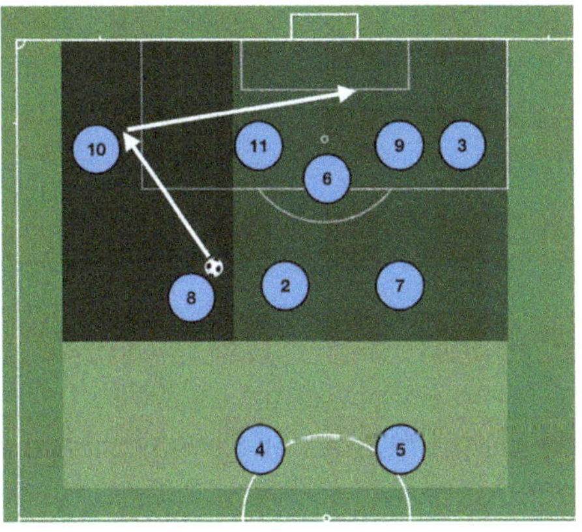

Zona intermedia

El jugador que quedó por detrás de la barrera (11) atacará automáticamente la zona del primer palo. Los compañeros ubicados dentro del área (9, 3) atacarán los espacios del segundo palo esperando conectar con el centro. El jugador que se movió al balcón del área (6) atacará el punto de penal. A su vez, los dos jugadores en la zona de rechace larga (2, 7) se acercarán a la frontal del área, quedando más cerca del posible segundo balón

Zona lejana

El lateral (4) y central (5) más rápidos ajustarán su profundidad, quedando igualmente cerrando atrás, equilibrando, así, al equipo

Tabla 14. Principios y subprincipios de juego organizacionales para el momento de falta frontal cercana a favor

Ejemplificadas todas las fases de juego a partir de principios y subprincipios de juego —aunque solo en algunos de sus momentos—, vamos a continuar avanzando ahora en la construcción del propio modelo de juego.

TERCERA PARTE

Tu organización dinámica

Es momento de completar las tablas referentes a la organización dinámica del equipo —el cajón para los fundamentos lo podrás dejar en blanco, a la espera del próximo capítulo.

Aunque las tablas tengan espacios limitados, recuerda que estas se podrán ajustar en función de tus propios momentos de juego, así como de los principios y subprincipios que plantees dentro de los mismos.

Una vez desarrollada esta parte tan importante en el proceso de construcción de tu equipo, vamos a seguir dando pasos, dirigiéndonos ya hacia el próximo capítulo.

El camino desde el subprincipio de juego hasta el fundamento del jugador

Como enlace entre este capítulo y el siguiente vamos a plantear una de las preguntas que más he recibido en los últimos diez años: ¿cómo puedo trazar la línea que distingue un subprincipio de juego de un fundamento?

Hay una parte de la respuesta que, curiosamente, se ha mantenido siempre igual durante todo este tiempo: «depende de hasta dónde uno quiera profundizar sus procesos metodológicos como entrenador».

Si se quiere llegar hasta las conductas que ofrecen los subprincipios, sin entrar en las situaciones específicas del juego, se podrá hacer perfectamente. Si queremos ahondar más y adentrarnos en la definición de situaciones para resolverlas más eficazmente, adelante. Lo que a uno le sirva como entrenador, tanto a nivel teórico como metodológico, será lo más correcto que pueda hacer.

A modo de ejemplo, vamos a recuperar la tabla que mostramos al inicio del capítulo para sumarle ahora los fundamentos de juego relacionado con la misma:

FASE DEFENSIVA (P-4-4-1-1)

MOMENTO DE BLOQUE ALTO DINÁMICO (P-4-3-1-2)

Principio de juego dominante
Orientar el balón hacia un carril lateral y presionar fuertemente el costado activo para recuperar la posesión o forzar el juego en largo dentro de la zona

Subprincipio

Zona de intervención
El delantero (9) abrirá la línea de pase hacia un central y lo encerrará hacia fuera, donde tanto extremo (11) como contención (6) reducirán el espacio respecto a su marca para evitar su recepción

Zona intermedia
El segundo delantero (10) evitará la circulación por dentro del rival, a la vez que el mediocentro ofensivo (8) lo ayudará disuadiendo a su par para que este no pueda recibir el balón. El lateral (4), primer central (5) y segundo central (3) también deberán disuadir a su par, a no ser que este se vaya con el compañero cercano, momento en que quedarán en funciones de cobertura de espalda. Finalmente, el extremo opuesto (7) cerrará el carril central

Zona lejana
El lateral (2) más alejado de la jugada cerrará los ángulos de presión hacia dentro, quedando en posición de interceptación y cobertura del compañero más próximo al mismo tiempo

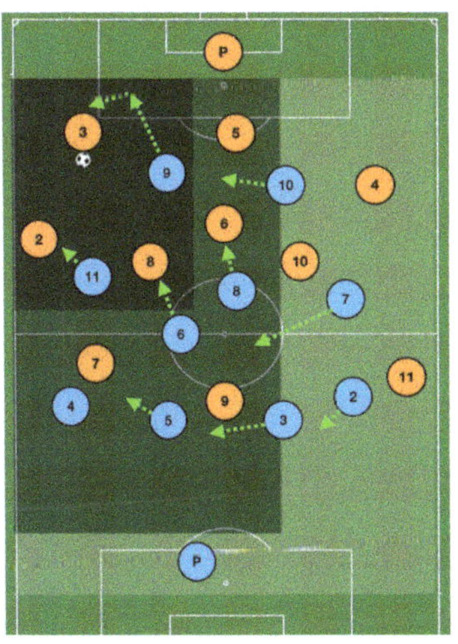

Fundamentos de juego

Universales

No ser desbordado en el acoso al posesor (9, 11, 6)

Por demarcación

Delantero más cercano (9): forzar el juego hacia un costado evitando el pase atrás hacia el portero

Extremo cercano (11): saltar a presionar a su par dentro del carril

Mediocentro contención (6): identificar la responsabilidad en la marca

Delantero más lejano (10): evitar el cambio de orientación por dentro

Mediocentro ofensivo (8): presión como segunda línea

Lateral cercano (4): reducir el espacio de recepción de su par

Central próximo y lejano (5 y 3): reducir el espacio de recepción de su par (con marca) o defender la espalda del compañero (sin marca) **componente asertivo-motriz*

Extremo lejano (7): recorrer zonalmente hacia dentro para generar equilibrio

Lateral lejano (2): recorrer hacia el centro hasta la altura del segundo palo de la portería, como máximo

Por Línea

Línea defensiva: equilibrio en amplitud y profundidad de la línea defensiva **componente asertivo-motriz*

Principio de juego complementario 1

Ante juego largo del rival, ganar el primer y segundo balón dentro de carril activo

Subprincipio

Zona de intervención

El extremo (11) y el contención (6) se acercarán a ganar un posible segundo balón. El lateral (4) y el central (5) tendrán una de estas dos opciones: ganar la disputa del balón o cubrirla. El central lejano (3) estará defendiendo a su par o bien en funciones de cobertura

Zona intermedia

El segundo delantero (10) y el mediocentro ofensivo (8), el cual saltó a presionar, recorrerán hacia abajo de forma secuencial, quedando prácticamente en línea vertical con los centrales. El extremo opuesto (7) acabará de cerrar hacia el carril central

Zona lejana

El primer delantero (9) ajustará su profundidad y el lateral (2) más alejado de la jugada ajustará hacia dentro, manteniendo siempre una posición intermedia que le permita llegar tanto al costado activo como al costado pasivo en pocos segundos

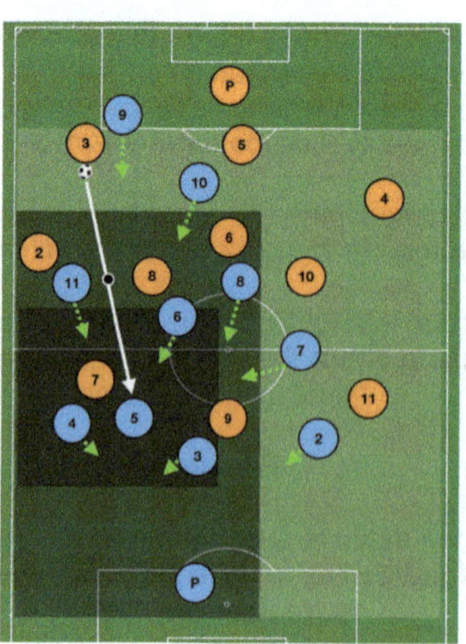

Fundamentos de juego

Universales

Defender hacia atrás cuando el balón nos supere (10, 11, 8, 6)

Por demarcación

Delantero más cercano (9): ajustar la profundidad del equipo

Extremo lejano (7): cerrar zonalmente por delante de la línea defensiva

Por línea

Línea defensiva (4, 5, 3, 2): no dejar botar el balón en la zona (disputa) o retroceder la posición ante disputas aéreas del compañero (no disputa) **componente asertivo-motriz*

Principio de juego complementario 2

Ante cambio de orientación, llegar a defender todo el equipo por detrás del balón lo más rápido posible, enlazando con el momento de bloque medio

Subprincipio	Fundamentos de juego
Zona de intervención El extremo (7), el lateral (2) y el mediocentro ofensivo (8) serán los que deberán llegar antes a la zona activa para evitar la progresión inmediata del rival	*Universales* Defender hacia atrás cuando el balón nos supere (9, 10, 8) *Por demarcación*
Zona intermedia Los centrales (5, 3) deberán recorrer con la línea defensiva para cubrir a los compañeros de la misma. El segundo delantero (10) y el mediocentro lejano (6) se desplazarán rápidamente hacia el carril central, quedando ubicados en este, aunque a diferentes alturas	Extremo cercano (7): saltar a presionar a su par dentro del carril Lateral cercano (2): recorrer inmediatamente para llegar a defender el cambio de orientación Mediocentro contención (6): cerrar zonalmente por delante de la línea defensiva
Zona lejana El punta que encerró (9), así como el extremo (11) y el lateral opuesto (4), los cuales quedaron más lejos del cambio de orientación, recorrerán en diagonal para compactar al equipo hacia la nueva zona activa	Extremo lejano (11): recorrer zonalmente hacia dentro para generar equilibrio Lateral lejano (4): recorrer hacia el centro hasta la altura del segundo palo de la portería, como máximo
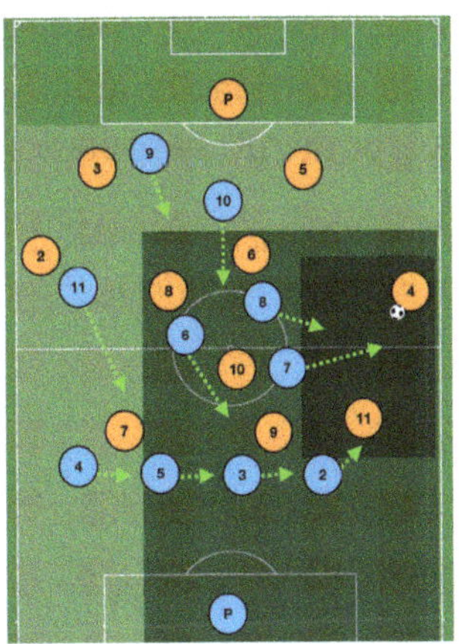	*Por línea* Línea defensiva (5, 3): equilibrio en amplitud y profundidad de la línea defensiva *componente asertivo-motriz

Tabla 15. Concreción de los subprincipios de juego mediante fundamentos (universales, por línea y por demarcación)

Todos los fundamentos utilizados en la tabla anterior responden a situaciones determinadas y particulares del juego que pueden ser entrenadas de forma específica para mejorar la eficacia y la eficiencia de nuestros jugadores al resolverlas.

Pero antes de entrar a desarrollarlas, deberemos entender el cambio de perspectiva en el cual nos encontramos inmersos.

Lo primero que aparece al pasar de un subprincipio a un fundamento es un cambio metodológico muy importante, como si de un giro en la perspectiva de entendimiento de los procesos de entrenamiento se tratara.

Hasta el momento hemos estado totalmente focalizados en un plano colectivo, pero como se ha podido entrever en la tabla anterior, con la aparición de las situaciones y los fundamentos que las resuelven, al hablar ya de respuestas óptimas a nivel de individuo, la óptica está realizando un giro hacia el jugador.

Esta nueva perceptiva tiene un nombre y corresponde a una corriente metodológica: el entrenamiento estructurado. El autor de esta forma de entrenamiento, Francisco Seirul·lo (2001), reflexionaba en una entrevista: «La metodología debe ajustarse a lo que la persona es capaz de hacer».

Para Seirul·lo (2000) el jugador está compuesto por diferentes estructuras, las cuales están estrechamente interrelacionadas entre sí —se presentarán de forma detallada en el momento apropiado.

Lo más importante en este punto del proceso será entender que trasladaremos el foco desde el colectivo hacia el individuo.

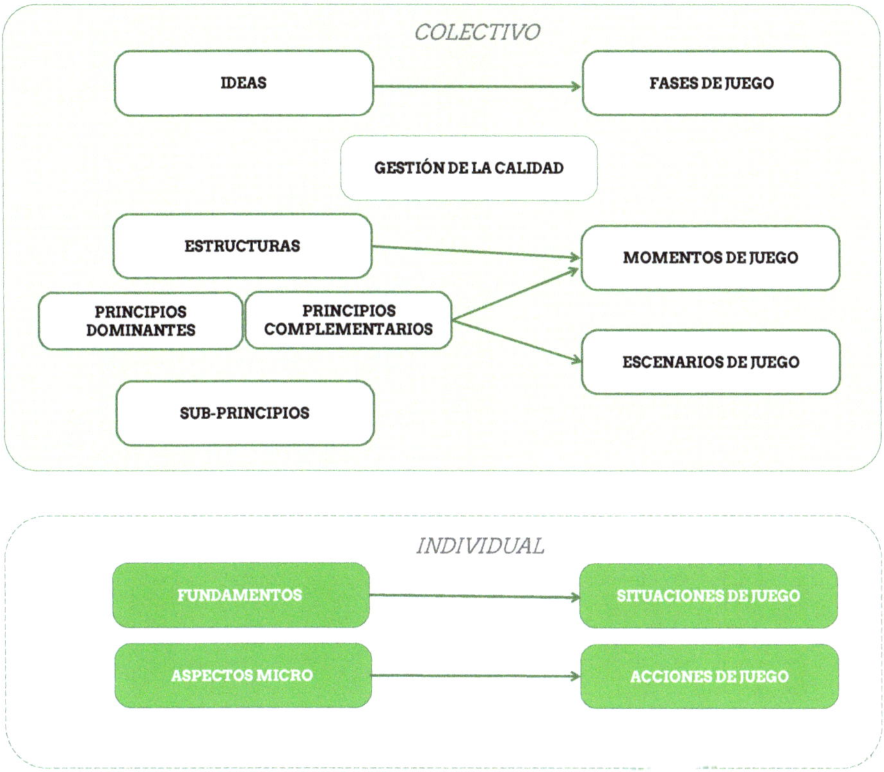

COLECTIVO

IDEAS → FASES DE JUEGO

GESTIÓN DE LA CALIDAD

ESTRUCTURAS → MOMENTOS DE JUEGO

PRINCIPIOS DOMINANTES

PRINCIPIOS COMPLEMENTARIOS → MOMENTOS DE JUEGO; ESCENARIOS DE JUEGO

SUB-PRINCIPIOS

INDIVIDUAL

FUNDAMENTOS → SITUACIONES DE JUEGO

ASPECTOS MICRO → ACCIONES DE JUEGO

Figura 23. Relación entre las estructuras del modelo de juego y la perspectiva a la cual hacen referencia

Siempre he pensado que el gran déficit en el fútbol de alto rendimiento —ojo, cada día menos— ha estado relacionado precisamente con la excesiva focalización en el desarrollo de los colectivos y, en consecuencia, al poco tiempo y energía destinados al desarrollo individual de los futbolistas. De hecho, fue este vacío el que me permitió trabajar como asesor táctico individual de jugadores en más de doce ligas del mundo.

En la NFL, por ejemplo, esto no ocurre debido a la gran cantidad de entrenadores especializados que tienen dentro del cuerpo técnico, los cuales pueden atender a todos los niveles del equipo: colectivo, grupos —como podrían ser las diferentes líneas— e individuos.

Vamos a ver entonces cómo podremos replicar el modelo anterior a nuestro deporte.

¡Llegó el momento de entrar en el mundo de los fundamentos de juego!

CAPÍTULO 7. QUINTO PILAR: LOS FUNDAMENTOS

«Un fundamento de juego es una respuesta óptima a un patrón situacional —determinado y específico— que aparece recurrentemente en el juego, y que puede ser ejecutada grupal o individualmente, ya sea de forma intencional o, tras internalizarla, de forma autorregulada».

Primera pregunta: ¿cómo podemos hablar de un cambio de perspectiva hacia la individualidad si un fundamento puede ser aplicado también de forma grupal?

Cuando uno salta de los momentos y escenarios hacia las situaciones, lo que está haciendo es mover la lupa de una intención colectiva —relacionada con un objetivo operativo establecido— hacia una intención individual —relacionada con una respuesta óptima.

Mientras el equipo defiende en bloque medio podríamos decir: están todos conectados con la finalidad de no permitir la progresión del rival y, en caso de presentarse la oportunidad, recuperar la posesión —intención colectiva.

Pero, en el mismo instante en que nos cambiamos las gafas de lejos por las de cerca y empezamos a profundizar en qué misión táctica

está cumpliendo cada uno de los jugadores del equipo dentro de ese bloque medio, estaremos ya conectando directamente con la intencionalidad táctica individual.

Y es ahí donde aparecerá el punto clave. Cuando la intención que un jugador tiene sea compartida con los compañeros más próximos a su posición —solo podrá ser con estos, a diferencia de la óptica colectiva, la cual permitía relacionar a todo el equipo por completo—, podremos decir que la aplicación de la misión táctica dentro de la situación será a nivel grupal.

Sea como sea implementada dicha respuesta —individual o grupal—, para que pueda ser considerada como un fundamento de juego deberá cumplir con las siguientes características:

- La acción deberá responder a una situación de juego específica y determinada a nivel de patrón —claro está que no se encontrarán dos jugadas iguales, pero sí con los mismos patrones base.
- La acción deberá resolver la situación de forma óptima en la gran mayoría de las ocasiones —solo el azar, por ejemplo, un resbalón, o un error a nivel micro como, por ejemplo, un mal rechace defensivo o un mal control ofensivo, deberían evitar que así fuera.
- La situación por resolver deberá aparecer de forma recurrente en el juego. En consecuencia, los jugadores la estarán viviendo con frecuencia.

Cuando una acción cumpla con los tres parámetros anteriores podrá ser considerada como una respuesta óptima a cierta situación —en otras palabras, un fundamento de juego.

PRIMERA PARTE

Tipos de fundamentos: ordenación y distinción

Como ya sabemos, las fases del juego están compuestas por momentos, los momentos pueden evolucionar a escenarios, y dentro de todos los anteriores podremos encontrar las situaciones.

Recordemos en este punto que el entrenador siempre tendrá la libertad de escoger si su nivel de concreción se queda en los subprincipios de juego, o bien si lo sigue elaborando hasta llegar a los fundamentos.

Yo, personalmente, combino ambos según más me sirva en cada caso en particular, tanto a nivel declarativo como procedimental.

Con la finalidad de ordenarlos, los fundamentos de juego se agrupan por bloques. Esa ordenación proviene de la relación acción-juego, quedando dentro de un mismo bloque de fundamentos todas aquellas respuestas que se relacionen de la misma forma con el juego.

Imaginemos que estamos inmersos en la fase defensiva, concretamente en el momento de la defensa del área, y en una situación de posible centro lateral por parte del rival.

¿Habrá fundamentos para la resolución de esa situación? Obviamente, sí, los habrá.

Ante la situación de un posible centro lateral al área aparecerá un fundamento muy importante, referente a todos los jugadores presentes dentro de la misma en ese instante, llamado «defender individualmente a los posibles rematadores en los centros».

¿A qué bloque de fundamentos pertenecerá dicha respuesta óptima? A un bloque llamado «defensa de la zona de riesgo».

Eso significará que todos los fundamentos que pertenezcan a ese bloque estarán vinculados con la protección de los espacios más cercanos a la propia portería.

Vamos a ver qué otros fundamentos podríamos encontrar dentro de este bloque de «defensa de la zona de riesgo».

Estaría un fundamento universal llamado «continuar con la defensa después de la primera jugada»; otro vinculado a la posición del mediocentro contención, que lleva por título «incorporarse como central en caso de haber un desequilibrio en la zona central del área»; también uno para la línea defensiva de «retrasar rápidamente la posición ante posible centro entre la línea defensiva y el portero»; entre otros muchos más.

Fijémonos que han aparecido respuestas óptimas referentes a demarcaciones, a líneas, en diferentes espacios del terreno de juego, en contextos distintos y con intenciones tácticas muy particulares. A pesar de todas esas diferencias, aquello que acabarán produciendo estas resoluciones tácticas en el juego será lo mismo: una protección de los espacios más cercanos al gol.

Ofensivamente, también encontraremos varios fundamentos dentro de un mismo bloque —aun respondiendo nuevamente a situaciones diferenciadas . Un buen ejemplo sería aquellos que producen una movilización del juego ofensivo del equipo. Este grupo de respuestas óptimas será importantísimo para conseguir alta fluidez y armonía durante el juego ofensivo.

Existen muchos más bloques de fundamentos, los cuales, si nos fijamos bien, están siempre divididos entre la fase de posesión y la de no posesión, y el mismo nombre que utilizan sirve para definir aquello que producirán en el juego: «identificación de la marca», «movilización del ataque», «defensa del espacio», «garantizar el inicio del juego», «mantener el equilibrio», etc.

Una vez tenemos los fundamentos de juego agrupados por bloques, deberemos distinguir a qué tipología hacen referencia.

¿Implican a cualquiera de los jugadores que se encuentran dentro de una zona específica del terreno de juego? Entonces serán fundamentos universales.

¿Implican a un grupo de jugadores cercanos entre sí que generan una determinada disposición en el equipo? Entonces estaremos hablando de fundamentos de línea.

¿Implican a un solo individuo que resuelve la situación a partir de una demarcación concreta? En ese caso, los fundamentos serán por demarcación.

Tal y como ya hemos comprobado en los ejemplos anteriores, dentro de un mismo bloque podremos encontrar todos los tipos anteriores de fundamentos que, aun produciendo lo mismo en relación con el juego, estarán vinculados a situaciones totalmente particulares.

Los fundamentos universales

Antes de continuar, hay una pregunta que siempre surge durante la exposición de los fundamentos de juego en cualquier auditorio: ¿cómo se obtienen estas respuestas óptimas?

La explicación es la siguiente: observando cómo los mejores equipos y jugadores del mundo —en Mundiales, Eurocopas, Copas América, Champions League y Copa Libertadores— resuelven los patrones de situaciones detectadas como frecuentes en el juego. Obviamente, esta observación sistemática es posteriormente tratada de forma estadística para comprobar el grado de eficacia de las respuestas, considerándolas o no como óptimas.

Hablando ya de los universales, este tipo de fundamentos hacen referencia a cualquiera de los jugadores que se encuentre dentro de una zona determinada del terreno de juego en el instante en que aparezca el patrón identificado. Podrá ser un solo jugador, dos, tres..., sin importar la demarcación o la línea a la cual pertenezcan.

¿Un ejemplo?

Imaginemos que el balón, en la zona media de la cancha, supera la altura de los jugadores allí ubicados —un pase filtrado elimina a la línea de cuatro mediocentros en una estructura P-4-4-2. ¿Cómo deberán responder dichos jugadores ubicados en la zona media del

campo? La respuesta óptima dice que deberían «defender hacia atrás si el balón supera nuestra posición».

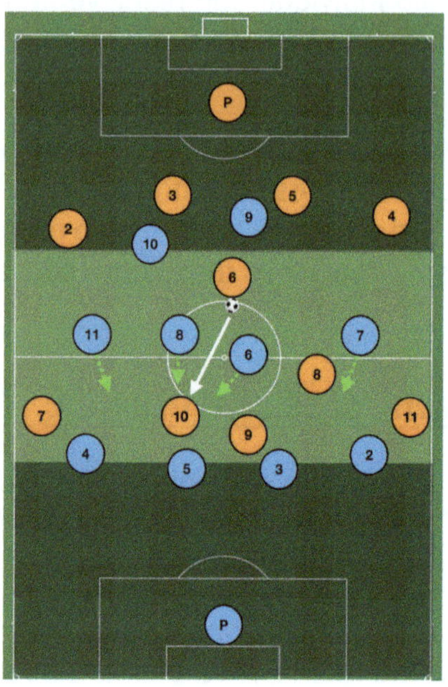

Figura 24. Representación gráfica del fundamento universal defensivo de zona media «defender hacia atrás si el balón supera nuestra posición»

Habrá fundamentos universales que se referirán a la fase de posesión y otros a la fase de no posesión, de la misma forma que habrá fundamentos universales en zona alta, zona media y zona baja. Precisamente, resultante del cruce de estos dos parámetros es de donde saldrá la especificación de cada respuesta óptima considerada como universal.

Vamos a ver ahora un ejemplo de fundamento universal ofensivo en zona alta, llamado «ofrecer un apoyo tras realizar un pase». Esta respuesta óptima hace referencia a que todo jugador que esté en la zona avanzada del terreno de juego durante la fase de posesión y realice un pase dentro de la misma, deberá automáticamente ofrecer un apoyo de cualquier tipo: apoyo de continuidad, de emergencia, de ruptura, de progresión, etc.

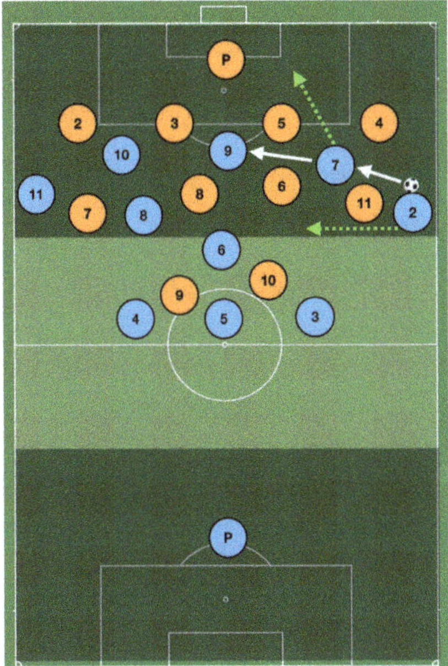

Figura 25. Representación gráfica del fundamento universal ofensivo de zona alta «ofrecer un apoyo tras realizar un pase»

En muchos equipos este concepto se llama «doy y voy», y tiene una gran importancia dentro de zonas avanzadas para poder dotar al equipo de constantes opciones de circulación del balón entre la telaraña de densidad defensiva rival.

Los fundamentos de línea

Estos fundamentos son los más complejos, debido a que integran un grupo de jugadores dispuesto de una forma determinada —estructuralmente hablando— para el equipo, los cuales deberán coordinar sus conductas compartiendo una misma intención táctica.

Recuperando una parte de las tablas mostradas en el capítulo referente a los principios y subprincipios de juego, vemos que hay una nota en el fundamento de línea que alerta de un componente asertivo-motricidad —marcado en verde. ¿Qué significa eso?

Fundamentos de juego

Universales

Defender hacia atrás cuando el balón nos supere (9, 10, 8)

Por demarcación

Extremo cercano (7): saltar a presionar a su par dentro del carril

Lateral cercano (2): recorrer inmediatamente para llegar a defender el cambio de orientación

Mediocentro contención (6): cerrar zonalmente por delante de la línea defensiva

Extremo lejano (11): recorrer zonalmente hacia dentro para generar equilibrio

Lateral lejano (4): recorrer hacia el centro hasta la altura del segundo palo de la portería, como máximo

Por línea

Línea defensiva (5, 3): equilibrio en amplitud y profundidad de la línea defensiva **componente asertivo-motriz*

Tabla 16. El componente asertivo-motriz dentro de los fundamentos grupales

Ese detalle significa la necesidad de coordinación de respuestas entre jugadores para resolver la situación donde se encuentran inmersos. Metodológicamente, deberá entrenarse mediante contextos que promocionen la motricidad asertiva. Ese punto será muy importante, sobre todo en cuanto al diseño de tareas de entrenamiento para el desarrollo de este tipo de fundamentos.

Siguiendo con el hilo conductor del apartado, en muchas ocasiones, cuando planteamos el concepto de «línea», automáticamente pensamos en disposiciones horizontales, ¿verdad?

No vamos nada mal encaminados. Pero hay que matizar. Una línea del equipo también podría ser el triángulo entre los tres mediocentros —el 6, el 8 y el 10. Esa disposición ya no sería horizontal, sino triangular.

¿Y dónde quedan las disposiciones totalmente verticales, como podría ser lateral-extremo o enganche-punta? Este tipo de relaciones se coordinan con base en la aplicación de sus fundamentos individuales por demarcación. Cuanto mayor sea esta coordinación entre demarcaciones, más cerca estaremos de crear constelaciones.

Recuerdas ese concepto, ¿verdad? Pues la forma de entrenarlo es optimizando la relación entre jugadores a partir de su accionar, con la finalidad de interconectar sus respuestas óptimas.

Otro inciso clave para profundizar en estas resoluciones tácticas grupales será que algunas de ellas aparecerán de forma simultánea y otras, aunque se compartirán entre integrantes de una misma línea, no se aplicarán al mismo tiempo. Este último tipo de actuaciones serán menos complejas, debido a que no implicarán necesariamente una coordinación entre futbolistas.

¿Te parece que utilicemos un ejemplo, uno de fase de posesión y otro de fase de no posesión, para representar cómo serían este tipo de conceptos aplicados al juego?

La imagen que se presenta a continuación corresponde al fundamento de línea defensiva «mantener la amplitud y la profundidad intra e interlineal». Esta respuesta óptima se utilizará en fase de no posesión y de forma simultánea por todos los integrantes de la línea defensiva —marcados con círculo rojo—:

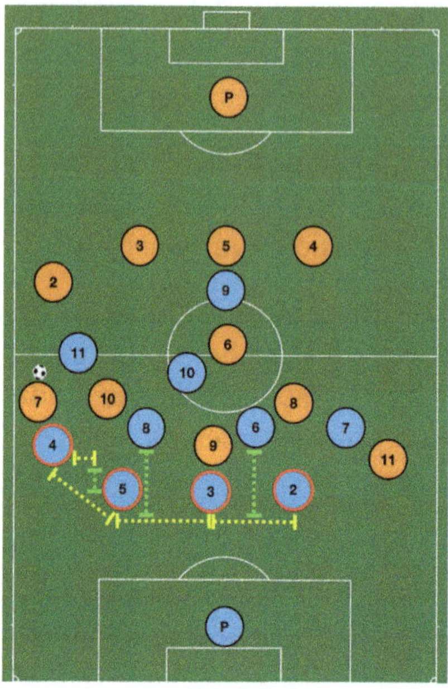

Figura 26. Representación gráfica del fundamento para línea defensiva, simultáneo y en fase de no posesión, de «mantener la amplitud y la profundidad intra e interlineal»

Como podemos ver en la imagen anterior, en amarillo se marca la amplitud de la línea defensiva y en verde la profundidad de la misma —tanto entre los jugadores que la componen como entre la línea la defensiva y la de medios.

¿Cuántas veces nuestra línea defensiva ha dejado espacios abiertos —llamados intervalos— entre jugadores de la misma línea, o no ha acompañado la presión de los mediocentros, abriendo así grandes espacios a espaldas de estos?

Pues bien, el fundamento presentado persigue la intención de evitar esos intervalos de juego tan peligrosos para nuestro equipo en fase de no posesión —opuestamente, serán muy importantes de encontrar durante la fase de ataque.

Continuemos con otro ejemplo, esta vez para la fase de posesión y de uso no simultáneo. El siguiente fundamento se llama «alternar los desmarques al pie y al espacio». Esta respuesta óptima, compartida por todos los integrantes de la línea de delanteros, no tiene la finalidad de ser ejecutada al mismo tiempo. Solo hace referencia a que, como integrante de la línea más avanzada del equipo, debo combinar mis movimientos al pie con otros al espacio.

La pregunta es: si no tiene la finalidad de ser coordinado entre jugadores, ¿por qué este fundamento es de línea y no individual por demarcación? La respuesta ya se introdujo anteriormente: porque al ser la misión táctica igual para todos los integrantes de la línea de delanteros —puntas y extremos—, a nivel metodológico podrá ser presentada y entrenada la misma vez. He aquí el porqué se considera un fundamento de línea —compartido, pero no simultáneo.

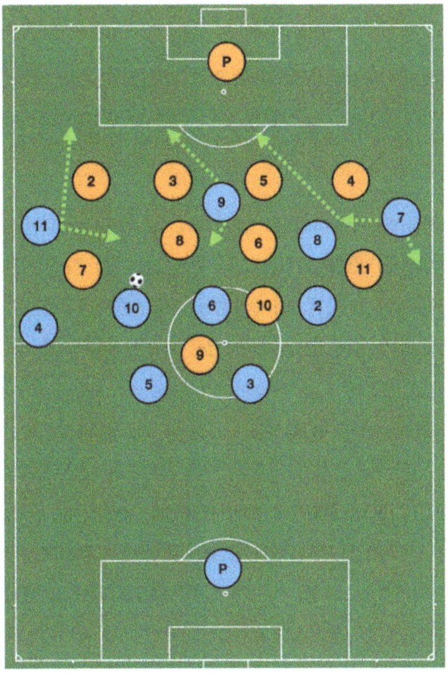

Figura 27. Representación gráfica del fundamento para línea de delanteros, en fase de posesión y no simultáneo, de «alternar los desmarques al pie y al espacio»

Ahora bien, cuando los jugadores ya dominen el fundamento anterior, les introduciremos automáticamente otro, el cual sí será compartido y simultáneo, llamado «coordinar movimientos ofensivos entre posiciones».

Este fundamento de línea, el cual tendrá la finalidad de ser aplicado al mismo tiempo, precisará como base la correcta ejecución del anterior, pero irá un peldaño, o dos, más arriba. Ahora deberemos ser

capaces de coordinar —entre los integrantes de la línea de delanteros— los desmarques de apoyo y de ruptura en diferentes espacios y momentos —escalar jugadores al pie y al espacio será clave para desequilibrar el sistema defensivo rival.

Los fundamentos por demarcación

Los últimos fundamentos que presentaremos son los que corresponden a cada una de las demarcaciones: portero, centrales, laterales —o carrileros—, mediocentros contenciones, mediocentros ofensivos —interiores o enganches—, extremos —o volantes— y delantero centro.

Cada una de estas demarcaciones tendrá ciertos patrones situacionales a resolver, los cuales se repetirán recurrentemente dentro de su zona de actuación.

Pensemos: ¿deberá el portero cubrir la espalda de la línea defensiva para defender posibles balones al espacio trasero? ¿Cuántas veces deberán los laterales reducir el espacio de recepción de los extremos rivales en movimientos de apoyo de estos? ¿Y cuántas veces deberán los centrales, ya sea como primer o segundo central, defender desmarques al espacio de los delanteros rivales? ¿Los mediocentros contenciones deberán reequilibrar la línea defensiva muchas veces? ¿Y los mediocentros ofensivos cuántas veces deberán buscar un intervalo de recepción para progresar en el juego? ¿Podría ser que los extremos tengan que resolver una importante cantidad de situaciones de 1 vs. 1? ¿Y no crees que los delanteros centros estarán, una y otra vez, realizando entradas en el área rival para buscar un remate?

Las respuestas a todas estas situaciones, que se presentarán constantemente en el juego, las vamos a encontrar en los fundamentos por demarcación, los cuales también se dividirán dependiendo de la fase a la que correspondan. Cabe destacar que, aunque no en la misma cantidad, todas las demarcaciones tendrán fundamentos de ataque y de defensa.

Vamos a ejemplificar algunos de ellos —un fundamento para una demarcación de cada línea del equipo—:

Fundamento defensivo para laterales dentro del bloque «defensa del espacio».

Reducir el espacio de juego ante una posible recepción al pie del extremo

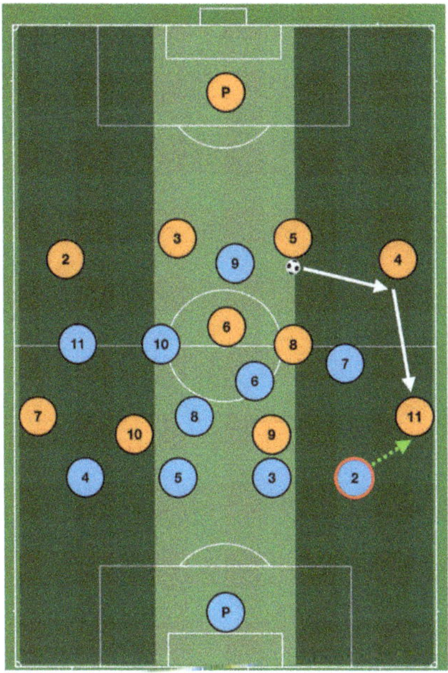

Figura 28. Representación gráfica del fundamento para laterales, en fase de no posesión, de «reducir el espacio de juego ante una posible recepción al pie del extremo»

Fundamento ofensivo para mediocentros contenciones dentro del bloque «ofrecer apoyos».

Realizar apoyos en diagonal a la espalda del jugador rival más próximo para superarlo

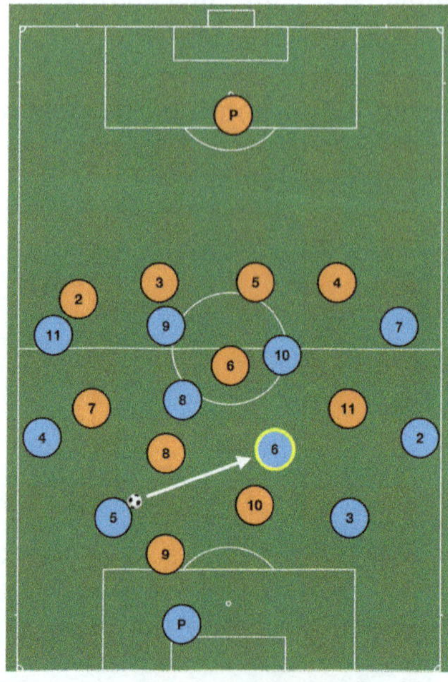

Figura 29. Representación gráfica, acompañada de foto real de partido, del fundamento para mediocentros contenciones, en fase de posesión, de «realizar apoyos en diagonal a la espalda del jugador rival más próximo para superarlo»

Fundamento defensivo para delanteros centro dentro del bloque «defensa del espacio».

Orientar el juego del equipo rival hacia los carriles laterales

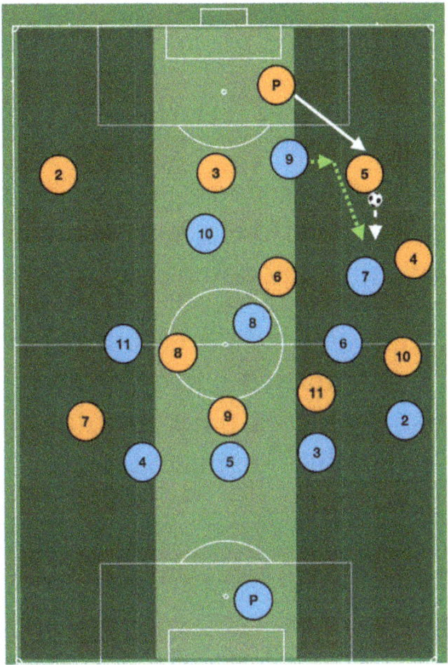

Figura 30. Representación gráfica del fundamento para delanteros, en fase de no posesión, de «orientar el juego del equipo rival hacia los carriles laterales»

Si nos fijamos en el primer y último ejemplo, ambos correspondientes al bloque de «defensa del espacio», tanto el lateral como el delantero están inmersos en fase defensiva y ejecutando una respuesta de juego que, aunque dirigida hacia el receptor del balón, estará totalmente vinculada a producir una defensa del espacio.

Ahora bien, incluso produciendo lo mismo dentro del juego —defender un espacio—, la intención táctica de cada respuesta será diferente: en el caso del lateral se reducirá el espacio de recepción del extremo para que no pueda jugar en progresión, y en el caso del delantero se cerrará el ángulo espacial de juego del central para enjaularlo con la ayuda de la línea de banda.

Muchos de los fundamentos que hemos visto aparecieron ya cuando presentábamos los principios y subprincipios de juego, ¿verdad?

Piensa que el juego del fútbol —aunque lo reducimos para estudiarlo— es un fenómeno indisociable. Por tanto, siempre que conectemos

con un nivel de concreción, habrá otros que estarán íntimamente ligados al mismo, aunque a veces no se mencionen como tales para no generar distracción.

El desarrollo de los fundamentos

Con toda la razón del mundo dirás: ¿es posible que un fundamento, con lo complejo que parecía al inicio, sea tan sencillo como una acción de juego y una representación gráfica de la misma?

Obviamente, no. ¿Qué nos faltará entonces? Nos faltaría desarrollar la descripción de la situación a la que estamos respondiendo, así como los conceptos necesarios para ejecutar la acción de la forma más eficaz y eficiente posible —aspectos micro.

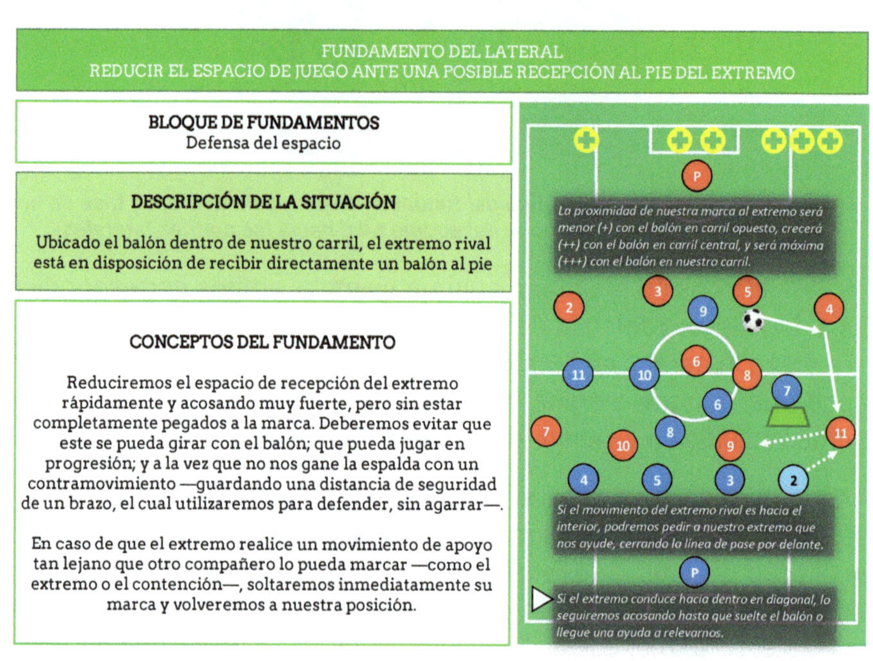

Vamos, pues, a desarrollar al detalle uno de los fundamentos anteriores, para poder observar el nivel de profundidad al cual llega una respuesta óptima.

Figura 31. Descripción detallada del fundamento para laterales, en fase de no posesión, «reducir el espacio de juego ante una posible recepción al pie del extremo», acompañada de foto real de partido

Como podemos observar en la imagen anterior, el fundamento presenta cuatro informaciones muy importantes:

- Bloque de fundamentos: producción que se busca generar en el juego.
- Descripción de la situación: contexto de aplicación de la respuesta óptima.
- Conceptos del fundamento: cómo ejecutar la acción de forma efectiva —mediante parámetros micro.
- Representación gráfica con especificaciones importantes: exposición visual de la acción con detalles de aplicación complementarios —aunque muy relevantes.

A partir de toda la información anterior, para acabar de optimizar al máximo las acciones de nuestros jugadores, solamente nos quedaría hacer un poco más de *zoom*, poniendo así el foco metodológico en todo lo micro o nano.

Podríamos preparar trabajos destinados a la mejora de detalles como la coordinación motriz necesaria para la aceleración y la desaceleración del acoso en la acción de acercamiento hacia el extremo,

el correcto uso de los brazos, la acomodación del centro de gravedad, la orientación corporal, la suma de pasos en carrera lateral, etc.

Diferenciar lo micro de lo intuitivo

Tras descubrir qué situaciones están resolviendo de forma recurrente cada uno de nuestros jugadores, pudiendo así generar respuestas óptimas a dichas situaciones específicas y determinadas que encontraremos dentro de los momentos y escenarios, aún podremos ir un paso más allá.

Cada una de las respuestas deberá tomar en cuenta la psicomotricidad del jugador relacionada con la misma, poniendo así en juego una serie de parámetros micro que permitirán aumentar la efectividad en la implantación de la acción dentro del entorno.

Analizando los entrenamientos de Bielsa, este tiene una impresionante capacidad para preparar contextos de desarrollo dirigidos a los aspectos específicos de implementación de acciones dentro del juego, los cuales podrán ayudar muchísimo a sus jugadores a resolver situaciones del mismo —incluso aquellas al límite de la lógica.

Entonces, con la aplicación de los fundamentos y sus conceptos micro podremos acceder a la resolución de una cantidad inimaginable de situaciones del juego. Pero... ¿qué pasará cuando estos elementos tan específicos tampoco permitan solventar de forma óptima una jugada en concreto?

Ahí es donde deberemos diferenciar los parámetros micro de la calidad intuitiva del futbolista. Los primeros estarán estrechamente relacionados con los fundamentos y, por ende, serán entrenables. La intuición, en cambio, estará relacionada con la calidad última del jugador, propiedad muy dificultosa de estimular —se necesitan contextos preferenciales para solicitar las estructuras creativo-expresivas del individuo.

¿Cómo entrenaríamos al extremo para que recibiera con tiempo, espacio y trayectoria adecuada para encarar a su defensor?

La respuesta es clara: mediante el trabajo del fundamento correspondiente a esa situación y sus aspectos micro.

Ahora bien, si tres defensores encerraran a dicho jugador tras recibir el balón; ¿cómo podríamos entrenarle la habilidad de sacárselos de encima?

Ese tipo de resoluciones son las que se tratan de evidenciar cuando se utiliza el término de calidad intuitiva.

Algo que podría estar relacionado con esto y que me llamó mucho la atención fue cuando Pachuca decidió construir un campo cubierto de césped artificial dentro del complejo deportivo. Esta nueva instalación, donde entrenaban mayormente los porteros del club, se llenaba de jóvenes que, al salir de clases, iban directamente a jugar en el nuevo campo de entrenamiento.

Al cabo de un tiempo, escuchando a Marco Garcés —director deportivo del Pachuca— hablar sobre la utilidad de ese nuevo campo, me di cuenta de que una de las intenciones que perseguía esa iniciativa estaba precisamente relacionada con los parámetros intuitivos del futbolista. Con esa cancha allí, los chicos y chicas se juntaban para jugar de forma libre. Sin normas, sin reglas, sin condicionantes. Solo un balón y dos porterías. Estimulación pura de la creatividad.

Por lo tanto, podríamos decir que donde no llegue ni la estructura, ni la organización dinámica, ni el fundamento, ni el trabajo micro, deberá llegar la calidad intuitiva última del jugador para resolver situaciones totalmente inesperadas y altamente complejas.

Por eso, en anteriores capítulos se ha insistido tanto en gestionar correctamente la calidad, para que esas soluciones intuitivas sean aplicadas de la forma más acertada posible, permitiéndonos resolver todo aquello que no tenemos previsto que ocurra durante el juego.

Piensa que ese tipo de escenarios tan incontrolables, a la vez que incomprensibles, están apareciendo día sí día también en el fútbol. En consecuencia, los equipos que tienen todo lo anterior muy trabajado, pero sus futbolistas presentan una inferioridad cualitativa respecto al rival, podrían no ganar el partido debido a la incorrecta solución de ese tipo de jugadas.

A modo de ejemplo, voy a explicar una breve una historia.

Érase una vez un jugador que le cayó un rechace dentro del área pequeña rival. Estaba solo para empujar el balón al fondo de la red, pero este venía con efecto y al caerle a su pierna no hábil, lo voló por encima del larguero. Minutos más tarde, a su compañero defensor, el central del equipo, le pasó exactamente lo mismo, pero dentro de su propia área. Sí consiguió contactar el esférico para sacarlo de la zona de peligro, pero no fue capaz de orientarlo hacia los costados. De ese rechace al centro nació el gol que decantó la balanza a favor del equipo rival.

Ahí es cuando aparece uno de los conceptos que más gustaron de Perarnau (2014) sobre Guardiola: «Su idea del fútbol pretende reducir al máximo la intervención del azar».

Cuanto menos dejemos al azar, mejor, y eso se consigue entrenando mucho y muy bien. No obstante, si ese azar nos pone irremediablemente a prueba —como en la situación presentada en el párrafo anterior—, mejor que tengamos jugadores capaces de hacerle frente.

Es evidente que no podremos contemplar el hecho de que durante un partido nos van a caer dos rebotes, uno en cada área, con efecto y a la pierna no dominante —a los cuales deberemos responder eficazmente. De hecho, no creo que tengamos que buscar ejercicios para entrenar ese tipo de situaciones tan improbables del juego. Pero sí podríamos enfocarnos en el desarrollo de cierto grupo de habilidades para hacerles frente: trabajo de la pierna no hábil, entrenamiento de rechaces, técnica de golpeo en balones a media altura que no vengan planos..., y un millón de detalles más.

No obstante, habrá algunas de esas situaciones límite que escaparán por completo a toda ley racional, como podría ser aquel balón de falta frontal directa que rebota en el hombro de nuestro jugador más externo de la barrera y se cuela por el ángulo de la portería. Ese sería un gol que no se podría evitar de ninguna forma, ni mediante el trabajo micro ni con la calidad última del jugador, ¿verdad?

Un momento... Pensando profundamente, en realidad sí habría una forma de evitarlo: viendo lo que pasó en las jugadas anteriores a la falta y evitando llegar a esa instancia.

Un entrenador con mucha experiencia me dijo una vez: «Siempre que te metan un gol, no veas la jugada de donde proviene, sino las jugadas anteriores. En la gran mayoría de las ocasiones habrá algo entrenable que podríamos haber hecho mejor para evitar llegar a la situación que provocó ese tanto en contra».

Considerando visiones como la de ese entrenador es cuando nos daremos cuenta de lo cruciales que pueden llegar a ser todos los detalles presentados, dentro de nuestro modelo de juego.

Implementación de los fundamentos: aislados, encadenados o fusionados

Cabe destacar que la implementación de los fundamentos dentro del juego se puede realizar de distintas formas. Dichas formas proporcionan una aproximación conceptual puramente natural del juego y, a su vez, concretan una parte indispensable del entrenamiento a nivel metodológico.

De esta forma, para entrenar los fundamentos de la mejor forma posible deberemos conocer cómo estos pueden aparecer durante el juego, siempre teniendo en cuenta que consideraremos las acciones de juego —aunque dentro de un contexto colectivo— como individuales:

- *Los fundamentos de aparición aislada* son aquellos que se utilizan de forma unitaria. Inician su función y la terminan, para seguir con el transcurso del juego. Un ejemplo de este tipo de fundamentos sería el del central de «defender la espalda del compañero como segundo central». Esta respuesta óptima emerge durante la situación específica que la solicita y finaliza para seguidamente dar paso a otros fundamentos.
- *Los fundamentos de aparición encadenada* son aquellos que se enlazan para resolver dos situaciones de juego que, a nivel de patrón, aparecen una tras otra en la mayoría de las ocasiones. Por ejemplo, el fundamento del extremo de «ofrecer opciones de pase en amplitud con un movimiento en U», normalmente, se encadenará con el fundamento de «generar ventajas a través del control orientado del balón». Ambos fundamentos suelen apare-

cer de forma enlazada en el juego —primero uno y luego el otro— y se potencian de una forma impresionante cuando ambos se encadenan correctamente.

- *Los fundamentos fusionados son aquellos que se ejecutan simultáneamente durante la resolución de una situación. Cuando el central está realizando el fundamento de «cubrir al compañero de la línea defensiva que defiende al poseedor del balón» y tiene a su vez un atacante a marcar —jugando contra un equipo que iguala el 4 vs. 4 arriba, por ejemplo—, deberá fusionar el primer fundamento con otro, el de «defender la propia espalda como primer central».*

El último ejemplo presentado es uno de los más complicados de ejecutar por parte de un central. Este deberá utilizar una posición totalmente intermedia para poder quedar entre la ayuda al compañero que defiende al posesor del balón y la defensa de su atacante a marcar por si este intenta ganarle la espalda.

Si siguiéramos añadiendo fundamentos a la situación —en este caso uno de universal para la zona baja—, este central, además de todo lo anterior, debería «orientarse para visualizar atacante a marcar y balón de forma simultánea».

Y luego dicen que jugar al fútbol es correr detrás de una pelota...

Vamos a representar gráficamente esa situación tan compleja:

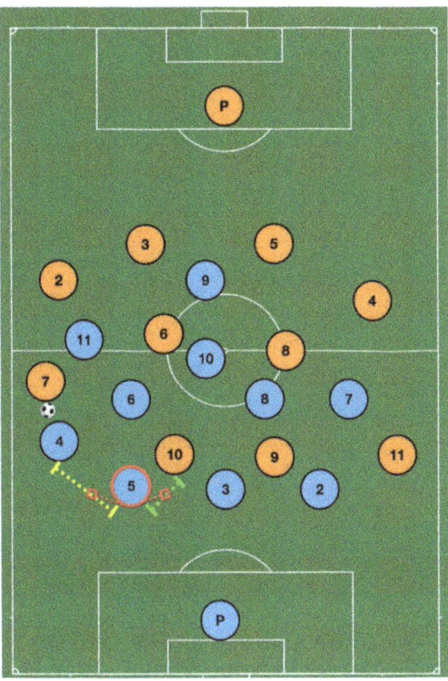

Figura 32. Representación gráfica de los fundamentos fusionados para el central, en fase de no posesión, de «cubrir al compañero de la línea defensiva que defiende al poseedor del balón», «defender la propia espalda como primer central» y «orientarse para visualizar atacante a marcar y balón de forma simultánea»

Será importante aclarar un punto del accionar en este tipo de situaciones tan complejas: siempre que se dude entre la utilización de un fundamento u otro se deberá cumplir con el más efectivo. En el caso anterior sería el de «defender la propia espalda como primer central». Aunque dejemos el mano a mano afuera, el lateral tendrá otros fundamentos entrenados y desarrollados —propios de su demarcación— para poder solventar, por sí mismo, ese tipo de situaciones de 1 vs. 1.

Presentando una imagen real de partido —entre México y Alemania en el Mundial de Rusia 2018—, este supuesto será aún más complejo que el anterior: quedando el lateral fijado por el posesor mientras un atacante en amplitud se mueve a su espalda, el central próximo —jugador que nos interesa observar—, tiene al delantero muy cerca y con opciones de ganarle la espalda en dirección a portería.

Imagen 50. Foto real de partido mostrando una situación muy compleja para el central próximo al balón (resaltado en blanco)

Siguiendo con la evolución de la jugada, vamos a ir resolviendo la misma mediante los fundamentos que implican a compañeros de la línea defensiva —vamos a «rizar el rizo»—:

Si el balón fuera filtrado a la espalda del lateral, el central próximo —marcado en blanco— debería salir en diagonal a proteger la espalda de su compañero. En ese momento, el otro central —el intermedio— activaría el fundamento de «defender la espalda de mi compañero como segundo central» para tomar la marca del delantero hacia el costado activo. Además, el lateral opuesto debería estar utilizando otro fundamento en relación con el tercer central —México estaba jugando con línea de cinco defensores en ese momento—, llamado «ubicarse a la altura del central cercano para deshabilitar espacio útil en profundidad».

Podrás pensar: al activar tantos fundamentos en dirección al costado donde está ubicado el balón, ¿qué pasaría si el rival se frenara y girara el juego?; ¿no estarían los alejados muy libres de marca?

Como ya habrás imaginado, existen fundamentos que permitirán llegar a su defensa durante el viaje del balón hacia la zona pasiva de juego. Obviamente, de todas las opciones que tendría el posesor del balón en la jugada anterior, si acabara jugando hacia atrás —pase que podríamos clasificar como permitido— para circular el balón hacia el otro lado, el equipo podría llegar a defender la acción eficazmente.

Para terminar, ¿qué es un pase permitido? En mis estudios de UEFA A, el profesor Dani Fernández (2018) nos explicó que cerrar todas las opciones de pase no era algo realmente factible en el fútbol, así que en muchas ocasiones deberíamos escoger.

Recomendó que el equipo eligiera cerrar los pases no permitidos, que serían aquellos que, si el rival consigue enlazar, costarían mucho de defender. Claro está que al cerrar esos pases tan peligrosos se abrirán irremediablemente otros pases, a los cuales llamaremos permitidos. Entonces, si el equipo rival decide aprovecharlos —algo muy natural—, siempre se podrá llegar a defenderlos de una forma mínimamente eficaz, ya que su ejecución no generará un peligro inminente para nuestro equipo.

Esta idea me ayudó mucho a entender qué fundamentos priorizar con mis jugadores en ciertas situaciones relacionadas con los momentos de no posesión.

SEGUNDA PARTE

Aplicación práctica de los fundamentos

¿Recuerdas que en el capítulo anterior, en la presentación de los principios y subprincipios de juego referentes al momento de defensa del área, dejamos los fundamentos vinculados a los mismos para más adelante? Pues llegó el momento de verlos.

Decíamos que para «evitar la finalización a gol» se utilizó una estructura dinamizada a partir de un principio de juego, el cual acabaría vinculándose a una serie de fundamentos que trascenderían a los subprincipios —recuerda que esa era una decisión puramente personal.

Aquí se rescata la tabla y el gráfico correspondiente:

FASE DEFENSIVA (P-4-4-1-1)

MOMENTO DEFENSA DEL ÁREA (línea de cinco; línea de cuatro más mediocentro defensivo + tres en segunda línea; mediocentro ofensivo más extremos + dos jugadores descolgados (escalados); punta y enganche

Principio de juego dominante

Bloquear las opciones de envío dentro del área a la vez que se marca individualmente dentro de la misma, con superioridad más uno, para evitar remates en dirección a portería

Subprincipio

Zona de intervención

El lateral del costado del balón (2) más su extremo (11) realizarán acciones defensivas para evitar que el balón llegue dentro del área en condiciones de ser rematado

Zona intermedia

Quedarán dentro del área el mediocentro contención (6) y el primer central (3), realizando uno de los dos la cobertura hacia portería quedando al mismo tiempo como defensor zonal en el primer palo; más el segundo central (5) y el lateral opuesto (4). Todos marcarán a su par o quedarán en zona en caso de no tener marca. El mediocentro mixto (8) estará atento a las entrenadas de segunda línea y, junto con el extremo del costado pasivo (7), cerrarán la zona de rechace. A su vez, el mediocentro creativo (10) se moverá hacia los intervalos del costado activo de juego para recibir tras recuperación con opciones de progresar

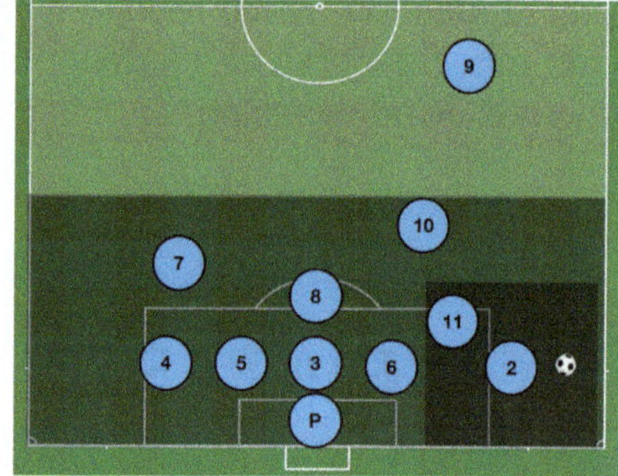

Zona lejana

El punta (9) se desplazará en profundidad, recargándose hacia el costado activo para poder ser una opción de apoyo como segunda línea en caso de recuperación

Tabla 17. Principio y subprincipio de juego organizacional para el momento de defensa del área

Vamos a ver qué fundamentos podremos encontrar —de qué tipo y cómo aparecerán— durante ese momento de juego correspondiente a la defensa del área.

Fundamentos universales

Recordemos que este tipo de fundamentos, por definición, corresponderán a cualquiera de los jugadores que en ese momento estén dentro del último tercio del terreno de juego, siendo estos todos los que aparecen en la imagen anterior, excepto el punta (9).

Entrando de lleno en este tipo de respuestas óptimas, los jugadores que estén defendiendo al poseedor del balón, deberán «no ser superados por el posesor durante el acoso».

Los jugadores ubicados dentro del área deberán, primeramente, «defender individualmente a los posibles rematadores en los centros». De forma fusionada con este último fundamento, también aplicarán el de «orientar el cuerpo para mantener el control visual del atacante y el balón de forma simultánea».

Como fundamentos encadenados, y solo en caso de que así evolucione la situación, deberán «acosar intensamente al poseedor del balón dentro del área para evitar cualquier tipo de remate», «continuar con la defensa después de la primera jugada» y «alejar el balón del área en caso de no poder realizar un juego combinado seguro».

Fundamentos por línea

A nivel de línea defensiva —que será la realmente relevante en esta situación—, deberemos utilizar cinco respuestas óptimas, las cuales estarán encadenadas cada una con su correspondiente fundamento previo o entre los presentes —complejidad al orden del día—:

- Encadenado con el universal de «no ser superados por el poseedor del balón» (hecho que provocará que el rival juegue en emergencia hacia atrás), aparecerá el fundamento de «sacar la línea fuera del área cuando haya un pase hacia atrás».

- Encadenado con el universal de «alejar el balón del área» —en caso de no poder encontrar una combinación segura—, aparecerá el fundamento de «sacar la línea fuera del área cuando el balón es rechazado fuera de la misma».
- Encadenado con los universales de «marcar individualmente dentro del área» y «orientación del cuerpo para ver simultáneamente a jugador y balón», estará el fundamento de «retrasar rápidamente la posición ante posible centro entre la línea defensiva y el portero».
- Fusionado con los universales anteriormente citados —«marca individual y orientación corporal»—, podríamos encontrar también el fundamento de línea de «priorizar la marca de los atacantes más cercanos a la portería».
- Por último, con posible encadenamiento con el universal de «acosar intensamente al poseedor dentro del área para evitar el remate»—en caso de llegar a producirse la finalización—, entraría en juego el fundamento de línea de «anticipación a los posibles rechaces».

Solo como apunte, todos los fundamentos de línea presentados anteriormente serían compartidos y de aplicación simultánea —toda la línea actuando al mismo tiempo. No obstante, el último —«anticipar los rechaces»— muchas veces se presentará como compartido, pero no simultáneo, ya que lo más natural será que algunos de los jugadores de la línea estarán aplicando el fundamento universal de «acoso intenso al posesor dentro del área para evitar el remate» al mismo tiempo.

Fundamentos por demarcación

Por último, nos quedará ver cuáles serían los fundamentos para cada demarcación.

Centrales:

- En caso de no tener atacante a marcar y no estar haciendo dicha función el mediocentro contención, «el primer central defenderá la zona del primer palo». En caso de aparecer este fundamento, también se podría aplicar de forma fusionada el de «realizar coberturas a los compañeros próximos que estén en situación de mano a mano».

Si el primer central tuviera a su par dentro del área, automáticamente quedarían anulados los fundamentos anteriores, priorizándose siempre el universal de «marcaje individual dentro del área» —detalle importantísimo.

Laterales:

- «Orientar el juego del rival hacia el carril lateral cuando estamos mano a mano sin ayudas» y «evitar el centro al área colocándonos en la trayectoria del mismo». Estos fundamentos a utilizar por parte del lateral dentro del carril activo —que serían encadenados entre ellos— podrían a su vez fusionarse con el universal de «no ser superado por el poseedor».

Como ya hemos especificado, las anteriores respuestas óptimas corresponderían al lateral defendiendo al jugador que tiene el balón. En referencia al lateral lejano —en zona pasiva—, este debería estar conectado con los fundamentos relacionados con la «marca individual dentro del área».

Mediocentros contenciones:

- «Incorporarse como central en caso de haber un desequilibrio en la zona central del área», «defensa individual de cualquier incorporación desde segunda línea» y «defensa de los pases en diagonal hacia atrás desde posiciones profundas».

Estos tres fundamentos, que corresponden a los mediocentros de perfil más defensivo, podrían aparecer de diversas formas.

El primero —«incorporarse ante desequilibrio»— podría ser una respuesta prefijada producto del uso de una estructura previamente determinada, con el contención defendiendo el centro del área como central. No obstante, también podría activarse solamente cuando aparezca la situación específica para aplicar esa respuesta.

En ocasiones, el segundo de los fundamentos —«defender incorporaciones»— aparecerá fusionado con el primero —tal y como sucede en el principio de juego presentado en la tabla.

En cambio, el tercero será un fundamento aislado que irá en contraposición a los dos primeros, especialmente para el contención que acabe integrándose totalmente dentro del área para defenderla —no podrá utilizarlo.

No obstante, este tercer fundamento —«defender el pase atrás»— será la respuesta óptima más importante que ejecutar para el segundo contención —aquel más distante de la portería. Eso sí, en caso de que se incorporara otro rival al área desde fuera de la misma, este debería priorizar de forma inmediata el segundo fundamento presentado —«defender las entradas de segunda línea»—, anulando el que acabamos de exponer.

Extremos:

- Los fundamentos para utilizar serían «defender la salida hacia dentro en el 2 vs. 1 generado con el lateral contra el extremo rival» —para el extremo del costado activo—, y «defender la zona de rechace largo» —para el extremo del costado pasivo.

Ambos fundamentos aparecerán de forma aislada —el primero en zona de intervención y el segundo en zona intermedia.

Puntas y medias puntas:

- «Buscar un espacio donde recibir el balón con ventaja tras la recuperación de la posesión» sería el fundamento a utilizar para los jugadores ubicados en intermedias o descolgados, el cual permitirá al equipo salir del bloque bajo y encadenar ese momento con el de transición ofensiva.

En definitiva, si sumáramos la cantidad de fundamentos vinculados al principio de juego descrito para el momento de defensa del área, quedaríamos realmente sorprendidos.

¿Por qué? Porque estaríamos hablando de un total de veintiuna respuestas óptimas: seis fundamentos universales, cinco fundamentos de línea y diez fundamentos por demarcación.

Obviamente, cuando uno lee detenidamente la explicación comportamental vinculada a la defensa del área, ya se puede percatar de la necesidad de concretar las respuestas de cada jugador de una forma más específica. Por eso, mediante los fundamentos —y sus conceptos micro— podremos asegurarnos de que estructural, organizativa y operativamente el momento estará siempre correctamente cubierto para poder cumplir con el objetivo de evitar que haya una finalización hacia nuestra portería.

Te preguntarás: ¿y realmente se puede entrenar este momento del juego con tantos fundamentos a realizar, además de estar vinculados estos a una estructura y una organización previamente determinada?

Con base en mi experiencia, sí se puede. Obviamente, no todo de golpe, pero sí de forma secuencial y progresiva durante todo el proyecto. Pep Guardiola realizó 835 entrenamientos con el Bayern de Múnich, 530 charlas de equipo y 2.000 individuales, sumando unas 3.000 horas de trabajo —1.500 en entrenamientos y partidos, y 1.500 en despacho— (Perarnau, 2017).

Ahora bien, para llevar a cabo este tipo de trabajos necesitaremos, con toda seguridad, dos cosas: la primera, un cuerpo técnico extenso y muy preparado; y la segunda, una asignación de roles muy concisa para actuar, cada miembro del *staff*, con gran pedagogía dentro de la tarea —esto lo veremos ejemplificado en el capítulo 10.

A todo este universo de conceptos de juego tan específicos como son los fundamentos me introdujo uno de mis primeros maestros futbolísticos, David Hernández (2008). Nunca podré agradecerle suficientemente la pasión que logró transmitirme para creer en el perfeccionamiento táctico y la vocación del entrenador más allá del ganar, tratando siempre de mejorar a los futbolistas entrenamiento tras entrenamiento.

«El mapa no es el terreno, Alfred Korzybski Finalmente, para terminar con los capítulos correspondientes a los pilares para la construcción del equipo, vamos a ver un último ejemplo que siempre utilizo para resaltar la importancia del entrenamiento de los fundamentos en combinación con las estructuras y los principios/subprincipios de juego.

¿Recuerdas este movimiento resaltado en naranja en el texto?

FASE OFENSIVA (P-4-3-3)

MOMENTO DE PROGRESIÓN DEL JUEGO (P-2-3-2-3)

Principio de juego dominante

Movilizar el balón hasta poder conducir sin presión cercana para encontrar al hombre libre, en progresión y con ventaja, dentro de la zona activa de juego

Subprincipio

Zona de intervención

El central (5) conducirá con el balón para fijar al interior o al extremo rival, o bien para dividir a ambos. El lateral activo (4) progresará con el central, ubicándose justo a la espalda de su extremo, **a la vez que el extremo (11) ocupará el intervalo o estirará como segundo punta para que lo ocupe el interior (10). En caso de ocuparlo el extremo, será el interior quien estirará como segundo punta.** El mediocentro contención (6) quedará en posición intermedia —entre opción de pase en continuidad y cobertura de la posible pérdida. El portero (P) actuará como salida de emergencia por atrás

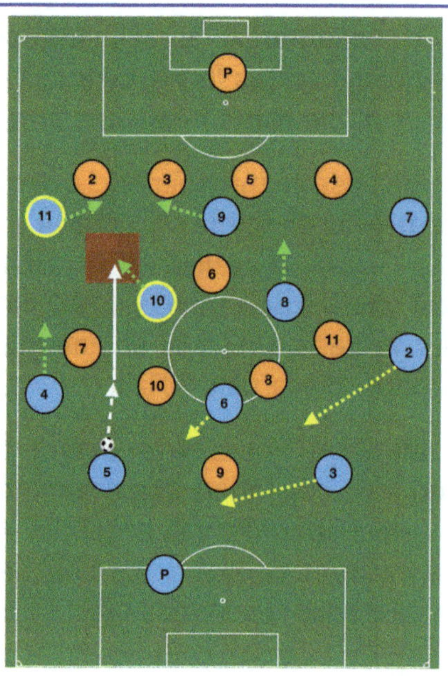

Tabla 18. Principio y subprincipio de juego dominante para el momento de progresión del juego (solamente zona de intervención)

La zona marcada en rojo corresponde al intervalo de juego —intra e interlineal—, más adecuado para que lo puedan ocupar el extremo (11) o el interior activo (10) —también, en su defecto, el punta (9).

Este movimiento que puede parecer una simple descripción del subprincipio de juego, es decir, una acción de desplazamiento hacia un espacio donde poder recibir con ventaja, resulta ser un fundamento por demarcación para el extremo, el interior y el punta, respectivamente.

¿Qué significa eso? Nada más y nada menos que este movimiento se deberá entrenar mucho y de forma muy específica para aplicarse correctamente, ya que al tratarse de una respuesta óptima a una situación que deberá reconocerse muy rápida y coordinadamente, este accionar será clave para el desempeño ofensivo del equipo.

Para hacerlo, desarrollaremos los llamados «criterios de búsqueda de información» (Seirul·lo, 2001), los cuales permitirán a nuestros jugadores identificar el input que activará su movimiento. Para dicha identificación será muy necesario desarrollar la percepción de juego direccionada hacia cierto nivel de concreción del modelo de juego, contextualizándola, de esta forma, para ser entrenada con la máxima especificidad.

El nombre de los fundamentos para las distintas posiciones a los que hacíamos referencia son los siguientes:

- Interior: «buscar el intervalo de juego, quedando lejos de todos los defensores próximos».
- Extremo: «ocupar el intervalo interior cuando se abra el espacio cuadrangular».
- Punta: «salir en diagonal a ocupar el intervalo de juego cuando los compañeros próximos mantengan posiciones que abran ese espacio».

Entonces, ¿qué pasa si un jugador lee el *input* antes que un compañero y activa su movimiento?

Cuando la respuesta óptima sea aplicada por parte de uno de estos tres jugadores, los otros dos tendrán nuevos fundamentos a ejecutar en coordinación con el del compañero, produciendo así un comportamiento colectivo que cumpla con la finalidad establecida para el momento correspondiente.

Vamos a ver una secuencia de tres imágenes donde se podrá apreciar la ocupación de dicho intervalo tan importante por parte de interior, extremo y punta, respectivamente, en el Manchester City de Pep Guardiola.

¿Será este uno de los espacios indefendibles de los que ha hablado en más de una ocasión el técnico catalán?

Imagen 51. Fundamentos para ocupar el intervalo libre con interior (imagen 1, extremo y punta fijando a rivales); extremo (imagen 2, interior con balón controlado y punta fijando a rivales); y punta (imagen 3, interior en costado pasivo y extremo fijando a rivales)

Permítanme decir que a veces parece que quisiéramos complicar el fútbol, generando más conceptos de los que se necesitan realmente. Pero la intención de este y los anteriores capítulos no ha sido ninguna más que tratar de ayudar al entrenador a ordenar su modelo de juego de una forma sistematizada.

A partir de ahí —como ya hemos insistido varias veces—, será uno mismo el que determinará libremente el nivel de profundidad y detalle que quiera darle, tanto teórica como prácticamente.

Lo que sí tengo muy claro es que, consiguiendo cumplir las finalidades parciales establecidas en los diferentes momentos del juego —hecho que nos proporcionará automáticamente el cumplimiento del objetivo general de la fase y el esencial de la idea de juego—, estaremos siempre más cerca de obtener aquello más importante en este negocio: ¡ganar!

Eh, y no solo ganar a secas, sino ganar mediante un cómo, con una forma, con una serie de particularidades que harán que nuestros éxitos —y por qué no, tropiezos— tengan siempre una característica inmutable: un sello de identidad por parte del entrenador mezclado con una autonomía decisional y ejecutiva de sus jugadores, los cuales utilizarán constantemente las herramientas desarrolladas en torno a ese sello.

Dicen que los entrenadores en ningún caso deberían ofrecer un GPS, sino que lo más inteligente sería proporcionar un mapa a sus jugadores. De esta forma, en lugar de que estos siguieran indicaciones de forma meramente conductista, se abriría la oportunidad de que interpretasen el detallado mapa para proceder en función de este, pero nunca dejando de adaptarse al terreno que se vayan encontrando en cada tramo, utilizando atajos, cruzando ríos y saltando márgenes que sobre el papel parecían insuperables.

Con este ejemplo tan clarificador —es uno de mis preferidos— cerramos a nivel conceptual el último de los cinco pilares para la construcción de un equipo de fútbol.

Tus fundamentos de juego

Piensa ahora qué fundamentos de juego —universales, de línea y por demarcación— serían básicos en tu modelo de juego.

Descubre primero las situaciones más recurrentes y concretas que aparecerán dentro de tus momentos y escenarios de juego y, tanto las que ya hayas organizado específicamente mediante subprincipios de juego como las que no —sobre todo estas—, piensa qué respuestas óptimas deberían ofrecer tus jugadores —por sector, línea e individualmente.

En este caso, vamos a utilizar las tablas ya descargadas anteriormente, pero esta vez completando los cajones referentes a los fundamentos. Adicionalmente, ofreceremos también la posibilidad de utilizar una plantilla base para generar la descripción de los fundamentos, ya que entendemos que cada entrenador organizará el proceso de creación de los mismos como mejor le funcione.

Aunque es un poco más laborioso pensarlos y ordenarlos de esta forma, creo firmemente que este será un paso muy interesante, el cual ofrecerá mucha calidad a nuestra propuesta del modelo de juego, especialmente para los momentos de su puesta en práctica.

Dentro del documento de modelo de juego podrás encontrar todas las plantillas correspondientes —como siempre, modificables a tu gusto.

CAPÍTULO 8. LOS EXTRAS

> «En el fútbol, el exceso de posibles relaciones entre sistema y entorno obliga a una continua selección, siendo esta muy desgastante para el equipo. Es por eso por lo que emergen una serie de estrategias que tienen como finalidad la absorción de la complejidad»,
>
> *David Hernández, 2009*

Uno de mis grandes maestros —ya nombrado anteriormente—, David Hernández, empezó a estudiar una serie de estrategias muy vinculadas a las organizaciones sociales: cómo se comunicaban entre individuos, cómo se repartían las funciones a realizar y cómo anticipaban ciertas secuencias de acontecimientos.

A partir de sus enseñanzas (Hernández, 2009) y de la aplicación de las mismas durante años en el máximo nivel de competición, he podido consolidar ciertos aprendizajes que me han ayudado mucho a complementar mi modelo de juego.

¡Empecemos con el primero de ellos!

LA CODIFICACIÓN DE LA INFORMACIÓN

El primer extra para el modelo de juego serán los códigos de información.

Tal y como presenta Paco Seirul·lo (2010) en sus propuestas de entrenamiento, la comunicación asertivo-motriz será la más relevante en el juego. Este tipo de codificación, que ya hemos nombrado con anterioridad al hablar de las sociedades de juego, será la base de la comunicación mediante praxemas.

¿Qué son los praxemas? Son comportamientos motrices que indican, por sí solos y sin necesidad de palabras u otras señales visuales, qué intención táctica pretende implantar el compañero en el juego.

Por ejemplo, imaginemos a un extremo que siempre que el balón queda en vertical a su posición —sobre todo cuando lo tiene su lateral dentro del mismo subcarril— realiza un movimiento con finta. Al conocer el lateral a su compañero, sabrá que el movimiento inicial solamente servirá para generarse un espacio donde posteriormente recibir el balón. En consecuencia, el pase deberá ser ejecutado en dirección al segundo movimiento —no hacia el primero.

¿Recuerdas haber visto acciones donde ocurre precisamente lo contrario? Esas jugadas donde el pase se ejecuta en primera instancia y el jugador que estaba moviéndose se queda congelado en una posición de finta viendo que el balón va precisamente donde se dirigía ese primer movimiento de engaño. Cuántos contragolpes ha generado esa mala comunicación asertivo-motriz, ¿verdad?

Aparte de este tipo de comunicaciones, existen otras de carácter más macro, las cuales se basan en la armónica interpretación de decisiones por parte de todo el equipo para conseguir una óptima coordinación del juego colectivo. Será importante resaltar que se necesitará mucho tiempo y trabajo para desarrollar esa «consciencia colectiva» en nuestro equipo.

Pero ¿cómo se podrá facilitar la interpretación a nivel macro —también meso— de nuestro equipo para optimizarla al máximo?

Lo haremos mediante los códigos.

La codificación a nivel meso sería aquella que influye en un grupo de jugadores en particular; en cambio, la de nivel macro tendría influencia en la totalidad del colectivo.

Estos códigos que utilizaremos deberán presentar tres características muy importantes:

1. Deberán ser cortos y de fácil pronunciación. Por ejemplo, si queremos indicar que hay que rechazar un balón y ganar la segunda jugada, en lugar de decir «saquen el balón + segunda jugada», podríamos decir solamente «agua», indicando así la puesta en marcha de todos los mecanismos pertinentes.

2. Deberán ser crípticos, es decir, que el rival no los pueda descifrar fácilmente. Por ejemplo, para cambiar la orientación del juego podríamos decir «gira el juego», pero esto sería muy evidente para el rival. En cambio, si utilizáramos el término «7» u «11» en referencia al carril hacia donde se deberá cambiar el juego, dificultaremos que se pueda interpretar lo que estamos programando.

3. Los códigos más importantes siempre deberán ir en primera instancia. Por ejemplo, si queremos girar el juego hacia el extremo derecho diremos «7», pero si el jugador tiene una presión fuerte y solo puede realizar dos toques —código al que llamaremos «2»—, este prevalecerá sobre el anterior debido a que es más inminente. De esta forma, diremos: «2, 7».

Todos los anteriores, y los que vendrán a continuación también, son solamente ejemplos de códigos. Cada entrenador podrá crear los suyos mediante una tabla como la siguiente:

CODIFICACIÓN DE LA INFORMACIÓN		
Nombre del código	**Finalidad**	**Fase del juego/ Tipo**
«Fuego»	Cuando el rival nos encierre correctamente durante la salida de balón, tanto estática como dinámica, «fuego» significará que utilizaremos el salto de líneas de presión	Fase ofensiva/ macro
«Hierro»	Cuando el equipo no pueda o no quiera presionar más en bloque alto debido a un tema físico o estratégico, utilizaremos «hierro» para establecernos en un bloque medio	Fase defensiva/ macro
«Todo», «Medio», «Nada»	Tras la recuperación del balón podremos indicar contragolpe directo con «todo», contragolpe de hundir y tocar con «medio» y mantenimiento de la posesión con «nada»	Fase transición ofensiva/macro
«Verde», «Rojo»	Al perder la posesión del balón podremos gritar «verde» para presionar muy fuerte en el centro de juego, y «rojo» para realizar un repliegue inmediato	Fase transición defensiva/macro

Tabla 19. Ejemplos de códigos para un equipo, todos ellos de tipo macro

Puede que leyendo los anteriores ejemplos te haya venido a la cabeza una reflexión tipo: y si algunos jugadores interpretan «verde» y otros «rojo», ¿qué pasará entonces? Sinceramente, eso va a ocurrir, sobre todo al inicio de la utilización de los códigos. Pero con el correcto entrenamiento de estos, tanto mediante sesiones de vídeos donde se interpreten jugadas con todo el equipo, así como estableciendo dichos códigos como parte indispensable de los trabajos de campo —incluso con un auxiliar técnico pendiente de ellos—, conseguiremos dominarlos en relativamente poco tiempo.

Además, hay que tener en cuenta que siempre quedará la voz autorizada desde la banca: la nuestra. Nos hartaremos de gritar códigos a los jugadores para que se estructuren y se organicen de la forma en que interpretamos que nos beneficiará más en ese momento del juego: «Raúl, juega más hacia 7 —extremo derecho— y ojo al filtrar balón adentro que casi siempre estamos en 1 —acoso muy apretado. Si ves que te vuelven a encerrar, ya sabes, ¡fuego! —salto de líneas».

Tus códigos

¿Estás listo para pensar en cuáles van a ser tus códigos principales?

Utiliza la tabla correspondiente para plasmarlos de una forma ordenada. Recuerda que puedes crear todos los que quieras, aunque la recomendación básica será centrarse en aquellos que prevemos que el equipo podrá llegar a necesitar para interpretar colectivamente aspectos relevantes del juego, y que, además, se sentirán cómodos utilizándolos.

Establecer muchos códigos no será productivo, debido a que el uso de estos se va a diluir considerablemente durante el trámite del juego. También será muy importante contrastarlos con el equipo para comprobar si son bien recibidos o no. En muchos casos aparecerán códigos nuevos debido a las peticiones del equipo, se eliminarán otros que el colectivo no considerará necesarios y se modificarán muchos para adaptar el nombre al gusto de los jugadores.

Hay una anécdota muy curiosa de cuando era jugador y propuse este tipo de estrategias a mi entrenador. Decidimos crear algunos códigos. Uno de ellos era precisamente para interpretar cuándo se podía y cuándo no jugar el balón en zonas próximas a nuestra portería.

Resulta que dentro del equipo técnico había un hombre, con funciones de utilero, que era la tranquilidad en estado puro; nunca tenía prisa y jamás lo vimos nervioso. Por el contrario, había otro de los integrantes del *staff* que era un polvorín; explotaba a la más mínima y siempre hacíamos bromas sobre los peligros de su carácter impetuoso. Basándonos en ellos, establecimos dos códigos: uno llamado «Pepe», que significaba que podíamos jugar con tranquilidad porque no existía peligro inminente, y su antagonista, que era «Beto», para indicar que la situación era complicada y debíamos sacar el balón de la zona automáticamente. ¡Nos funcionó de forma excelente!

Ahora sí, sin más dilación, abrimos la posibilidad de crear tus propios códigos haciendo uso de las plantillas que encontrarás en el documento de modelo de juego.

La creación de subsistemas

Imaginemos que somos un grupo de personas encargadas de supervisar el correcto funcionamiento del motor de una máquina. Cada uno de nosotros es especialista en alguna de las partes de la misma. Resulta que cuando la máquina empieza a fallar en alguna de sus funciones, el encargado general de esta comparte el problema con todo el grupo y nos implica a todos en la intervención para resolverlo.

¿Crees que actuaremos óptimamente? Yo creo que no. No veo muy eficiente que todos tengamos que enfocar nuestra energía en cada uno de los problemas que vaya teniendo la máquina, especialmente en aquellos a los cuales no podremos hacer frente debido a que no somos los especialistas de dichas partes.

¿Cuál sería la correcta intervención a nivel colectivo? Muy simple. Conociendo de forma previa quién es el especialista de cada parte, cuando se requiera de su intervención, deberá actuar y solucionar el problema, pudiendo así quedar cada uno enfocado en su trabajo y no desgastándose todo el equipo de forma inútil.

Ese ejemplo tan curioso es el pan de cada día en muchos de los equipos de fútbol.

Resulta que el árbitro se equivoca en dos jugadas consecutivas y todos los jugadores van a pedirle explicaciones. Más tarde, el equipo rival está presionando muy fuerte y se necesitan a jugadores muy habilidosos con el balón en los pies para sacarlo jugado correctamente, pero al no tenerlos reconocidos, nadie toma la iniciativa. A falta de diez minutos para el final, el equipo empieza a echarse para atrás y muchos jugadores intervienen a la vez para que esto no suceda, careciendo de un liderazgo claro y conciso. Al final del partido, ya en el vestuario, todos quieren conectar su teléfono al altavoz para poner su música favorita. Antes de llegar a destino y dar por terminado el viaje del equipo, todos empiezan a preguntar al entrenador si el domingo será libre o de recuperación.

El ejemplo anterior es el claro reflejo del grupo de personas que reparaban la máquina, implicándose todos a la vez en cada uno de los problemas que surgían, actuando con muy poca eficiencia.

Ahora, vamos a suponer que somos el entrenador del equipo anterior y que vamos a crear roles, a los que llamaremos «subsistemas». Estos se encargarán, explicado de forma teórica, de absorber las perturbaciones del entorno para que no afecten a todo el sistema, consiguiendo así que este no se desgaste en vano —el colectivo no tendrá que atender todas y cada una de las cosas que vayan sucediendo.

Vamos a generar una tabla de subsistemas para absorber las situaciones que hemos planteado en el supuesto anterior:

CREACIÓN DE SUBSISTEMAS		
Función	**Jugador/es encargados**	**Finalidad**
Comunicación con el cuerpo arbitral	Capitán dentro del campo en ese momento	Evitar que los demás jugadores se preocupen de la actuación del cuerpo arbitral, para que no pierdan la concentración en sus funciones más inmediatas
Ayudar en el inicio y la construcción del juego, conservando la posesión de mejor forma	Enganche (10)	Moverse libremente para poder recibir el balón en la zona que se requiera, ayudando así al equipo a progresar en el juego sin perder la posesión
Evitar que el equipo regale demasiados metros al rival y empiece a defender demasiado cerca de la propia portería	Central derecho (5)	Ser el líder del bloque defensivo organizándolo desde atrás del mismo, marcando la altura de su línea y de esta respecto a las demás, guiando los recorridos constantes para reducir la profundidad del equipo
Actuar como DJ del equipo en todos los viajes	Delanteros centro (9 y 10)	Estos jugadores se encargarán de conocer los gustos musicales de todos y de establecer una lista de canciones que sonarán durante los viajes. También llevarán el altavoz de un lado a otro
Comunicarse con el entrenador para transmitir al grupo ciertas informaciones organizativas	Segundo capitán	Se encargará de comunicarse con el entrenador para seguidamente compartir con el resto del equipo toda la información organizativa (diaria y semanal)

Tabla 20. Ejemplo de subsistemas para un equipo

Obviamente, todos los jugadores elegidos en la tabla anterior serán los más capaces para solucionar cada situación. Serán los especialistas que evitarán que el sistema se ocupe de cada perturbación, ya que ellos se encargarán de solucionar estas y mantendrán a los demás enfocados en otras tareas, iguales o más necesarias, para el correcto funcionamiento del colectivo.

Tus subsistemas

Un servidor fue subsistema en varios de los equipos donde tuvo la oportunidad de jugar. Mis compañeros se beneficiaban de mis intervenciones, ya que les desvinculaba de ciertas responsabilidades que para mí eran muy sencillas de tomar y ejecutar.

Recuerdo que en un equipo era el jugador con la edad justo en medio de la plantilla. Había jugadores de mucha experiencia por arriba y jugadores muy jóvenes por abajo. Yo me encargaba de que los jóvenes no se salieran del camino, que tuvieran paciencia, no se presionaran de más y siempre estuvieran conectados con una actitud positiva y terrenal. Era el puente y conexión entre esos dos bloques generacionales de la plantilla.

Muchos de esos jóvenes acabaron siendo titulares en el equipo y algunos de ellos se convirtieron en grandes futbolistas, consiguiendo incluso saltar hasta la segunda división española.

Entonces, ¿cuáles serían los subsistemas que consideras importantes para tu equipo? Llegó el momento de utilizar las plantillas correspondientes para redactarlos de forma organizada.

La anticipación de acontecimientos

«Esta película ya la he visto», fue una frase típicamente utilizada como entrenador y que, hasta que no apliqué la correspondiente anticipación de acontecimientos, me generó muchos quebraderos de cabeza.

Cuando veía que mi equipo jugaba en su propio terreno de juego, de forma imprecisa, con cierto nerviosismo y concediendo algunas ventajas al rival, durante varias jugadas consecutivas, repentinamente me venía a la cabeza —incluso lo verbalizaba muchas veces, sembrando el terror entre mis auxiliares técnicos—: «esta película ya la he visto».

Lo crean o no, demasiado frecuentemente acabábamos encajando el gol durante ese tramo del juego.

¿Qué aprendizaje saqué de esa alarma mental que me indicaba que las cosas empezaban a ir mal y podíamos encajar un gol próximamente? Me dispuse a crear una anticipación de acontecimientos, la cual permitiera a mi equipo cortar rápidamente esa dinámica y, en la medida de lo posible, también su desenlace.

Cuando empezaba a presentir lo que iba a ocurrir, automáticamente aplicaba el antídoto. En ese caso concreto, era jugar balones en largo justo a la espalda de la defensa contraria para presionarlos hacia su portería y empezar a pisar su medio campo —más por empuje que con calidad asociativa. Eso ayudaba a mi equipo a cortar la secuencia de eventos que desembocaban, demasiado frecuentemente, en gol en contra.

A nivel teórico, la anticipación de acontecimientos se podría definir como la identificación de una secuencia que aparece frecuentemente en el juego, percibiendo esta desde el desencadenante —llamado *input*— hasta el término de la misma —llamado *output*. La estrategia vinculada a ese tipo de situaciones reside en determinar cuál va a ser la acción encargada de cortar automáticamente la secuencia longitudinal de eventos justo cuando estos empiecen a producirse.

Otro ejemplo que complementa el inicial podría ser la profundidad utilizada por el equipo a la hora de defender faltas lejanas durante los últimos minutos de juego. Si detectamos que a partir de un cierto minuto y con un resultado favorable el equipo defiende este tipo de balones parados más hundido de lo normal dentro del área —con las consecuencias negativas que eso puede producir—, se deberá actuar. Podremos hacerlo proactivamente, antes de que se produzca la falta en contra, o reactivamente, en el momento en que nos dispongamos a defender un balón parado de ese tipo.

Cuando uno va experimentando la anticipación de acontecimientos, al mismo tiempo va recogiendo una serie de secuencias de juego que,

en muchas ocasiones, se reproducirán de forma muy similar en distintos equipos y ligas. Cuando nos damos cuenta de eso, es cuando las podremos incorporar dentro de nuestro modelo de juego, con la finalidad de implantarlas ya directamente al equipo donde lleguemos, actuando así de forma anticipada.

Y es que ya lo dicen: «vale más prevenir que curar».

Cabe destacar que en cada nuevo proyecto otras muchas nuevas secuencias aparecerán de forma inesperada y nos ayudarán a ampliar nuestro registro.

Vamos ahora a poner algunos ejemplos de esta estrategia de absorción de la complejidad mediante la siguiente tabla:

ANTICIPACIÓN DE ACONTECIMIENTOS		
Inicio de la secuencia	**Acción de corte**	**Resultado a evitar**
Nos movemos anticipadamente en los saques de esquina	No nos moveremos hasta que el lanzador indique con su brazo	Deberemos evitar que los defensores se activen y nos marquen más de cerca
Jugando fuera de casa, a falta de cinco minutos para el final y ganando de un gol, nos empiezan a encerrar en nuestro propio campo	Pasaremos a jugar con línea de cinco defensores, tres mediocentros y dos delanteros	Deberemos evitar que los ataques del rival acaben en peligro, manteniendo, a su vez, la presencia arriba para contragolpear
Saque inicial a favor	Jugaremos en largo hacia los carriles laterales, tratando de ganar el primer balón en campo contrario	Deberemos evitar pasar hacia atrás y que ese primer balón acabe jugándose en nuestra mitad de campo
Tras equivocar tres salidas de balón estáticas consecutivas	Sacaremos al equipo y buscaremos un balón largo para ganar la primera y la segunda jugada	Deberemos evitar otro nuevo fallo en salida de balón estática, para no perder la confianza en el juego asociado desde atrás

Tabla 21. Ejemplos de anticipación de acontecimientos para un equipo

Tal y como hemos podido observar, en algunas de las secuencias planteadas, las formas estructurales y organizativas del equipo se podrán ver modificadas con el afán de cumplir con la acción de corte y, de esta manera, evitar la afectación de la secuencia que el juego está anunciando.

Bielsa (2017) ofreció un excelente ejemplo de lo anterior durante una conferencia en Brasil: «Hay esquemas tácticos, a los que yo llamo esquemas en desesperación, que son los últimos 5 minutos de un partido que vamos perdiendo y jugamos 8 adelante y 2 atrás; o lo contrario, vamos ganando uno a cero y jugamos 9 atrás y 1 adelante».

Otra clara aparición de una anticipación de acontecimientos se puede ver durante los primeros diez minutos de la final de Champions League 2008-2009 en Roma, donde el F. C. Barcelona utilizó una acción de corte muy parecida a la última presentada en la tabla anterior: dejó de salir en corto para buscar balones largos y alejar al Manchester United de las proximidades de su área. Mediante dicho ajuste, no solo empezó a trasladar el juego hacia la mitad del terreno de juego rival, sino que, además, consiguió anotar el 1 a 0.

Tus anticipaciones de acontecimientos

Con todo lo anterior ya confeccionado, solo nos faltará completar el último de los extras para nuestro equipo.

¿Qué acciones utilizarás para cortar las secuencias de acontecimientos de forma anticipada? Completa la última de las plantillas de tu modelo de juego.

CAPÍTULO 9. ENTRENAMIENTO VS. COMPETICIÓN

«Los entrenadores ganamos entrenamientos, los jugadores, partidos»

Pete Carril

Las dos grandes facetas de un entrenador son, por una parte, entrenar y, por otra, dirigir los partidos. Son dos tareas que ocurren en momentos diferentes, pero que guardan una estrecha relación entre ellas. La mayor diferencia que presentan es que en los entrenamientos el entrenador podrá intervenir de forma directa y durante la competición su influencia pasará a ser indirecta —aunque no por eso menos relevante—, ya que serán los jugadores quienes tomen las riendas del equipo.

Los tipos de entrenadores

Supongo que podríamos establecer mil y una maneras de clasificar a los técnicos.

En este libro se propone una inspirada en el pentágono de fuerzas y formas de Mintzberg (1997) —se adaptará para generar un hexágono. Según la dirección que tomen dichas fuerzas —a las que llamaremos energía— podrá emerger un perfil u otro de entrenador.

Entonces, los tipos de entrenadores que bajo mi punto de vista existen, son:

- *Formadores*: centran sus energías en aumentar el rendimiento de sus jugadores y equipo. Son muy fuertes en la dirección de entrenamientos.
- *Administradores*: centran sus energías en aumentar el resultado de sus jugadores y equipo. Son muy fuertes en la dirección de partidos.
- *Universales:* son capaces de centrar sus energías en modelar al equipo para sacarle tanto rendimiento como resultados, ajustándose magistralmente a los jugadores que tienen, para formarlos y hacerlos ganadores a la vez. Son muy fuertes tanto entrenando como dirigiendo partidos.
- *Superentrenadores*: serían como los anteriores, presentando una gran excelencia en todos los procesos de entrenamiento y competición, pero con la sabiduría necesaria para mantener intacta su esencia de entrenador durante los mismos —sus ideas no se mueven. Son técnicos que suelen marcar parte de la historia de su deporte.

Será importante entender dos importantes aspectos de la clasificación anterior.

El primero, que todos los tipos de técnicos, sin excepción, podrán dejar huella en la historia. De hecho, muchos que, a mi parecer, no han llegado a ser superentrenadores, sí han conseguido impactar de gran forma en la historia del fútbol mediante sus aportaciones estratégicas, tácticas y metodológicas.

La segunda, que no pondremos límites en la superposición de los tipos de entrenadores presentados. Es decir, podremos encontrar a técnicos que tengan mucho de formadores y menos de resultadistas; otros que tengan gran parte de resultadistas, pero sean también bastante buenos formadores, etc. Un tipo de perfil no va a excluir al otro. De hecho, en la evolución natural de un entrenador, los perfiles podrán ir fluctuando, interactuando y complementándose.

De esta forma, cuando nos atrevamos a clasificar a un entrenador, solo lo podremos hacer en un punto concreto de su trayectoria —no de forma etiquetada hasta el fin de los días. Puede que ese técnico haya evolucionado su perfil al término de la temporada, en la mitad de la misma, o en el siguiente partido. Nunca se podrán predecir los procesos evolutivos de los seres humanos porque, por mucho que hablemos de entrenadores, seguimos siendo antes que nada personas.

He tenido la oportunidad de convivir con varios tipos de estos técnicos. Unos fueron como jugador, otros asistiéndolos como auxiliar y algunos más asistiéndome a mí. De todos ellos he podido aprender cosas muy valiosas.

Entrenadores formadores

«No es lo mismo entrenar que enseñar, entrenadores hay muchos, enseñadores no tantos», Johan Cruyff.

Me vienen a la cabeza grandes entrenadores formadores (al menos en ese momento lo eran), los cuales dominaban espectacularmente la parte de entrenar —presentaban un dominio metodológico enorme.

Sus entrenamientos eran realmente buenos y, en consecuencia, su equipo sabía muy bien a lo que jugaba. A su vez, el nivel individual de los jugadores aumentaba exponencialmente cuanto más tiempo pasaban bajo sus órdenes.

No obstante, en muchos casos, la dirección durante la competición no era del todo óptima. Requiriendo el equipo de ayuda externa para leer ciertos detalles de ajuste del plan de juego o substituciones clave para cambiar el rumbo del encuentro, el entrenador no era capaz de acomodar el accionar del colectivo durante el transcurso del partido, viéndose este comprometido.

A la hora de adaptar sus ideas a los diferentes proyectos deportivos, estos técnicos suelen presentar un gran hándicap. Normalmente pre-

fieren mantener su espíritu formativo intacto y evitar todo lo relacionado con el «ganar de cualquier forma».

El punto aquí es que habrá veces donde será necesario entender lo que necesita el partido para poder sacar los tres puntos. Si tenemos que cambiar a línea de cinco y jugar en largo los últimos minutos para vencer al líder de la liga en su casa, pienso que deberíamos tomar la decisión. Esa victoria podrá ofrecer mil veces más al equipo que el hecho de haber acabado recibiendo el gol del empate, pero manteniendo la esencia —jugando combinado desde atrás con laterales incorporados simultáneamente hasta el final del partido, por ejemplo.

Si no se leen correctamente este tipo de contextos a lo largo de una temporada, eso suele tener un impacto directo en los resultados numéricos, los cuales muchas veces no terminan concordando con la excelencia de las demás partes de la ecuación.

Estos grandes enseñadores son muy buenas opciones para equipos en etapas formativas, especialmente para los que se encuentran ya en los períodos finales —segundos equipos y filiales. También los podemos encontrar haciendo enormes trabajos como directores de metodología o directores de fútbol formativo.

Algunos de ellos sí logran llegar a la élite, pero pocos consiguen mantenerse en ella debido a esa falta de consistencia a nivel de resultados. Los elegidos que sí lo consiguen son aquellos que aportan tantísimo con su capacidad formativa, que eso es suficiente para encabezar proyectos de alta exigencia.

Entrenadores administradores

«Los entrenadores de equipos exitosos hacen que los atletas se ayuden entre sí, pero también les presionan para que cada uno se desempeñe al máximo», Robbins y Judge, 2009.

Un día hablaba con un buen amigo, con mucha experiencia tanto de jugador como de entrenador en primera división. En los inicios de su carrera realizó funciones de asistente técnico con uno de los grandes mitos a nivel de resultados en el continente americano.

Me comentaba que durante la semana se dedicaban a entrenar únicamente generalidades —en cuanto al modelo de juego— y a mantener a los jugadores plenos en confianza —emocionalmente optimizados. Ahora bien, durante los partidos, el míster tenía una enorme capacidad para ver lo que su equipo necesitaba en cada momento. A los cinco minutos, solo observando, ya había trascendido todos los análisis y reportes que le habían entregado durante la semana, a los cuales no dedicaba más de dos minutos.

A partir de ese sexto sentido en lectura de juego, iba adaptando a su equipo a los diferentes contextos. De hecho, ganaron muchos más partidos de los que perdieron. Incluso acabaron jugando un buen fútbol, debido a la gran confianza que tenía el grupo por la buena dinámica que llevaban a nivel de puntos y posición en la tabla.

Escuchándolo atentamente es cuando pude entrever la importancia de tener ese «saber sacar el resultado» bien desarrollado como entrenador.

A nivel personal, me tocaron algunos entrenadores que apostaban todas las cartas al partido —lo dejaban todo para ese día. No me sentía nada cómodo con ese funcionamiento, ya que soy de los que creen firmemente en que uno no puede pedir al equipo que haga ciertas cosas el día del partido, sin previamente haberle dado las referencias necesarias durante la semana de entrenamiento. Pero esa es solamente mi opinión, y está más que demostrado que multitud de entrenadores resultadistas han trascendido —y de largo— la reduccionista visión que acabo de transmitir en este párrafo.

Un paréntesis necesario

Antes de proseguir, les voy a contar algo.

Hoy es 1 de abril de 2020. Estamos en plena crisis mundial por el COVID-19 (coronavirus). Ha pasado ya prácticamente un año y medio desde que empecé a escribir este libro y, debido a la vorágine del fútbol, hasta hace poco no había encontrado el espacio necesario como para continuarlo debidamente.

Desde que escribí las primeras líneas en diciembre de 2018 han pasado tantas cosas...

Entre ellas, tuve la impresionante experiencia de llegar como asistente técnico a Monterrey, un superequipo de la Liga MX. El destino a veces es caprichoso, y me quiso llevar a formar parte de aquel equipazo al cual habíamos podido arrebatar un título de liga unos años atrás con Pachuca.

La verdad, las cosas en la «sultana del norte» —así es como llaman a la magnífica ciudad de Monterrey— no salieron como esperaba.

Buscando la fórmula para continuar con el gran desempeño que llevó al equipo a levantar la CONCACAF Champions League —Diego y el resto del cuerpo técnico sí fueron artífices de ese campeonato, yo me incorporé de nuevo con ellos más tarde—, al mismo tiempo que preparábamos la futura participación en el Mundial de Clubes 2019 —hubiera sido el segundo que jugara en tres años—, el club tomó la decisión de modificar el rumbo del proyecto faltando unos pocos meses para terminar el torneo.

Tras vivir mi primer despido en el mundo del fútbol, me empecé a hacer varias preguntas, la mayoría de ellas solamente pudiendo ser respondidas con otras preguntas. Fue duro, la verdad. Al final, acabé calmando mi mente y, sobre todo, mi consciencia, aplicando las sabias palabras de David Hawkins: «No busques respuestas, más bien suelta el sentimiento que está detrás de la pregunta».

En ocasiones, tanto en el fútbol como en la vida, ocurren cosas tan surrealistas que lo mejor que se puede hacer es sencillamente aceptarlas y seguir adelante. Eso sí, con el tiempo y ganando perspectiva pude darme cuenta de muchos de los porqués. Tras reflexionar profundamente sobre los mismos y aprender de ellos, puede evolucionar muchísimo como entrenador.

Así que, de repente, nos encontramos mi familia y yo en Barcelona a la espera de una nueva oportunidad —tras cuatro años ininterrumpidos de trabajo. Sonamos en varios equipos de diferentes ligas, entre ellos algunos de la liga española o la Superliga argentina. Finamente, nos acabamos uniendo a un proyecto único: el Inter Miami de David Beckham.

Imagen 52. Foto durante el debut en MLS con el Inter Miami C. F. (enfrentando a Los Ángeles F. C.). Fuente: Inter Miami C. F.

Y aquí nos encontramos, construyendo desde cero este enorme proyecto en la MLS —Major League Soccer—, aunque durante las últimas semanas lo hemos tenido que hacer desde casa.

Mi familia está en Barcelona, también confinada como medida preventiva contra la brutal pandemia que nos está golpeando. Al estar conviviendo las veinticuatro horas del día conmigo mismo, me he propuesto el reto de terminar el libro. Así que, ¡avancemos!

Un día estaba charlando con Diego Alonso sobre los entrenadores que él había tenido, cuando de repente me soltó una frase que me quedó grabada a fuego: «Albert, los mejores representantes no son los agentes, son los jugadores».

Hay contados entrenadores que sean alabados hasta el cielo cuando escuchas a jugadores a los que han entrenado en distintos equipos y épocas hablar sobre ellos. Uno de estos es Luis Aragonés —entrenó a Diego en el Atlético de Madrid la temporada 2001/2002, la del regreso a primera división.

Siempre he pensado que la gestión del propio ego, tanto en la vida como en el fútbol, es algo indispensable. Pues Luis tenía un dominio tan grande de eso, que murió por una enfermedad que no contó a na-

die más que a su familia, y lo hizo por un solo motivo: quería pasar desapercibido.

No creo que el afán por ser protagonista ayude en nada al entrenador, ya que, realmente, los protagonistas son los jugadores. Luis Aragonés llevó esta idea a otro nivel.

Algunos de los que estuvieron bajo sus órdenes, como Xavi Hernández o Iker Casillas, comentaban que sabía cómo tratar a cada quien. Detectaba a los que tirarían del carro y a los que lo seguirían. Era perfecto en el cara a cara. Sabía cómo llegar a las personas. Al que veía jodido, se acercaba a hablar con él. Lo tenía todo controlado a nivel de vestuario. De hecho, fue tan bueno en eso que consiguió hacerles sentir los mejores, en un momento en que muchos de ellos aún eran jóvenes y no habían explotado su máximo potencial como futbolistas.

Al ser una persona de una sola cara, para bien y para mal —así lo definían sus compañeros más íntimos—, muchas veces tuvo que lidiar con la crítica. Aunque le afectara, la sabía llevar. Decía que tenía las espaldas muy anchas y que prefería que le criticaran a él en lugar de a sus jugadores. De hecho, ya le podían decir lo que quisieran, que él iba con la suya hasta el final.

No se consideraba un sabio —aunque lo apodaran así. Para él todo era trabajo, y ese trabajo tenía la finalidad de «ganar, ganar y volver a ganar», ya que «del subcampeón no se acuerda nadie». Y cuando se llegaba a aquel punto donde ya no se podía más, él solo pedía una cosa: sacar fuerzas de donde no las haya (Carreño y Santos, 2014).

Personalmente, creo que tenían mucha razón al llamarlo así, ya que no encuentro otro calificativo más justo para Luis: «el sabio del éxito».

Ganar formando

Los técnicos que ganan formando serían aquellos que, aparte de entrenar a su equipo de una forma sublime, son capaces de dirigirlo excelentemente durante el trámite de los partidos. En definitiva, estos entrenadores son un auténtico espectáculo.

De hecho, llevo ya tiempo trabajando con uno que va avanzando a marchas forzadas hacia esa excelencia: Diego Alonso. Es una bestia. Lo que estoy aprendiendo a su lado no creo que se lo pueda llegar a devolver nunca, por eso trato de ayudarlo lo más que puedo en el día a día. Esa es mi forma de corresponderle la confianza que siempre me ha ofrecido.

Para este proyecto en Inter Miami tengo también la ayuda de otro loco del fútbol, Brett Uttley. ¿Podrás creer que un joven americano vino a estudiar a nuestra escuela de entrenadores —MBP School of Coaches— cinco años atrás y ahora es mi mano derecha?

Durante su estancia en Barcelona demostró ser tres cosas: un apasionado del deporte, una gran persona y un entrenador comprometido en ayudar a su fútbol —el estadounidense— a crecer. Obviamente, cuando me preguntaron si necesitaba alguna pieza más para desarrollar mis funciones de asistente técnico en el Inter Miami dije: «Necesito a este chico».

Para completar el siguiente apartado, es precisamente él quien me ha ayudado con una extensa búsqueda de información sobre lo que llamamos «ganar formando».

¡Los más grandes!

Escuché a Pep Guardiola, en una entrevista con Ricard Torquemada, lanzar la idea de que es importante entender la diferenciación entre los entrenadores que llegan a un equipo y determinan la esencia de su juego en función de los jugadores que tienen; y los que se adaptan al inicio, pero con la mira puesta en ir llevando progresivamente el proyecto hacia su esencia, con la finalidad de acabar jugando a lo que realmente quieren a medio o largo plazo (Torquemada, 2019).

Reflexionando profundamente sobre esa idea, la puedo vincular a otra que ya venía desarrollando desde hacía un tiempo. De la confluencia entre ambas surgió la bifurcación del perfil referente a los grandes entrenadores: universales y superentrenadores.

Los técnicos universales serían aquellos que son capaces de modificar sus ideas dependiendo del equipo al que dirijan, adaptando sus

bases al proyecto para obtener siempre un buen desempeño. En un equipo sacarán el balón jugado desde atrás, y en otro jugarán directo; defenderán muy alto en campo contrario en un proyecto, y en otro predominará el bloque bajo intensivo.

Tal y como dice Fernando Trueba: «Hay que trabajar con la realidad» (Lliteras, 2010). Pues eso es precisamente lo que hace este tipo de entrenadores, los cuales son capaces de adaptarse impresionantemente a toda clase de contextos de alta exigencia.

La verdad, pienso que hay que ser muy bueno para poder llegar a entender con tanta claridad las piezas que tienes y cómo ponerlas a funcionar para sacar siempre rendimiento. Tengo una enrome admiración por estos entrenadores.

Ahora bien, bajo mi punto de vista, los superentrenadores se encontrarán un escalón, o varios, por arriba. ¿Por qué? Porque en lugar de trabajar con la realidad, estos últimos la transforman.

Los superentrenadores tienen la capacidad de permear sus ideas en cualquier proyecto. Claro está que necesitarán un proceso de adaptación —ese es un período universal en la construcción de cualquier equipo—, pero a la postre acabarán utilizando las mismas bases allá donde vayan. Por supuesto, estas van a generar un gran rendimiento —sea cual sea el club, país y liga donde se estén aplicando.

Qué fácil es describirlo en un párrafo y qué complejidad la que contiene esa idea.

Pep Guardiola utilizó la misma esencia desde el Barcelona B hasta el Manchester City, pasando por el F. C. Barcelona —primer equipo— y el Bayern de Múnich. ¿Había matices? Mil y uno. Pero las ideas —esas esencialidades que el entrenador transmite a su equipo— siempre han estado allí.

Él mismo reflexionaba: «Ve con tu idea hasta el final [...]. Y si no sale bien, digamos por ejemplo una determinada salida de balón, lo que hay que hacer no es cambiar de idea, sino trabajarla más y mejor. No copies. Haz lo que sientes, no lo que hace el que gana».

¿Conoces el juego de encontrar las siete diferencias entre dos imágenes? Pues en las que se presentan a continuación, la diferencia re-

levante es que, en la primera, el Bayern de Múnich ocupa el intervalo con el punta, utilizando al extremo de fijador; y en la segunda, el F. C. Barcelona B utiliza al extremo dentro de intervalo, utilizando como fijador al punta (no aparece en la imagen).

Imagen 53. Principio y subprincipio de juego del Bayern de Múnich y el F. C. Barcelona B, respectivamente, ambos entrenados por Guardiola

Tanto el lateral del costado activo como los mediocentros en zonas intermedias generan las condiciones óptimas para que pueda entrar el filtrado en progresión hacia el intervalo y, seguidamente, este pueda ser descargado hacia el apoyo de frente que realiza el jugador en funciones de eje. Finalmente, ambas jugadas acaban obteniendo un mano a mano por fuera del extremo ubicado en costado pasivo, el cual podrá encarar a su lateral sin que este disponga de ayudas cercanas.

Obviamente, la calidad de los jugadores, el contexto de aplicación —Allianz Arena o Nou Sardenya—, el posicionamiento de los rivales, y una multitud de pequeños detalles más, no coinciden exactamente. Pero eso no será relevante. Lo realmente clave es entender que las bases del juego se mantienen, aun viendo una imagen del 2008 y otra del 2015.

Solo como dato anecdótico, Sergio Busquets y Pedro Rodríguez jugaron ese partido con el F. C. Barcelona B —en la tercera división española.

Aún y manteniendo la esencia, tal y como acabamos de ver, Lorenzo Bonaventura —el preparador físico de Pep—, hacía el apunte de que en ciertos momentos se tendrá que aprender a sobrevivir (Perarnau, 2014). Habrá partidos donde lo más importante será competir —ser totalmente resultadistas— para obtener los tres puntos. Eso permitirá respirar, tomar aire. Porque, como reconoce el mismo Guardiola: «A veces necesitas más tiempo; tiempo para conocer a la liga, a tus jugadores...» (Valdano, 2018).

Supongo que evitar perder en momentos clave del proceso de creación del equipo también será una parte indispensable para alcanzar los niveles de excelencia que presenta un superentrenador.

Y es que para ser tan bueno como para lograr mantener tu identidad futbolística allí donde vayas, deberás estar tocado por la varita mágica o, como digo yo, tener la varita mágica. Con ella podrás gestionar la calidad en el sentido de modelarla hacia tus ideas, transformando y evolucionando a tus jugadores para que puedan plasmar estas sobre el terreno de juego un poco mejor cada día que pase.

Aquellos que poseen dicha capacidad normalmente acaban haciendo historia con sus hazañas —por lo que consiguen y por cómo lo hacen. Guardiola y Klopp serían la máxima expresión de este tipo de entrenadores en los últimos años.

Otro de ellos, aunque en una época distinta, fue Arrigo Sacchi. Decía a pocos minutos de empezar un documental sobre su figura como entrenador que él veía dos comunes denominadores en los equipos de los grandes técnicos: el primero era que dominaban el juego en prácticamente todas las fases de este; y el segundo que hacían que la gente fuera fan de sus formas (McGrath, 2011).

Y si hay un entrenador que tiene eso bien claro, ese es Jürgen Klopp.

Él mismo afirmaba que no solamente hay que desarrollar una forma de jugar, sino que hay que crear, además, una atmósfera de fútbol. Y eso solo se podrá conseguir cuando los aficionados estén cien por cien comprometidos con el equipo —llenando el estadio en cada partido.

Analizando parte de su filosofía, mediante una entrevista con Roger Bennet (Bennet, 2016), he encontrado algunos rasgos que identifico como altamente necesarios para poder llegar a sentarse uno en la mesa de los más grandes.

Primeramente, la pasión.

Dice Jürgen que precisamente lo que más le gusta del fútbol es esa posibilidad de ganar que siempre existe —esa emoción que envuelve el juego. Y me lo creo, porque la pasión que imprime en cada una de las cosas que hace es increíble.

En segunda instancia, la mezcla entre corazón y trabajo.

Un *must* para sus equipos es que tengan un gran corazón y crean verdaderamente en el proceso de entrenamiento. Considera que el éxito viene en gran parte por estar con la gente correcta, en el lugar correcto y en el momento correcto. Piensa que, si todos quieren y se dispone del tiempo, un equipo se puede convertir en algo realmente especial. Solo hay que estar preparados para hacer grandes cosas, estar muy unidos y esperar a que el brillante futuro que aguarda al equipo llegue.

Ahora bien, aquello que más me sorprendió escuchando sus reflexiones es la gran capacidad que muestra para gestionar tres de los elementos más determinantes en la élite: el entorno, la presión y la derrota.

El mismo Klopp afirma que no se siente realmente presionado por el exterior. Le importa muy poco todo lo relacionado con la prensa —algo que le ayuda a manejar las críticas— y la gestiona con total naturalidad. Además, sabe cómo lidiar con la derrota, no teniendo problema alguno en aceptarla.

Creo que esta forma de percibir su realidad debe ayudarle mucho a fluir mejor en los procesos diarios de liderazgo, ya que, con base en mi experiencia, tanto la presión como la derrota es algo muy difícil de gestionar en el alto rendimiento.

Finalmente, este superentrenador presenta una forma brillante de entender su trabajo. Piensa que hay muchas cosas más importantes que el fútbol, pero no para él en los noventa minutos siguientes al silbido inicial del árbitro, y asegura que la única presión que realmente siente es la de ser un buen ser humano.

Me parece una reflexión sublime, digna de un auténtico fenómeno, de alguien que trasciende el significado de la palabra entrenador, que rompe todas sus fronteras.

Ahora entiendo por qué transforma todo lo que entra en contacto con su esencia. Cuando él se va de los clubes, estos siempre están mejor que cuando llegó: Mainz, Dortmund, y ahora Liverpool.

Y hablando de transformadores... ¿Cuándo entrará en escena Pep Guardiola?

Creo que ha sido tan recurrente su aparición en cada uno de los capítulos del libro que no veo la necesidad de redundar sobre su manera de ganar formando —la cual se conoce ya muy bien a nivel mundial. Solamente voy a decir que, en mi opinión, es el mejor entrenador del planeta, uno de los mejores de la historia del fútbol y, a nivel totalmente personal, ha sido la influencia más grande que he tenido para la búsqueda continua de la «belleza pragmática» en el fútbol.

Por tu inspiración, Pep, ¡gracias eternas!

El alma del éxito

El título del apartado —*The soul of success* en inglés— corresponde con el libro de Phil Jackson. ¿Por qué? Porque ese tipo es uno de los mejores entrenadores que ha existido en el mundo del baloncesto —once anillos de campeón de la NBA, seis con los Bulls y cinco con los Lakers.

Podrás pensar: ¿cómo sabe este futbolero nato algo sobre entrenadores de la NBA? Sinceramente, no tenía ni idea hasta que me decidí a hablar sobre otros deportes en este capítulo. Brett me ayudó mucho con todos los apuntes que había ido coleccionado tras años de observación de este gran técnico.

La idea que más me fascina de Jackson es la forma que tiene de entender su labor de entrenador. Lo hace como un liderazgo focalizado en utilizar toda la energía que esté a su disposición para crear las perfectas condiciones para el éxito. Para eso, lo primero que hace es lidiar con su propio ego, para que este pase a un segundo plano, poniendo en primero la inspiración que el equipo necesita para materializar el cómo jugar, partido tras partido (Jackson, 2013).

Es un fiel creyente en el trabajo de todos y cada uno de los detalles. Piensa que la ley causa-efecto determinará el resultado con base en dicho proceso, y no en la suerte. Hace el inciso que solamente se podrá trabajar lo controlable (Bryant, 2018). Es decir, que habrá que saber cuándo es el momento de sentarse y dejar al equipo autoorganizarse, quedando ya todo en manos de, como expresa él, los dioses del baloncesto.

Manteniéndonos aún en este deporte, otro entrenador que fue escandalosamente bueno es Red Auerbach. ¿Sabes lo que hacía? —me lo contaba mi *coach* Xavi García, quien fue entrenador de la Liga ACB en España.

Cuando apreciaba que el partido estaba ganado, se encendía un puro —sí, sí, el tío sacaba un Hoyo de Monterrey y se lo fumaba. Obviamente, la gente se volvía loca. A su vez, sembraba el terror entre los rivales y enchufaba una dosis de confianza a sus propios jugadores.

Pensarás, ¿tenía la certeza de que ganarían? ¡Sí, señor! El tipo anticipaba que, en cierto momento, el partido estaba decantado a favor de los suyos.

Lo más curioso de todo esto es que en varios encuentros que estaban muy igualados a poco del final, incluso en alguno su equipo pasándolo mal, Auerbach no decepcionó y encendió igualmente su puro. Al terminar ganando esos partidos, cumpliendo con su premonición, hizo aún más épica su leyenda de nueve campeonatos como entrenador y siete como *general manager*.

Pero, aparte de tener esa conexión con el éxito, estos entrenadores supieron desarrollar una forma de trascender, y eso solo se puede conseguir a partir de un dominio excelso del entrenamiento.

Así que, a la postre, no solo nos dejaron sus logros, sino la forma en que los consiguieron, pues fueron capaces de impactar en ambos sentidos. Y es cuando uno consigue la simbiosis entre el ganar y la forma de conseguirlo, podríamos decir que está empezando a escribir su nombre en la historia del deporte.

Recuerdas a Michael Jordan, Kobe Bryant o Scottie Pippen, ¿verdad? Pues esos jugadores fueron entrenados por Phil Jackson. Por su parte, Auerbach también tuvo una enorme influencia en la potenciación de talentos, siendo ejemplo de ello Bill Russell y otros diez jugadores más que acabaron inmortalizados en el salón de la fama.

El que veía lo que nadie más podía ver

Si hay otro entrenador al que los anillos de campeón prácticamente no le caben en sus dos manos, este es Bill Belichick —cuarenta y cinco años en la NFL, seis Super Bowl dirigiendo a los Patriots y dos como coordinador defensivo de los Giants.

Una gran característica de su trabajo era la excelsa preparación que realizaba de todos los detalles referentes a los partidos —era un verdadero *crack* generando y entrenando planes de juego.

Vamos a explicar un par de anécdotas para ejemplificarlo.

Resulta que en la final del Super Bowl 2016-2017, los Patriots —entrenados por Belichick— perdían 28-3 a falta de tres minutos para terminar el tercer cuarto. Poco a poco fueron remontando hasta llegar al 28-20 cuando unos pocos minutos les separaban de perder el título. Atlanta tenía la posesión y estaba a punto de cerrar el partido con una anotación, cuando el entrenador de la defensa de los Patriots observó una posible falta a favor de los suyos por bloqueo ilegal del rival. Automáticamente recordaron que el cuerpo arbitral había pitado una falta igual que esa durante los *playoffs*, así que se acercaron a ellos para hacerles saber de dicho incidente. Seguidamente, provocaron en el juego una jugada similar a la anterior para que Atlanta volviera a actuar de la misma forma y, esta vez sí, el árbitro marcara la penalización. Así ocurrió, y los Patriots recuperaron la posesión a falta de tres minutos y treinta y ocho segundos para concluir el juego. Lograron empatar el partido y, en los tiempos extras, lo ganaron. ¡Fueron campeones! (Sabol, 2017).

Además de tenerlo todo bajo control, este entrenador veía cosas donde nadie más era capaz de verlas. Y no hablamos de gente corriente. Ninguno de sus dieciséis entrenadores del cuerpo técnico —enormemente formados y con gran experiencia— vio cómo ganar una final que estaba al borde de ser perdida —otra vez.

Super Bowl de 2014 enfrentando a Seattle. Resultado de 28 a 24 favorable a su equipo y Seattle con la posesión del balón, a un solo metro de la línea de anotación, con únicamente veintiséis segundos de partido en juego. Le quedaba aún un tiempo muerto a los Patriots, clave para defender ese balón. Pero al ver la disposición estratégica de Seattle en el campo, Belichick decidió no ejecutar el tiempo muerto y ordenó a sus jugadores un posicionamiento defensivo para bloquear el avance rival. Resulta que habían estado trabajando esa jugada durante los entrenamientos por si llegaba el momento de hacerla, y en los últimos ensayos realizados el defensor encargado había fallado en su ejecución, permitiendo al otro equipo anotar. Haciendo Belichick uso de exactamente la misma formación, ese defensor consiguió realizar una brillante interceptación y los Patriots ganaron otra Super Bowl (Sabol, 2017).

Puede que pienses que fue una temeraria decisión la que tomó, pero yo no lo veo así. Como dice Pep Guardiola, uno debe elegir cómo ganar y también cómo perder.

Una de las derrotas más dolorosas —confesaba él mismo— fue en la vuelta de la semifinal de Champions League 2013-2014 contra el Real Madrid —perdieron 0 a 4 en Múnich. ¿Por qué? Porque fue derrotado jugando a algo en lo que no creía. Al hacer más caso a sus jugadores que a su esencia, además de acabar perdiendo no eligió cómo hacerlo (Perarnau, 2014).

Pero ojo, Belichick no solo ganó, sino que lo hizo de una forma brillante. Tanto, que por el camino creó a mitos de la NFL como Tom Brady. Es cierto que el chico ya tenía talento, pero la forma en que su entrenador lo moldeó, lo llevó al siguiente nivel.

No obstante, Randy Moss era ya otro tema. No tenía, ni de cerca, el potencial de su *quarterback*, y llegó a las manos de Belichick con treinta años ya cumplidos, pero eso no importó. El míster lo hizo rendir a tal nivel que en la temporada 2007 obtuvo el récord de veintitrés *touchdown* recibidos en un solo torneo. Podíamos seguir con Wes Welker, Rob Gronkowski, y una enorme lista de jugadores a los que hizo mejores (Brandt, 2017).

¡Superentrenador!

El hexágono de energías

Llegados a este punto, vamos a resumir mediante gráficos —hexágonos de energía— los diferentes tipos de entrenadores según seis criterios. Recordemos que cada vector indicará la energía que el entrenador destinará a ese aspecto:

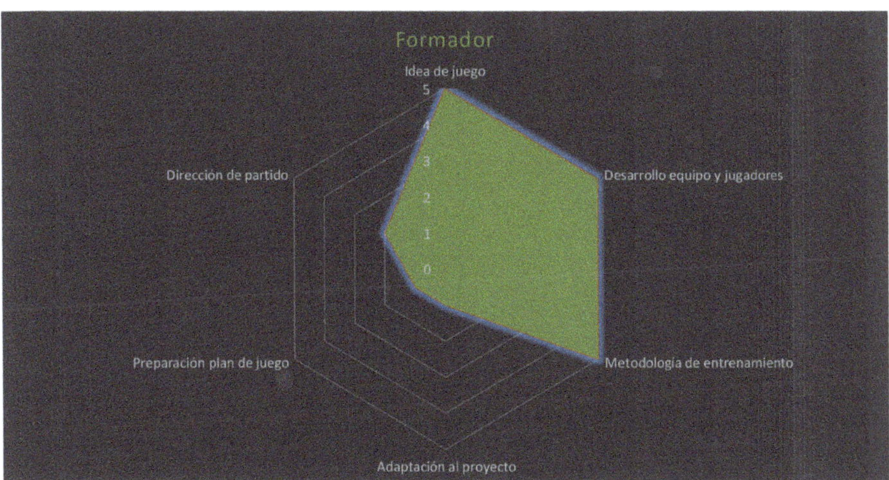

Formador
Idea de juego
5
4
3
2
1
0
Desarrollo equipo y jugadores
Metodología de entrenamiento
Adaptación al proyecto
Preparación plan de juego
Dirección de partido

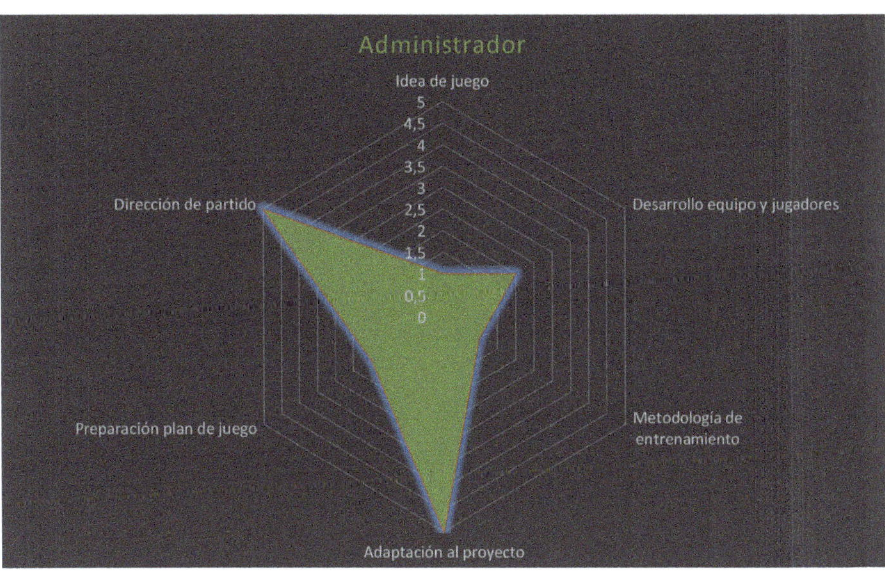

Administrador
Idea de juego
5
4,5
4
3,5
3
2,5
2
1,5
1
0,5
0
Desarrollo equipo y jugadores
Metodología de entrenamiento
Adaptación al proyecto
Preparación plan de juego
Dirección de partido

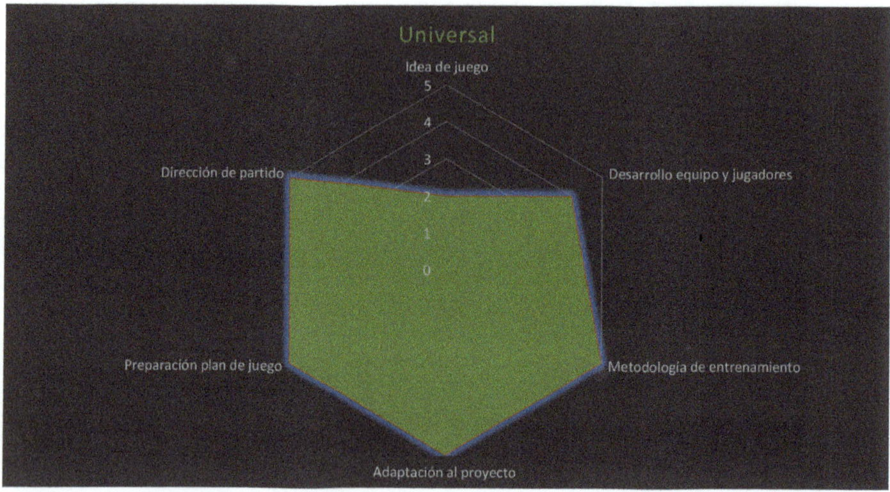

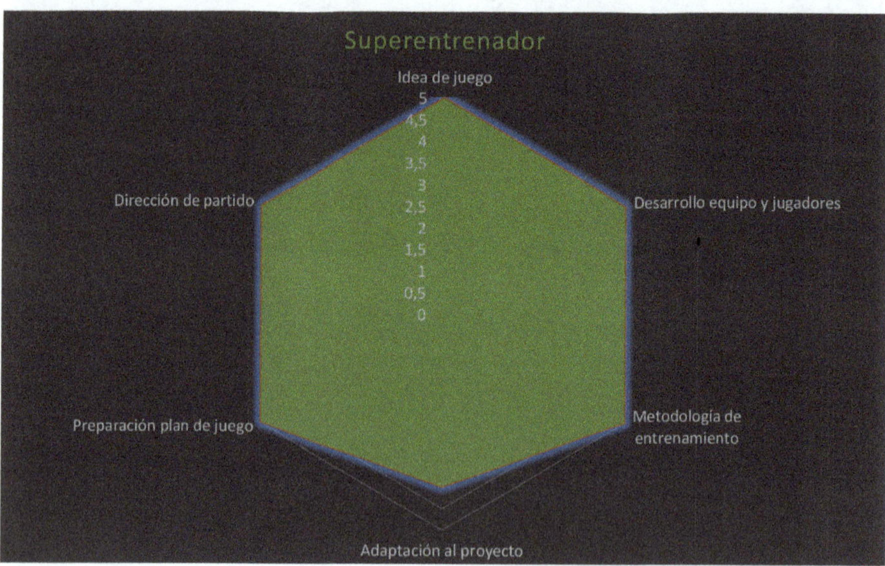

Gráfico 1. Tipos de entrenadores según seis criterios cualitativos, representados a nivel cuantitativo (escala de 1 hasta 5)

Tal y como podemos observar en los gráficos, las dos grandes fuerzas verticales son la idea de juego y la adaptación al proyecto. Horizontalmente, hacia un costado están los procesos más centrados en entrenar, y hacia el otro los referentes a la competición.

La gran diferencia entre los entrenadores formadores y los administradores es que los primeros pretenden mantener su idea de juego al cien por cien, mientras que los segundos se adaptan totalmente a los proyectos —construyen las ideas con base en estos. A su vez, los técnicos que forman presentan una gran tendencia a canalizar mayores cantidades de energía hacia el entrenamiento, y los que administran lo hacen hacia la competición, sobre todo en la dirección de partidos.

Los entrenadores universales y los superentrenadores presentan un perfil más completo que los anteriores. Los primeros son capaces de diluir sus ideas para dar espacio a las que surjan del proyecto, pudiendo, a partir de estas, optimizar al máximo la llegada de energía a todos los vectores, excepto al de desarrollo de jugadores y equipo. Esta fuerza, aunque será potente, estará ligada a un ciclo, es decir, que al marcar el proyecto —elemento extrínseco— la forma para entenderlo, si este va cambiando con el tiempo, también lo hará la manera de desarrollarlo.

Por su parte, los superentrenadores, al transformar la realidad del proyecto para que se funda con sus ideas esenciales —elemento intrínseco—, podrán desarrollar a sus jugadores y equipo sin límites —solo la conclusión del proyecto pondrá fin al proceso. No obstante, esta transformación necesitará de cierto tiempo y mucha energía, así que a veces no llegará a completarse con algunos jugadores o partes del equipo, las cuales deberán ser reorientadas —por ese motivo el vector de adaptación al proyecto no llegará hasta su máxima potencia.

Será de especial relevancia entender que no estamos valorando si somos buenos o no tan buenos manejando cada uno de los aspectos del hexágono, sino la cantidad y calidad de la energía que tenemos la capacidad de hacer fluir hacia estos. Claro está que podremos servirnos de las energías de los demás integrantes del cuerpo técnico para cubrir los vectores que estemos potenciando en menor medida, pero eso no significará que ellos se ocupen plenamente y nosotros nos podamos liberar de la responsabilidad.

Para que nos entendamos, es como si tras analizar nuestro perfil técnico nos diéramos cuenta de la necesidad de incorporar a dos nuevos elementos en nuestro *staff*. Uno, con vasta experiencia participando en la gestión de diferentes proyectos por todos los continen-

tes. El otro, con una impresionante capacidad de enfocar sus energías hacia la optimización de jugadores. De esta forma, si nuestra energía no llegara a potenciar debidamente el desarrollo individual de los futbolistas de la plantilla, así como el entendimiento de la adaptación de estos al proyecto para que todo funcionara de una mejor forma, estas dos incorporaciones serían realmente clave.

¿Podríamos darles ese rol y despreocuparnos de ello? La respuesta es no. Deberíamos canalizar nuestra energía a través de la suya. A lo mejor no podremos ver todos los cortes de cada uno de los jugadores del equipo, pero sí podremos estar en las reuniones individuales con ellos, seleccionar algunas imágenes para discutirlas más profundamente, y apoyarnos con los informes generados para, semanalmente, conocer la evolución del rendimiento de cada uno de nuestros futbolistas. Con acciones como esta, el vector empezará a potenciarse de forma importante.

Ahora bien, recordemos que el perfil que emerja de la interrelación de los vectores será solamente aplicable en el momento del análisis. Para mostrar esa impermanencia y cómo puede evolucionar un perfil, vamos a servirnos de un ejemplo totalmente personal:

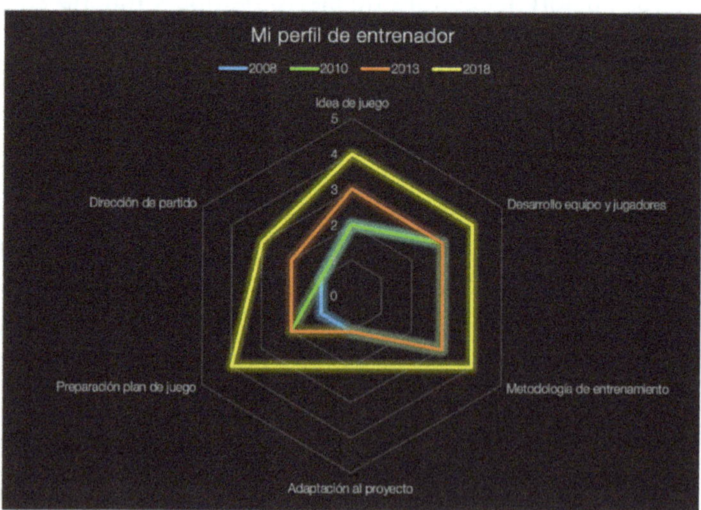

Gráfico 2. Mi perfil hexagonal de entrenador vinculado a la evolución de las energías (desde 2008 hasta 2018)

Al provenir de una escuela muy metodológica y focalizada en la educación y el desarrollo futbolístico, cuando empecé a entrenar formalmente, recuerdo dedicar poca energía a todo lo que no fuera la parte vinculada al entrenamiento. A medida que fue pasando el tiempo —poquito a poco—, fui dejando fluir cierta energía hacia la parte competitiva, a la vez que mis ideas se iban moldeando y tomando protagonismo.

No obstante, la parte de adaptación al proyecto se mantuvo poco estimulada durante gran parte del proceso evolutivo —gestión del vestuario, entendimiento de la idiosincrasia del país, cultura del club, características de la liga, etc. De hecho, considero que, a inicios de 2018, este vector aún seguía con ciertas carencias energéticas importantes. Consecuentemente, esa falta de potenciación no me permitió administrar óptimamente los equipos que entrené —internamente hablando. Gracias a darme cuenta de eso, durante los últimos años —2019 y 2020— me he focalizado mucho en aumentar la forma de mi hexágono hacia abajo.

Así pues, diez años después del primer análisis, la idea ya se había consolidado bastante más debido a la gran cantidad de energía invertida en ella, así como la parte referente a los planes de juego; aunque la adaptación al proyecto —tal y como ya hemos comentado— y la dirección de los partidos, aún continuaban necesitando de una atención energética considerablemente más grande para expandir armónicamente el hexágono —algo realmente difícil de conseguir.

Será de especial relevancia entender que, a mayor formación y experiencia, más posibilidades tendrá uno de crear, proyectar y transformar energía, por ese motivo existirá la posibilidad de mutar gradualmente la forma del hexágono con el paso del tiempo.

Actualmente, mi perfil de entrenador sigue evolucionando diariamente, reconvirtiéndose, achicándose en partes y expandiéndose en otras de forma fluctuante. En definitiva, está íntimamente conectado con la transitoriedad, en el sentido más puro de la palabra.

¿Te animas a generar el tuyo?

Plan de juego vs. dirección de partido

Puede que la distinción en la tabla anterior sobre la preparación del plan de juego y la dirección de partido te haya dejado pensativo.

Tras escuchar atentamente ciertas reflexiones que algunos de mis compañeros hacían acerca de estos dos ámbitos, pude empezar a trazar la línea para distinguirlos. Decían: pero si tengo un modelo de juego donde las estructuras están basadas en una línea de cuatro y luego planifico para el partido el uso de una línea de cinco porque me encaja mejor, ¿qué sucederá? Y si en el minuto 70 del partido veo que no me funciona ninguna de las dos y necesito cambiar a una línea de tres metiendo a otro central nominal, ¿qué pasará entonces?

Dando vueltas a ese tipo de cuestiones es cuando me pude dar cuenta de que los entrenadores hablamos constantemente sobre tres cosas: el modelo de juego, el plan de partido y la dirección durante la competición.

Cuando explicamos cómo queremos que nuestro equipo juegue al fútbol estamos presentando nuestro modelo de juego; cuando lo contextualizamos y empezamos a exponer cómo vamos a jugar cierto partido en específico, estamos ya entrando en el plan de juego; y en el momento en que hablamos sobre cómo hicimos aquel cambio táctico en el minuto 60, la dirección de partido toma el protagonismo.

¿Qué observas en esta imagen?

Imagen 54. Situación de juego en un partido entre Bayern de Múnich y Bayern Leverkusen

Supongo que enseguida habrás conectado con ciertas cosas: posicionamiento de eje —marcado en blanco— en una salida de dos centrales más el contención entre ellos; compañeros en zona intermedia fijando a rivales para crear condiciones óptimas en la zona de intervención; fundamento del mediocentro de «realizar apoyos en diagonal a la espalda del jugador rival más próximo para superarlo», etc.

Si centras la atención en Pep Guardiola apreciarás sus gestos de lamento. ¿Por qué los hace? Imagina haber configurado y entrenado un plan de juego para poder iniciar el juego en la salida de balón dinámica precisamente buscando la aparición de esa situación que vemos en la imagen. No obstante, justo cuando se presenta, nuestro jugador devuelve el balón al compañero de frente al no percibir ni orientarse de una forma en que el juego pueda progresar hacia delante, sin sacar provecho del espacio conduciendo hacia él y fijando al próximo oponente para liberar a un compañero de la línea más avanzada del equipo.

En este simple pantallazo se puede ya sentir la esencia de todo lo que hablaremos a continuación: el plan de partido y la dirección de este durante la competición.

El plan de juego

Para trazar cualquier plan de partido debería haber una constante: no autosabotear nuestro propio modelo de juego realizando tantos cambios para adaptarnos al rival que perdamos la esencia.

Decía Manuel Pellegrini: «Lo que sí para mí, como técnico, tiene importancia, es la idea futbolística, el no transarla porque al frente hay un rival de categoría. Por supuesto, hay que tomar consideraciones del rival en cuanto a las características de juego que tiene, pero si tomamos como prioritario lo que hace el rival por sobre el sistema nuestro, estaríamos cambiando semana tras semana».

Aparte de este importante punto, también habrá ciertos requerimientos:

Los primeros estarán relacionados con nuestras posibilidades de acción. Deberemos dirigir la atención a la gestión de la calidad antes de empezar a cruzar nuestro modelo con el del rival: ¿qué jugadores tenemos disponibles? ¿Cómo vienen rindiendo? ¿Dónde vamos a jugar? ¿Aspectos del metajuego —terreno de juego, horario, clima...?

Solo a nivel de apunte, y vinculado con las estructuras presentadas en el capítulo 5, una parte importante de la valoración de posibilidades disponibles con el equipo será la de poner sobre el terreno de juego a los jugadores de mayor calidad que tengamos en ese momento —nos referimos no solo a calidad individual, sino también relacional.

Imaginemos que nuestro lateral derecho se ha lesionado y el tercer central de la plantilla tiene mucha más calidad que el lateral derecho suplente. ¿Podríamos ajustar la línea de cuatro a una línea de cinco jugando con los tres centrales de mayor calidad, el lateral izquierdo y un extremo reconvertido por derecha? ¡Por supuesto! En multitud de ocasiones, este tipo de contextos podrán hacer mutar nuestra disposición base para el plan de juego del fin de semana. Pero como bien dice Guardiola: «Lo importante no es el sistema sino las ideas» (Perarnau, 2017).

Una vez tengamos claras todas las referencias propias, podremos empezar a utilizar la valiosa información recogida en los procesos de análisis del rival. Durante estos, habremos observado varios partidos;

algunos jugando en casa, otros fuera, haciéndolo contra equipos que juegan muy diferente a nosotros, y también contra equipos con bases similares a las nuestras.

A mí, personalmente, me encanta ver los partidos que los rivales juegan contra equipos de la liga que presentan un tipo de juego similar al nuestro. ¿Por qué? Por el hecho de que sus comportamientos durante el encuentro serán mucho más cercanos a los que nos podremos encontrar el fin de semana.

Si vamos a sacar el balón jugado desde atrás querremos ver cómo presionan alto, ¿verdad? Pues analizando partidos donde el otro equipo construía su juego en largo, poco veremos en referencia a los mecanismos de presión de nuestro siguiente oponente. Igualmente, en ataque. Si queremos ver qué patrones de movimientos presentan al iniciar su juego desde atrás, habrá que observarlos frente a equipos que tengan proposiciones defensivas similares a la nuestra.

Un tema importante aquí será entender que el rival, por mucho que tenga un modelo de juego bien definido, estará adaptándolo al plan de juego para el partido en específico que estamos analizando —estaremos viendo comportamientos adulterados. He aquí la importancia de identificar cuáles son las estructuras y comportamientos que se mantienen a lo largo de todos los partidos visualizados. A esto le llamaremos detección de patrones de juego.

Otro detalle clave será ver los objetivos parciales que intentan cumplir en cada momento del juego, para poder así sabotear sus intenciones desde un inicio —o bien servirse de las mismas para beneficio propio.

Además, para que todo lo anterior tenga sentido, no deberemos obviar el análisis individual de cada uno de sus jugadores disponibles para el partido —titulares y suplentes. Si nuestro central conoce las fortalezas de su delantero centro y nuestro delantero centro conoce las tendencias conductuales de sus defensores centrales, empezaremos ya a generar ventajas mucho antes del juego.

Pep reflexionaba sobre estas ideas de la siguiente forma: «Deberemos conocer las cualidades del rival [...] Nuestra responsabilidad es conocer contra quién jugamos y que nuestra táctica esté adaptada a esas

características. Cada jugador debe conocer esta realidad del oponente y saber qué deberá hacer en cada circunstancia» (Perarnau, 2017).

Las secuencias de imágenes que aparecen a continuación corresponden al gol que nos llevó a la semifinal del Mundial de Clubes EAU 2017. En el primer capítulo describimos al detalle esta jugada, ¿recuerdas?

- Análisis del rival

Rival recorriendo excesivamente hacia un costado, dejando a solo dos jugadores en el lado opuesto, ambos a la misma altura.

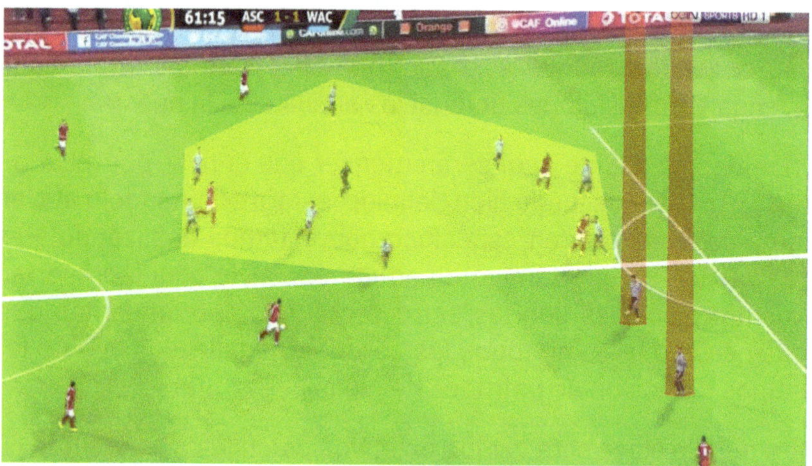

Los jugadores, ahora en costado activo, se perfilan totalmente hacia el balón, no atendiendo a los movimientos en profundidad, y sin escalar sus posiciones para evitar filtrados.

Las llegadas de primera línea están correctamente defendidas. En cambio, las de segunda línea no presentan marcaje.

- Plan de partido

Conducción de Honda hacia un costado para provocar el recorrido excesivo del rival hacia este. Aparición de Jorge Hernández —llegando, no estando— para circular el balón hacia el otro lado. El extremo, que deberá recibir el filtrado, está señalando con el dedo la jugada ya desde su inicio (flecha amarilla).

Igual que en la imagen presentada anteriormente durante el análisis del rival, aparece la opción de filtrado entre los dos rivales, para que el extremo, Jonathan Urretaviscaya, reciba en profundidad y centre al corazón del área.

Finalmente, la llegada desde segunda línea termina con el remate a gol de Víctor Guzmán.

Aparte del equipo al cual nos enfrentaremos, también podremos observar el tipo de dirección de partido de su entrenador: ¿cambia mucho las estructuras o las suele mantener? ¿Utiliza substituciones de posición por posición? ¿Tira al equipo atrás cuando va ganando?... Siempre hay patrones de conducción de partido que podrán ser analizados.

Finalmente, quedaría estudiar qué cuerpo arbitral va a dirigir el partido. Podrás pensar: ¿eso será realmente determinante? Bajo mi experiencia, puede llegar a serlo y mucho; ¿permite o no permite el colegiado el contacto? ¿Los agarrones en los saques de esquina son potenciales penaltis? ¿Tiene tendencia a sacar amarilla fácilmente? ¿Se puede dialogar con él?, etc.

Ahora bien, preparemos lo que preparemos, Klopp exponía que el impacto del entrenador en la victoria y la derrota —ambas—, era mucho mayor en la segunda división del fútbol alemán que en la primera. ¿Por qué? Por el simple hecho de que la calidad individual de los rivales en la Bundesliga podía arruinar hasta el mejor plan de juego (Honigstein, 2019).

Entonces, los jugadores —tanto propios como rivales— serán los encargados últimos de aplicar el respectivo plan al juego, y aquí es donde nos daremos cuenta de que no deberemos confundir nunca el mapa con el terreno —idea que ya apareció en el capítulo de fundamentos.

La dirección de partido

Precisamente sobre el terreno es donde empezará la dirección de partido.

Como cuando vamos por la montaña siguiendo un mapa y este nos indica que crucemos por el próximo puente. Si al llegar allí el caudal del río baja tan desbordado que no podemos utilizar esa vía, deberemos buscar otra. El terreno siempre acabará marcando lo que habrá que hacer. Por eso decimos que las respuestas del juego no las tiene ni el entrenador ni los jugadores, sino que las contiene el juego propio.

Y es que leer todo ese basto terreno —un campo de fútbol es más de siete mil metros cuadrados donde interactúan veintidós jugadores a la vez— será de lo más complejo. El entrenador principal necesitará de los roles activos de sus asistentes —tanto de los que están en la banca como de los que están arriba a vista de pájaro— para poder procesar en vivo aquella información más relevante de los partidos.

¿Está funcionando nuestro plan de juego? ¿Se comportan ellos como esperábamos? ¿Qué soluciones podemos aplicar a lo que no encaja? ¿Qué cambios podemos anticipar y qué consecuencias aportarán —presuntamente— en el juego?

En una charla con Ricard Torquemada (2019), Guardiola reflexionaba sobre la importancia de descubrir el plan de juego del rival para saber qué es lo que este pretende hacer. Dicho plan solamente podrá ser interpretado durante el transcurso del partido, es decir, que no existirá la opción de analizarlo previamente. Además, solamente se podrá contrarrestar en vivo.

Entonces, ¿cómo podremos estar convencidos de estar actuando correctamente?

Un entrenador con enorme experiencia y multitud de títulos me comentó un día: «Albert, durante la dirección de partidos no escuches excesivamente a tu mente. Hazle mucho más caso al cuerpo. Cuando te venga algo a la cabeza, intenta ver qué reacción provoca en el cuerpo. Porque cuando lo lleves a la mente y empieces a racionalizarlo, las dudas te bloquearán. Lo primero que surja en tu cuerpo —aquello tan sutil—, eso será lo que realmente habrá que hacer».

A pesar de esa conexión con las sensaciones de uno mismo, otro aspecto que ayudará mucho en la dirección de partidos será la información que llega desde los analistas en vista táctica. Esa observación privilegiada del juego aporta mucha perspectiva —mil veces más que estando abajo en el banco—, además de ofrecer el tiempo justo para cortar jugadas clave a mostrar en la media parte, tanto a nivel colectivo como individual.

Hablando de la media parte, esta será precisamente un punto de inflexión. ¿Te viene a la cabeza algún partido en que la primera parte fue uno y en la segunda se volvió otro completamente distinto? Recuerdo estar analizando un Arsenal vs Leeds de la FA Cup. Los de Bielsa fueron impresionantemente superiores a los de Arteta en la primera parte. Pero en la segunda, como si el partido hubiera cambiado de arriba abajo, el Arsenal le dio un giro total y terminó ganándolo.

Observen esta secuencia del partido entre Hertha Berlín y RB Leipzig. Estando el equipo de Nagelsmann utilizando una disposición P-3-2-4-1 durante el momento de progresión del juego, su equipo recibe una roja y se queda con diez. Al entrar Angeliño al terreno de juego como substitución, le entrega un papel a su capitán de parte del entrenador:

#1. Red Bull Leipzig - J.Nagelsmann

Imagen 55. Secuencia de modificación de la estructura para el momento de progresión del juego por parte del RB Leipzig

Como se ha podido observar en la secuencia, el entrenador modificó la estructura de su equipo a P-2-3-2-2. En la jugada siguiente a ese cambio de disposición, su equipo consiguió anotar el gol del 1-2 —minuto 67. Además, en el último tramo del partido, adaptó nuevamente la estructura al contexto, utilizando una línea de cinco —P-5-3-1—, esta vez en la fase defensiva. No obstante, aun tratando de «cerrar el juego», el Hertha consiguió empatar a través de un penalti a pocos minutos para el final del encuentro.

Todo lo anterior hubiera sido mucho más fácil con tiempos muertos, ¿verdad? Hay deportes donde los entrenadores disponen de esas opciones, y es una ventaja. Nosotros, en el fútbol, deberemos asegurarnos de tomar las decisiones adecuadas antes de los partidos y en la media parte de estos. Claro está que durante el transcurso del juego podremos ajustar cosas, pero la comunicación y transmisión de estas será mucho más difusa.

Este ruido o dificultad comunicativa es precisamente la que exigirá al entrenador —de pie y en la banda— la capacidad de transmitir emociones, permeando al equipo aquello que este necesite en cada momento del juego. Y tengan por seguro que esto se puede conseguir porque, como bien dice el proverbio árabe: «quien no comprende una mirada tampoco comprenderá una larga explicación».

No obstante, transcendiendo —y por mucho— la intervención de los entrenadores, el elemento de mayor impacto y cambio en la dinámica de un partido siempre será el gol. Cuántas veces hemos ido ganando 1 a 0, con el equipo rival atacando insistentemente para lograr el empate, cuando de repente llega el 1 a 1. Con el empate en el marcador, la dinámica del partido se iguala de nuevo al cincuenta por ciento para cada equipo; y cuando llega la voltereta en el marcador —el rival consigue el 1-2—, el peso total del partido recae sobre nosotros, y del posicionamiento conservador inicial —al ir ganando 1-0— pasamos a un modo de ataque intensivo para dominar por completo el trámite del juego.

Y es que como dijo Alfredo Di Stéfano: «Un partido sin goles es como un domingo sin sol».

CAPÍTULO 10. LA PERIODIZACIÓN ESTRUCTURADA

«La periodización estructurada es la metodología de entrenamiento que permite desarrollar de forma compleja, caótica y fractal todas las propiedades inherentes del modelo de juego».

La interrelación entre la forma de cómo se ha propuesto construir el modelo de juego y la nueva perspectiva de entrenamiento que se presentará a continuación es total. En otras palabras, se ha buscado generar una aproximación conceptual del modelo de juego que pueda encajar en un proceso metodológico —de inicio a fin— sin que ningún nivel de concreción del segundo resulte en una pérdida de potencial del primero.

Cabe destacar que lo que se va a exponer a continuación es solamente una nueva perspectiva. Ni más ni menos.

Podría decir que desde 2005 empecé a recorrer, de forma plenamente consciente, un camino de experimentación de multitud de métodos de entrenamiento. Los estudié, los pude enseñar a otros y también investigar a fondo. Paralelamente, el fútbol me ofreció la posibilidad de ir cruzándolos con la realidad deportiva en diferentes áreas profesionales, países, proyectos y niveles de exigencia.

Con un gran espíritu reflexivo, pasión diaria y mucha atención hacia cada uno de los acontecimientos que fui viviendo, llegó el punto álgido de la confección de este nuevo proceso metodológico cuando pude aplicarlo como primer entrenador dentro de un entorno profesionalizado. Obviamente, la evolución de este aún no ha acabado y no lo hará hasta que deje de entrenar, esperemos que de aquí a muchísimos años.

Por lo tanto, en ningún caso se pretende inventar un nuevo fútbol o una nueva forma de entrenarlo, sino, únicamente, ofrecer un punto de vista diferente. Como dice Guardiola: «Yo robo ideas; las ideas están para compartirlas, pasan de una persona a otra» (Balagué, 2012).

Entonces, entiendan la periodización estructurada como eso, muchas ideas que han llegado a mí y han sido descompuestas, mutadas, engranadas nuevamente, y de ahí ha salido otra nueva idea, la cual siento que debo compartir.

PRIMERA PARTE

La fusión perfecta

Este apartado estará fundamentado a partir de la reinterpretación de teorías encontradas fuera del fútbol para incorporarlas al mismo. A partir de estas se ha generado la base conceptual de la periodización estructurada, la cual está totalmente vinculada a complejidad, caos y fractalidad.

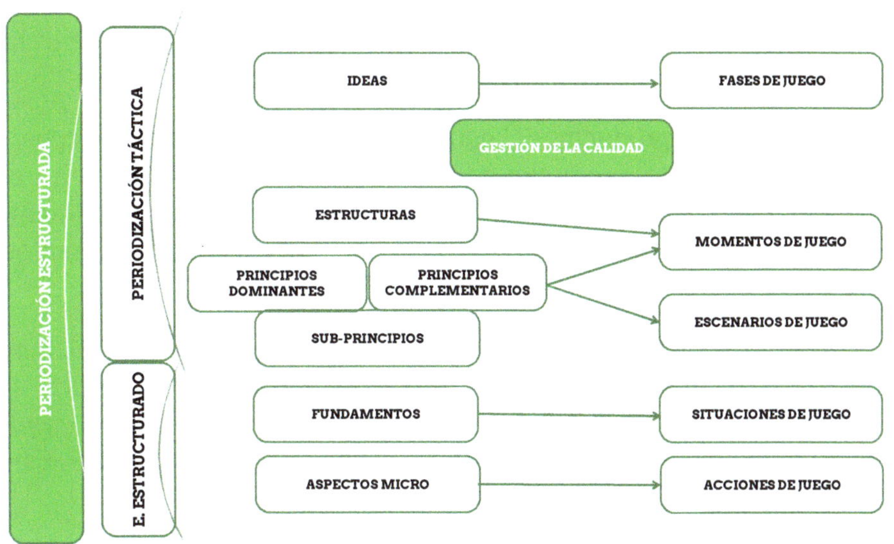

Figura 33. Interrelación entre modelo de juego y periodización estructurada

Reinterpretando primeramente las ideas de Edgar Morin (1990) —filósofo y sociólogo francés— para transferirlas al fútbol, encontraremos en ellas ciertos elementos conceptuales indispensables para dotar de significado esta nueva perspectiva metodológica.

Entendiendo que un equipo es un fenómeno vinculado a la complejidad, y que, por tanto, deberemos tratarlo como tal, vamos a servirnos de los tres principios básicos del pensamiento complejo para hacerlo:

1. Principio dialógico

Todo proceso tiene dos lógicas, una estable y otra inestable. Dichos opuestos —como podría ser el orden y el desorden— colaborarán para producir organización.

Sería como cuando nuestro modelo de juego entra en contacto con el del rival. En ese momento, el orden —nuestro modelo— y el desorden —la actuación del rival— interactuarán para producir cierto tipo de organización en todos y cada uno de los niveles del juego.

2. Principio de recursividad

Todo aquello que se produce se reintegra sobre aquello que lo ha producido —es un modelo autoconstitutivo en proceso cíclico.

Los jugadores producirán al equipo en y por sus interacciones, pero el equipo, a su vez, producirá a los jugadores. Incorporaremos a tres fichajes clave —uno por línea— para poder jugar a lo que realmente queremos. Cuando estos futbolistas generen al equipo que queremos, el equipo los generará también a ellos.

El Borussia Dortmund fichó a Erling Haaland del Red Bull Salzburg pensando en que su talento ayudaría al equipo alemán a mejorar su nivel de juego, y así fue. Ahora bien, el Dortmund —como equipo— ayudó al joven delantero a poder anotar once goles en siete partidos. Esto es autoconstitución.

3. Principio de hologramía

El reduccionismo solo ve la parte, y el holismo lo ve todo. Para trascender ambos conceptos, habrá que entender que no solamente la parte estará en el todo, sino que el todo estará también en la parte.

De esta forma las partes podrán ser singulares —dotadas de relativa autonomía— e interactuar entre sí para disponer de los caracteres generales de la organización del todo.

Ya lo decía Eduardo Galeano cuando hablaba sobre la impresionante selección holandesa apodada la naranja mecánica: «Aquel equipo donde cada uno era once».

Hay que entender que cuando un central está acosando al delantero rival para evitar que este se gire cuando reciba el balón, este jugador estará conectando con la idea esencial del entrenador sobre cómo defender, con la estructura del equipo, el principio y subprincipio de juego para ese momento, el objetivo operativo a cumplir, el fundamento individual correspondiente y los aspectos micro de la acción que está implementando. Pero, al mismo tiempo, la idea «primera» del entrenador sobre cómo defender, también incluirá esa acción «última» de acoso del central, además de todos los parámetros intermedios descritos en el párrafo anterior.

Aparte de los tres pilares presentados, habrá otro concepto satélite muy importante: la teleonomía.

¿Qué nos aportará?

Clasificando a los equipos de fútbol como sistemas abiertos, es decir, con capacidad adaptativa, estos siempre tenderán a orientar sus estructuras y funcionalidades hacia unos fines determinados. Para lograrlo, los equipos evolucionarán hacia mayores o menores niveles de organización interna (Soto, 1999).

¿Recuerdas que tras crear tus estructuras pedimos que las relacionaras con unos objetivos parciales de juego para poder vincularlas después a cierta organización dinámica basada en principios y subprincipios? Pues a eso precisamente se refiere el concepto de teleonomía —en el cual nos mantendremos, aún y reconociendo las visiones autopoiéticas de que un sistema vivo no requiere fines.

Vamos a crear un ejemplo enmarcado en el juego para entender mejor la teleonomía: nuestro equipo podrá evolucionar hacia un tipo de organización macro —todos— para defender en bloque bajo con la finalidad de evitar que el balón llegue dentro de la propia área. No obstante, es posible que el colectivo deba reformular rápidamente su organización hacia un nivel más micro —individuo—, cerrando la espalda del segundo central el lateral alejado para cortar un balón que iba directo a los pies del extremo rival dentro del área —cumpliendo igualmente con la finalidad.

El caos

La teoría del caos, que trata precisamente de entender la relación dialógica entre el orden y desorden que existe en un sistema abierto, está basada en el llamado *efecto mariposa*. Este no es más que la sensibilidad de un sistema a sus condiciones iniciales, donde cualquier pequeña perturbación en ellas podrá causar grandes cambios dentro del sistema (Pidal, 2009).

A mi entender, en un equipo de fútbol estas condiciones iniciales aparecerán a partir de la interrelación entre la estructura y el principio propuesto por el modelo durante un momento determinado del jue-

go. De esta forma, cuando el rival reaccione a la condición inicial y, en consecuencia, el momento evolucione hacia un nuevo escenario, de forma inmediata la estructura y el principio de juego cambiarán. Este proceso, ya visto anteriormente, es al que llamamos autoecoorganización —el entorno jugará un rol clave en cómo el sistema se irá organizando dentro de él.

Un punto interesante es que esta teoría concuerda también con la idea del pensamiento complejo de no evitar el caos, sino de utilizarlo para dicha autoecoorganización del sistema. Eso sí, durante la misma, el rol de los atractores será clave.

El tipo de atractores que actuarán en un equipo son aquellos a los que se denomina como extraños. Pero ¿qué son exactamente?

Durante el proceso de autoecoorganización de un sistema este tenderá al equilibrio, buscando una estabilidad que no hará la misma cosa dos veces ni al mismo ritmo, por ese motivo diremos que se presentará de forma inestable.

Entonces, los atractores serán precisamente los que permitirán que el caos se pueda determinar en ciertos aspectos, aunque, *a priori*, puedan parecer totalmente imprevisibles. Eso ocurrirá debido que el atractor extraño es, en sí mismo, por un lado, determinístico —debido a que el comportamiento del sistema estará definido—, pero a su vez caótico —debido a que dicho comportamiento no se podrá predecir.

En palabras futbolísticas, y a modo de ejemplo, los principios de juego aplicados al equipo actuarán como atractores, debido que la organización del colectivo tenderá hacia ellos, y aunque las condiciones iniciales del momento vayan en otra dirección, los atractores —principios de juego— siempre mantendrán al sistema —equipo— conectado a la finalidad que trata de alcanzar.

Además, al tener los atractores una estructura a todas las escalas —son fractales— los podremos encontrar en otros niveles del juego —fases, escenarios, situaciones e, incluso, acciones.

Pero ¿esta importante teoría del caos encajaría al cien por cien con los demás principios del pensamiento complejo?

Tal y como ya hemos visto, encaja perfectamente con el primero, debido a que la autodeterminación de un sistema requerirá siempre del azar (Morin, 1990).

Ambas teorías se encuentran también en la no proporcionalidad de la relación causa-efecto, la cual provoca que la reacción del sistema sea impredecible —segundo principio del pensamiento complejo.

En cuanto al tercer principio, será la coincidencia que presentan en la visión de que el todo está hecho de infinitas iteraciones de un patrón simple que es repetido en escalas diferentes, la que permitirá tender el puente para entrar de forma directa a los fractales (Martín, 2003).

Los fractales

¿Qué es la fractalidad?

Álvarez (2012) expone que la estructuración de un sistema fractal trasciende la agregación de componentes, resultando de ella elementos con cualidades diferentes a las que compartían por separado.

Es decir, al ser un sistema producto de su propia autoorganización, a medida que sus elementos se vayan estructurando, este presentará ciertos patrones organizativos. Obviamente, tal y como la teoría del caos ya aportó desde un inicio, estos serán altamente sensibles a las condiciones iniciales.

De hecho, la aparición de cierto *orden intermedio* surgirá de la necesidad que tienen los sistemas de cumplir un objetivo o ser estables durante dinámicas caóticas —he aquí el motivo por el cual nos mantuvimos en la teleonomía.

Profundizando más en este proceso, la cadena de interacciones locales entre los elementos constitutivos del sistema que recibirán y transmitirán información local a los elementos vecinos, harán emerger una estructura de orden a gran escala.

Cabe destacar que esta última idea concuerda plenamente con las zonas dinámicas —de intervención, intermedia y lejana— utilizadas en la confección de los subprincipios de juego.

Por lo tanto, podríamos decir que ese importante *orden intermedio* será el que mantendrá los factores sorpresa mediante la presencia de aleatoriedad, pero mitigando, a su vez, la impredecibilidad total.

Jana Rodríguez confirmó esa idea con la siguiente afirmación: «el fútbol no es aleatorio ni determinístico, es estocástico».

Pero ¿de dónde proviene la concepción de fractal y por qué consideramos clave sus aportaciones?

Fue Benoit Mandelbrot quien revolucionó nuestra comprensión del mundo. Este matemático polaco tenía la capacidad de ver reglas, formas y estructuras donde el resto solo era capaz de percibir caos. Con base en esa habilidad descubrió que la complejidad de todas las formas de la naturaleza seguía presente a menor escala, concluyendo que reglas muy simples podían —naturalmente— dar lugar a objetos muy complejos (Ventura, 2019).

En el mismo artículo donde se hablaba de Mandelbrot, utilizaban como ejemplo de sistema vivo a las bandadas de pájaros. Resulta que cada pájaro obedece a reglas muy simples, pero el grupo en su conjunto hace cosas increíblemente complicadas. Eso sí, cada vez que se ejecutan dichas reglas los patrones que se generan son ligeramente diferentes —similares, pero nunca idénticos.

En el fútbol pasa lo mismo. Tratamos de utilizar nuestro modelo de juego para responder a las diferentes exigencias del juego, aun sabiendo que estas no se presentarán nunca de la misma forma, aunque sí con similitudes.

Entonces, podríamos decir que los fractales son, en parte, una manifestación de la dinámica caótica que responde a objetos cuya naturaleza es resultado de un proceso determinista, por un lado, y un proceso aleatorio por el otro; válidos ambos por igual e indispensables para entender los patrones no lineales de su comportamiento (Pestana, 1999).

Tratando finalmente de encontrar relaciones ya establecidas por otros autores entre esta perspectiva y nuestro deporte, aquí van algunas de ellas.

Rodríguez (2012) reflexionando sobre Menotti: «Siempre mantuvo una idea de fútbol bella, bien jugado, ofensivo... Por otra parte, también se mantiene actualizado igual que dispone de una visión fractal del fútbol, privilegiada e insuperable».

A su vez, Monteleone y Ortega (2015) exponen la concepción de un modelo de juego como algo abierto, es decir, que cambia cuando interacciona con el entorno; también lo consideran dinámico, porque evoluciona a lo largo del tiempo; y fractal, debido a que existen similitudes formales en diferentes niveles de análisis, pudiendo así rebajar el nivel de complejidad donde la red de relaciones sea menos extensa.

Estos mismos autores siguen desarrollando la idea de fractalidad vinculándola a connotaciones más metodológicas del modelo de juego: «En la comprensión de este se puede simplificar la realidad proponiendo tareas reducidas pero que mantengan, para acercarse lo más posible a la realidad misma, todos los elementos que se encuentren en el juego real, cuando las circunstancias lo permitan» (Monteleone y Ortega, 2015).

En definitiva, la fractalidad será la base —en confluencia con las otras teorías— a partir de la cual sostendremos la aplicabilidad de la periodización estructurada en los campos de entrenamiento.

Para trabajar siempre todo tal y como se presenta en la realidad deportiva deberíamos entrenar partidos de 11 vs. 11 cada día de la semana. Eso no tiene sentido, ¿verdad? Entonces, si pretendemos desarrollar y optimizar a nuestro equipo de fútbol a la vez que respetamos su naturaleza, la fractalidad será el elemento teórico clave.

Y es precisamente hacia la aplicabilidad de todo lo anterior, que es la parte verdaderamente importante, hacia donde nos dirigimos. De poco servirá quedarse en las teorías anteriores si no somos capaces de transferir las mismas a la realidad deportiva.

De la teoría a la práctica

Como decíamos, una vez expuesta la parte teórica, será necesario convertirla en pragmática.

Para hacerlo se mostrará un proceso metodológico —de inicio a fin— basado en la periodización estructurada, dentro del cual se podrán in-

ferir la multitud de conexiones complejas, caótica y fractales que se presentaron en el apartado anterior.

La parte de periodización

Cabe destacar, de forma inicial, que a la hora de programar los microciclos se utilizará como base el morfociclo patrón de la periodización táctica. Este será el motivo principal por el cual se ha mantenido el nombre de periodización:

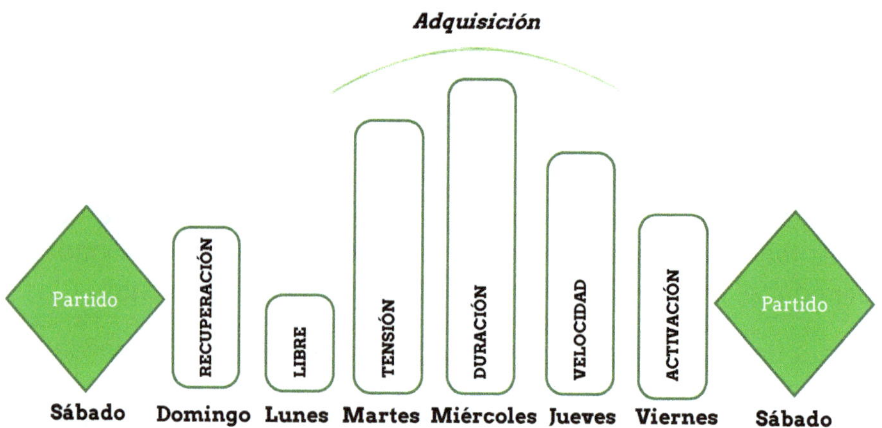

Figura 34. Periodización del entrenamiento a nivel morfocíclica (un partido por semana). Fuente: adaptado de Delgado-Bordonau y Méndez-Villanueva (2012)

Los días se diferenciarán entre recuperación, activación y adquisición. Para la descripción de estos —se hará solamente en referencia a bases generales— utilizaré muchos de los apuntes tomados en las largas conversaciones informales con Gustavo Metral —uno de los mejores fisiólogos que he conocido en el mundo del fútbol—:

- *Sábado:* día de partido.

La competición quema capacidades. Por lo tanto, no lo consideraremos para nada entrenamiento. De hecho, podríamos vincularla incluso con el desentrenamiento cuando por calendario competitivo tengamos partido cada tres días y solo vayamos de la recuperación a la competición —y viceversa— por un período mayor a tres semanas.

- *Domingo:* día de recuperación o día libre.

Podremos utilizar el día siguiente a la competición como recuperación o como liberación. Imaginemos que jugamos fuera y el viaje de vuelta es muy largo y cansado, o bien hemos perdido un juego importante en el último minuto tras un gran desgaste emocional. Puede que ante dichos supuestos, no volvamos al trabajo hasta el lunes.

No obstante, siempre que sea posible ejecutar la recuperación al día siguiente del encuentro favorecerá los procesos fisiológicos.

- *Lunes:* día libre o de recuperación.

Dependiendo de lo que hayamos hecho el día previo, el lunes será libre o recuperatorio. Obviamente, estamos hablando de los jugadores que participaron mayormente en el partido del fin de semana. Los demás, realizarán un entrenamiento enfocado a la adquisición.

- *Martes:* día de tensión.

En estos días buscaremos alta intensidad, con constantes aceleraciones y desaceleraciones. Los espacios de juego serán reducidos, las interacciones entre jugadores a nivel de oposición-colaboración aparecerán mucho, igual que el compromiso motriz, y la ratio entre trabajo y pausa será: tiempos cortos de entrenamiento con pausas medias.

- *Miércoles:* día de duración.

Es donde la relación volumen-intensidad se cruzará —en subida y bajada. Buscaremos una cantidad de metros específica a recorrer, pero también un porcentaje de estos a una velocidad mayor a 16 km/h. Los espacios de juego serán grandes, las estructuras del equipo mayormente completas o casi completas —está claro que no podremos utilizar a los once jugadores de campo en todas y cada una de las tareas—, y la ratio entre trabajo y pausa será: tiempos largos de entrenamiento con pausas cortas.

- *Jueves:* día de velocidad.

Buscaremos altas velocidades de desplazamiento, debiendo cruzar estas los 25 km/h en cierta cantidad de metros. Deberemos ajustar los espacios de trabajo al tipo de velocidad que queramos implementar, y este será un muy buen día para entrenar de forma sectorial, es decir,

por grupos de jugadores. La ratio entre trabajo y pausa será: tiempos muy cortos de implementación de las acciones dentro del juego con pausas largas —semicompletas.

- *Viernes:* día de activación.

En este día se dedicará, de forma específica, a entrenar la consolidación del plan de partido sobre el terreno de juego. Obviamente, tanto el volumen como la intensidad del entrenamiento serán bajos, debido a que estaremos a poco más de veinticuatro horas del encuentro.

A todo lo anterior, Gustavo siempre dice que los entrenamientos de adquisición serán fundamentales para crear adaptaciones fisiológicas a las diferentes capacidades. Pero para hacerlo de forma correcta, habrá que tomar cinco aspectos transversales en cuenta:

- *Potencia metabólica:* este parámetro nos permitirá comparar la intensidad entre entrenamientos vinculados a diferentes tipos de adquisiciones.

- *Nutrición y suplementación:* estará, aparte de individualizada, totalmente vinculada al tipo de entrenamiento previamente realizado.

- *Medios de recuperación:* igual que la nutrición, se recuperará al jugador con aquellos métodos acordes con lo que se acaba de desarrollar sobre el campo de entrenamiento.

- *Combinación con trabajos de fuerza —desarrollo o prevención—:* se podrán incorporar trabajos de fuerza previos a la sesión de entrenamiento en ciertos días clave y ejecutándolos con finalidades y formas muy específicas —queremos generar futbolistas, no atletas.

- *Priorización del modelo de juego:* en ciertos momentos la priorización de los aspectos tácticos podrá diluir ciertas adquisiciones a nivel fisiológico. Habrá que monitorizarlas diariamente en vivo para poder programar su compensación, ya sea antes o después de los entrenamientos.

Obviamente, todo lo anteriormente expuesto solo existirá a nivel de patrón, es decir, que se seguirá la misma progresión semana tras semana, pero esta se deberá adaptar en puntos clave, permitiendo así respetar la especificidad de cada momento.

Aprovechando que hablamos de respetar los momentos, pienso firmemente que cuando estemos inmersos en una dinámica positiva habrá que trabajar más que cuando estemos en una de negativa. Siempre lo había escuchado al revés, pero al vivirlo en mis propias carnes, vi que era más fácil trabajar mucho cuando todo iba como la seda, y dar más espacio para respirar a los jugadores cuando todo se complicaba —es evidente que esto hace referencia a no sobrecargarlos mentalmente en un momento duro, no a dejar de entrenar para mejorar.

Entonces, con este tipo de organización semanal como primera parte del método, vamos a entrar ahora en la segunda.

La parte estructurada

Lo que vamos a periodizar dentro del morfociclo serán las estructuras de nuestro modelo de juego, es decir, las partes inherentes de este.

Será en este preciso punto donde confluirá la forma en que hemos construido el modelo de juego con el método a partir del cual lo entrenaremos.

La parte estructurada —tal y como deja entrever la palabra— proviene del estructuralismo, una corriente de pensamiento que plantea lo siguiente: en todo sistema existe una serie de estructuras, entendidas estas como formas de organización, que condicionarán o determinarán todo lo que ocurra dentro de dicho sistema.

Castelo (2009) explica que este método de análisis —el cual está estrechamente vinculado a todas las teorías presentadas anteriormente— estudia los fenómenos a partir de su articulación interna y de las interrelaciones entre sus diferentes componentes (óptica colectiva), los cuales se mantienen funcionalmente independientes (óptica individual):

«A partir de esta, se pretende transcribir al entrenamiento los modelos de acción más eficaces, así como las tendencias evolutivas del juego de fútbol que caracterizan el desempeño de los mejores jugadores y equipos del mundo, tratando de estimular a través de los ejercicios el desarrollo de los comportamientos definidos, integrados en estructuras funcionales que implican sus exigencias dominantes».

Todo esto, que a nivel declarativo puede parecer tan sofisticado, a nivel procedimental vendría a ser algo así:

Una cosa será decir que queremos desarrollar una cierta distribución en el campo, con un principio y subprincipio de juego más cuatro fundamentos que la complementen, y otra cosa muy diferente preparar una sesión de entrenamiento con coherencia metodológica para aplicarlo con el equipo en el campo de entrenamiento.

Como decía Carl Jung: «Eres lo que haces, no lo que dices que vas a hacer».

Es por eso por lo que siempre me ha gustado escuchar primero a los entrenadores hablar sobre su modelo de juego y seguidamente observar sus entrenamientos. Cuando vemos a un técnico que habla sobre acumular y girar el juego para obtener ventajas en los espacios liberes y lo aplica en su entrenamiento mediante una progresión de rondos 4 vs. 2 en un espacio de 8 x 8 metros, una posesión no polarizada de 8 vs. 8 con cuatro comodines interiores ofensivos en un espacio de 45 x 45 metros sin restricciones, y partidos reducidos de 5 vs. 5 con porteros en un espacio de 35 x 30 metros, algo no cuadra.

En un rondo con tan reducido número de jugadores y espacios no se podrá acumular y girar el juego. En una posesión sin posiciones ni zonas que propicien jugar primero en un espacio para así liberar otro, y seguidamente llevar el balón hasta este, será difícil que el equipo pueda transferir el «acumular y girar» de forma óptima durante la competición. Finalmente, los partidos reducidos no presentarán entornos idóneos para aplicar el concepto anteriormente citado, al tratarse de juegos con poco espacio, mucha densidad y necesidad de jugar vertical para encontrar una finalización lo antes posible.

SEGUNDA PARTE

Los procesos del método: estudio de caso

Llegados a este punto, vamos a entrar ya de lleno en la presentación de los procesos de diseño microcíclico, los cuales se dividirán en cinco pasos. Para exponerlos de una forma más práctica nos serviremos paralelamente de un caso real, dentro del cual los iremos aplicando.

Paso 1: *Obtención de los parámetros a entrenar referentes al modelo de juego*

Esta primera acción de diseño microcíclico variará dependiendo de si nos encontramos en pretemporada o en período competitivo.

Durante la pretemporada la obtención de los aspectos a entrenar se podrá hacer según una secuencia lógica previamente establecida de contenidos —obviamente modificable—, la cual estará de acuerdo con nuestra visión del fútbol.

Por ejemplo, podremos empezar con todo lo ofensivo, con lo meramente defensivo, o con una mezcla de ambos. Eso dependerá totalmente de qué ideas queramos permear inicialmente hacia nuestro equipo.

Cuando este proceso lo ubicamos durante la temporada, el inicio y el fin del mismo vendrá determinado por cada partido competitivo —ya sea uno o dos por semana. En este caso, la obtención de los parámetros a entrenar estará estrechamente vinculada al análisis del juego —cualitativo— y del rendimiento —cuantitativo— referente al partido anterior.

Aparte de tomar en cuenta juego y rendimiento, también podríamos introducir un tercer elemento en la ecuación, el resultado, pero con la finalidad única de tomar en consideración los aspectos anímicos y emocionales del equipo a la hora de programar la semana.

Pues bien, los análisis anteriores deberán tomar en cuenta todos los niveles de concreción del equipo —macro, meso y micro—, pudiendo así obtener la máxima información sobre este.

¿Se podrá observar cómo fue nuestra dirección de partido para aprender de ella? Por supuesto. Y referente al plan de juego, ¿podremos analizar si este resultó efectivo? Sí, totalmente.

Ahora bien, la finalidad más relevante del análisis será la de descubrir cómo funcionó nuestro modelo de juego, tomando en cuenta todas las partes inherentes de este que aparezcan durante el proceso.

Ojo, estamos hablando obtener datos útiles, no de inteligencia ciega. Saber cuántos balones han pasado por mi mediocentro contención en la fase ofensiva del juego será poco relevante. Lo realmente interesante será saber los movimientos que han precedido su recepción de balón, dónde se ha producido esta, hacia dónde ha jugado el esférico posteriormente y qué ha producido en el juego: superación de líneas en progresión, aprovechamiento de espacios en amplitud, facilitación de superioridades numéricas o cualitativas, finalización, pérdida controlable, pérdida con contragolpe, gol en contra, gol a favor... En definitiva, podremos incidir sobre todo aquello que nos interese conocer de una mejor forma.

Vamos a presentar un ejemplo de cómo podría ser un análisis de este tipo. Obviamente, aunque aquí no aparezca, este irá acompañado de una documentación audiovisual que justificará cada información aportada, así como de informes cuantitativos de análisis del rendimiento —*big data*—:

ANÁLISIS POSPARTIDO				
COLECTIVO				
Fase ofensiva				
Inicio juego estático **Cuando nos cerraban línea de pase sufríamos, al no utilizar terceros hombres**	Inicio juego dinámico **Más circulación para salir con espacio y tiempo. Gestión cinco últimos minutos**	Progresión juego **El hombre libre tiene tendencia a atraerse demasiado hacia el balón**	Ataque a 3/4 **El aprovechamiento de los intervalos centrales no fue óptimo**	Ataque del área **El timing de llegada a los espacios dentro del área se puede ajustar mucho mejor**
Fase defensiva				
Bloque alto estático Muy bueno. No salieron jugando ni una sola vez de forma combinada	Bloque alto dinámico **Tenemos que saltar más rápido y fuerte en los pases cortos hacia atrás**	Bloque medio La presión al entrar balón en sistema es buena. **Ojo, no perder los duelos**	Bloque bajo **Nos desconectamos en los dobles recorridos, no siendo compactos**	Defensa del área **Debemos seguir insistiendo en priorizar los jugadores más cercanos al gol**
Transición ofensiva				
Rival organizado **Necesitamos sacar más rápido el balón de zona de presión**	Rival semiorganizado **Primer partido donde se decide bien cuando toca «hundir y jugar»**	Rival desorganizado **Dos goles en cinco contragolpes evidencian gran mejora. Seguir trabajándolo**	Recuperación tras pérdida rápida Apareció de forma muy poco relevante en el juego	

Transición defensiva			
Pérdida zona baja Muy minimizadas. Vamos por buen camino	Pérdida zona media **Se producen poco, pero cuando aparecen no reequilibramos del todo bien los espacios**	Pérdida zona alta **Hay que seguir insistiendo solamente en el cambio de chip tras pérdida, no es 100% rápido**	Pérdida tras recuperación rápida Gestionamos muy bien esas situaciones, a diferencia de algunos partidos atrás. Vamos progresando

Balón parado ofensivo				
Saques de esquina Balón cerrado a primer palo con anticipo está sirviendo mucho al equipo	Faltas laterales **Hay que entrar con mejor timing**	Faltas frontales Nos va mucho mejor jugar en corto que lanzar al área, quedó comprobado	Saques de banda Conseguimos reducir las pérdidas, sobre todo en zona baja y media	Penaltis Segundo gol consecutivo. El equipo siente confianza desde los once metros

Balón parado defensivo				
Saques de esquina El cambio a zona nos permite defender mucho mejor	Faltas laterales **No entrar antes de tiempo. Coordinarse mejor. Crear un código**	Faltas frontales Muy bien defendidas. No nos están suponiendo un problema	Saques de banda **Nos han agarrado fuera de posición tres veces al sacar rápido. Hay que mejorarlo**	Penaltis No aparecieron en el partido

Tabla 22. Análisis colectivo del modelo de juego con base en el último partido jugado

<table>
<tr><th colspan="3">ANÁLISIS POSPARTIDO</th></tr>
<tr><th colspan="3">GRUPAL E INDIVIDUAL</th></tr>
<tr><td colspan="3">Línea defensiva</td></tr>
<tr><td colspan="3">Hay que trabajar en el mantenimiento de la amplitud durante los recorridos de un costado a otro, así como en la reorganización de la línea tras la pérdida en zona media con alguno de los integrantes de la misma fuera de su posición</td></tr>
<tr><td>Portero</td><td>Centrales</td><td>Laterales</td></tr>
<tr><td>Aparecer más como tercer hombre y comunicarse en los recorridos con sus defensores</td><td>Buscar acumular más pases antes de salir. Detectar rápido jugadores peligrosos en área</td><td>En el recorrido de la línea se quedan alejados y en los reequilibrios no identifican espacios</td></tr>
<tr><td colspan="3">Línea mediocentros</td></tr>
<tr><td colspan="3">Hay un claro problema cuando nos encontramos en situaciones de mano a mano en el centro del campo, ya que cuando son aislados y no tenemos ayudas nos cuesta ganarlos</td></tr>
<tr><td>Contenciones</td><td>Mixtos</td><td>Enganches</td></tr>
<tr><td>Necesitamos más posicionamientos como eje para facilitar los terceros hombres</td><td>Hay que tratar de no salir de los intervalos una vez los hemos encontrado. Paciencia</td><td>Nos precipitamos mucho al entrar al área, hecho que provoca que nos marquen fuerte</td></tr>
<tr><td colspan="3">Línea delanteros</td></tr>
<tr><td colspan="3">La coordinación de movimientos para aprovechar los intervalos de juego debe mejorarse mucho, sobre todo en el último tercio del terreno de juego antes de entrar al área</td></tr>
<tr><td>Extremos</td><td colspan="2">Puntas</td></tr>
<tr><td>El timing para entrar a jugar hacia dentro desde ajustarse, así como los controles orientados con pie no dominante en esas acciones</td><td colspan="2">Muy bien en los desmarques en profundidad y diagonales en apoyo. Hay que seguir mejorando descargas con posteriores llegadas al área</td></tr>
</table>

Tabla 23. Análisis grupal e individual del modelo de juego con base en el último partido jugado

Tal y como se puede observar, el análisis destacará ciertos aspectos positivos, algunos de ellos de proceso —que ya se vengan trabajando anteriormente—, pero mayormente estará focalizado en aquello que deberíamos seguir mejorando en referencia a nuestro modelo de juego.

¿Podrían aparecer en él referencias hacia nuevas autoorganizaciones del equipo o episodios del juego que no teníamos contemplados? ¡Absolutamente!

Por eso decimos que deberemos estar siempre abiertos a aprender de nuestro equipo y también del juego mismo, evolucionando nuestro modelo constantemente —es un proceso sin fin.

Volviendo a la observación de las tablas anteriores, de todos los parámetros posibles para incluir dentro del morfociclo patrón, solo los marcados en negrita serán los que entrenaremos —es importante hacer la distinción para tener identificado aquello que sí se trasladará al campo y lo que no.

En dicha decisión, al tener ya a inicios de semana el análisis del rival sobre la mesa, podremos tomar en consideración algunos aspectos del informe que coincidan con el posible plan de partido que vamos a elaborar —más adelante veremos ejemplos de este punto.

Paso 2: *Organización de los conceptos según su naturaleza —interrelacionando el nivel macro del modelo y del juego*

Una vez seleccionado todo aquello que vamos a entrenar, aunque ya sabremos si se trata de contenidos relacionados con el equipo, la línea o el jugador, deberemos ordenarlos igualmente en función de los parámetros macro, con la finalidad de poder utilizarlos más eficazmente en los siguientes pasos del proceso:

RELACIÓN CONTENIDOS MODELO DE JUEGO - FASES DE JUEGO					
	Estructuras	Principios y subprincipios	Funda-mentos universales	Funda-mentos línea	Fundamentos demarcación
Fase ofensiva	P-3-1-3-3 en salida balón portería P-3-3-1-3 en salida dinámica P-2-3-2-3 en progresión del juego P-4-2-3-1 en anticipación de secuencia últimos 5 minutos	PdJ y SPdJ dominante salida de balón portería PdJ y SPdJ dominante salida de balón dinámica PdJ y SPdJ dominante progresión del juego Anticipación de secuencia últimos 5 minutos	Zona baja Juego en tercer hombre	Línea delanteros Coordinar movimientos entre delanteros	Punta Ofrecer apoyo desde segunda línea y atacar los espacios libres dentro del área Enganche Jugar en intervalos más atacar espacios no ocupados del área Extremo Entrar a jugar hacia dentro más sacar ventaja de controles orientados
Fase defensiva	P-4-1-4-1 en bloque medio	PdJ y SPdJ complementario 1 bloque alto dinámico	Zona media No ser superado en el mano a mano	Línea defensiva Mantener la amplitud en los recorridos horizontales Establecer comunicación con portero	Centrales Priorizar las marcas de los jugadores más cercanos a portería

Transición ofensiva	Herencia de P-4-1-4-1 en bloque medio Herencia de P-4-4-1-1 en bloque bajo	PdJ y SPdJ dominante contragolpe directo PdJ y SPdJ dominante hundir y tocar PdJ y SPdJ Dominante Doble P	Zona baja Volver a la posición al 100% de esfuerzo	
Transición defensiva	Herencia de P-2-3-2-3 en progresión		Zona alta Presionar inmediatamente tras pérdida	Línea defensiva Reorganización de los desequilibrios en la línea
Balón parado	Estructura falta lateral ofensiva Estructura falta lateral defensiva	PdJ y SPdJ dominante falta lateral ofensiva Crear un código para las faltas laterales defensivas	Zona baja Orientarse adecuadamente para tener control del balón y el atacante	

Tabla 24. Contenidos del modelo cruzados con las fases del juego

Lo que acabamos de hacer aquí es cruzar los niveles estructurales del modelo de juego —en horizontal— con las fases del juego —en vertical. Para hacerlo, obviamente hemos tenido que interpretar cada una de las informaciones del informe anterior en clave modelo de juego.

Todo, absolutamente todo lo que apareció en los informes, ha podido ser extrapolado a alguno de los niveles de concreción de la tabla anterior: estructuras, principios y subprincipios, o fundamentos —universales, de línea o por demarcación.

Respecto a la vinculación con las fases, utilizando colores diferenciadores podremos tener más consciencia visual sobre qué partes del juego se estarán entrenando en mayor cantidad durante la semana.

Paso 3: *Fusión de contenidos con la periodización morfocíclica – vinculando cada uno de los días de recuperación, adquisición y activación con sus contenidos concordantes*

Reflexionemos

¿Podremos mejorar la salida de balón desde portería en un día de tensión? ¿Y el ataque del área de forma específica en un día de duración? ¿Cómo encajaría el trabajo de recorridos defensivos en bloque bajo para un día de velocidad?

Si empezáramos entrenando a través de espacios grandes y estructuras completas, donde existe poca aceleración y desaceleración, en un martes de tensión; luego desarrolláramos el ataque del área —espacios pequeños—, con desplazamientos a muchos metros por segundo, un miércoles de duración; y termináramos las adquisiciones haciendo recorrer al equipo de un costado a otro —sumando metros— para defender el último tercio del campo en un jueves de velocidad, la estaríamos armando buena. Se estaría realizando lo diametralmente opuesto a lo que se pretende en este tercer paso.

Con el supuesto anterior se pretendía resaltar la importancia de establecer relaciones de alta correlación entre lo que vamos a entrenar y los contextos que permitirán hacerlo —en estos momentos aún estamos hablando de condiciones a nivel de periodización, no de diseño de tareas.

Tal y como hemos dicho que ocurría cuando presentábamos el primer paso, en este tercero es cuando deberemos marcar también todos aquellos contenidos que estarán vinculados al plan de partido y que desarrollaremos a finales de semana —concretamente durante el día de activación.

Vamos a mostrar el ejemplo práctico referente a todo lo anterior —siguiendo con el avance del estudio de caso presentado desde el inicio—:

RELACIÓN CONTENIDOS - MORFOCICLO					
	Estructuras	Principios y subprincipios	Fundamentos universales	Fundamentos línea	Fundamentos por demarcación
Recuperación	Trabajo dirigido por el departamento de ciencias del deporte				
Tensión	P-2-3-2-3 en progresión del juego *Plan de partido	PdJ y SPdJ dominante progresión del Juego *Plan de partido PdJ y SPdJ complementario 1 bloque alto dinámico	Zona baja Juego en tercer hombre *Plan de partido Zona alta Presionar inmediatamente tras pérdida	Línea delanteros Coordinar movimientos entre delanteros	Punta Ofrecer apoyo desde segunda línea Enganche Jugar en intervalos *Plan de partido Extremo Entrar a jugar hacia dentro más sacar ventaja de controles orientados

Duración	P-3-1-3-3 en salida balón portería *Plan de partido P-3-3-1-3 en salida dinámica P-4-1-4-1 en bloque medio Herencia de P-4-4-1-1 en bloque bajo	PdJ y SPdJ dominante salida de balón portería *Plan de partido PdJ y SPdJ dominante salida de balón dinámica PdJ y SPdJ dominante doble P		Línea defensiva Mantener la amplitud en los recorridos horizontales Establecer comunicación con portero	
Velocidad	P-4-2-3-1 en anticipación de secuencia últimos 5 minutos Herencia de P-4-1-4-1 en bloque medio Herencia de P-2-3-2-3 en progresión	Anticipación de secuencia últimos 5 minutos PdJ y SPdJ dominante contragolpe directo *Plan de partido PdJ y SPdJ dominante hundir y tocar	Zona media No ser superado en el mano a mano Zona baja Volver a la posición al 100% de esfuerzo	Línea defensiva Reorganización de los desequilibrios en la línea	Centrales Priorizar las marcas de los jugadores más cercanos a portería Punta Atacar los espacios libres dentro del área Enganche Atacar espacios no ocupados del área

				Preparación de partido
Activación	Estructura falta lateral ofensiva Estructura falta lateral defensiva	PdJ y SPdJ dominante falta lateral ofensiva Crear un código para las faltas laterales defensivas	Zona baja Orientarse adecuadamente para tener control del balón y el atacante	Aplicación del ajuste estructural y organizativo del equipo en función del rival, así como especificación de los fundamentos más necesarios Aplicación del balón parado específico para el rival en combinación con el programado de mejora propia

Tabla 25. Contenidos del modelo de juego interrelacionados con el morfociclo

Una vez tenemos ya conformada la tabla maestra, podremos empezar a concretar los objetivos de cada una de las sesiones de entrenamiento.

Para hacerlo, de aquí en adelante el caso que estábamos estudiando va a centrarse solamente en los tres días de adquisición: tensión, duración y velocidad. De esta forma, podremos profundizar mucho más en lo que serían los tres entrenamientos fundamentales del morfociclo patrón.

Paso 4: *Establecimiento de objetivos a nivel estructural —para asegurar que existirá un desarrollo integrado.*

Para dar ese último paso nos serviremos de las ocho estructuras que propone Seirul·lo (Tarragó et al, 2019):

- *Estructura bioenergética:* relacionada con las vías energéticas, aporta y renueva la bioenergía, haciendo posible el desarrollo de todas las estructuras —incluyendo la propia.
- *Estructura mental:* relacionada con la autoorganización que el jugador tiene con las estructuras —autoconsciencia y razonamiento evolutivo de todos «los mundos» de nuestro existir.

- *Estructura cognitiva:* responsable del proceso percepción-acción —captando, identificando y tratando información relevante del entorno de juego.
- *Estructura coordinativa:* relacionada con la movilidad, la lateralidad y las disociaciones —ejecuciones de movimientos en diferentes entornos pretendiendo eficiencia y eficacia.
- *Estructura condicional:* capacidades para generar tensión intramuscular y diferentes manifestaciones relacionadas con el espacio-tiempo de velocidad y resistencia.
- *Estructura creativo-expresiva:* encargada de los parámetros interpersonales y de proyección del yo hacia el equipo —constituyendo las formas de comunicación identificadoras del juego.
- *Estructura emotivo-volitiva:* encargada de la gestión de sentimientos propios y los estados de ánimo, así como las emociones y deseos —relacionada también con el esfuerzo y la dedicación para la obtención de objetivos.
- *Estructura socioafectiva:* referente a la relación con los compañeros dentro del colectivo —relaciones interpersonales fundamentadas en los sentimientos y afectos— y el rol que ocupa cada uno dentro de este.

Una vez las tenemos descritas y entendidas, la gran pregunta que surge a continuación es: ¿cómo deberán aparecer estas estructuras dentro de una sesión de entrenamiento?

Primeramente, deberemos aclarar que, al estar basadas en el estructuralismo, aparecerán todas y cada una de ellas día tras día, ya que no podremos disociarlas de la propia práctica deportiva. Por ejemplo, la estructura bioenergética y la mental serán las más transversales, posibilitando precisamente la puesta en marcha de los entrenamientos.

Ahora bien, será de gran importancia entender que sí tendremos la posibilidad de priorizarlas para hacerlas preferentes durante nuestros trabajos. Las estructuras cognitiva, coordinativa y condicional —que a mi entender son las básicas—, serán las que más se deberán priorizar dentro de los contextos de aprendizaje que generaremos.

Además, dependiendo del tipo de entorno en el que sumerjamos a nuestros jugadores, estos podrán, a la vez, conectar de mayor forma con su parte más creativa, emocional o relacional —estructuras satélites.

Ahora me vienen a la cabeza las activaciones que hacíamos normalmente los viernes —día de preparación de partido. Algunas eran totalmente creativas, donde cada jugador, o por parejas, tenía que resolver ciertas situaciones en formato «gincana» para ir avanzando por las diferentes estaciones. Otras, más vinculadas con las relaciones, constaban en realizar competiciones por grupos donde tenían que encontrar, por ellos mismos, la mejor forma de interactuar para alcanzar el objetivo propuesto antes que los demás equipos. A nivel emocional, recuerdo las prácticas de penaltis en formatos dirigidos a retar su gestión de la presión.

A estas alturas podrás pensar: ¿cuál es el motivo principal por el que estableceremos los objetivos últimos de la sesión en referencia al nivel estructural del jugador?

Citando a Seirul·lo: «Aun realizando sesiones de entrenamiento para todo el colectivo, el jugador debe sentir que el entrenamiento está focalizado en él, en la satisfacción de sus demandas individuales» (Mallo, 2015).

Con esa afirmación, poca explicación más hace falta.

Las tablas que mostrarán esa confección de objetivos las adjuntaremos más adelante para poder establecer una relación directa con las sesiones de entrenamiento encargadas de trasladar todos y cada uno de los objetivos planteados, al terreno de juego.

Paso 5: *Diseño de las sesiones de entrenamiento*

En este último paso, solamente deberemos tener en cuenta dos aspectos clave.

El primero, si el enfoque de la sesión tenderá más a desarrollar el modelo de juego o bien el plan de juego —podría encontrarse también en un punto intermedio.

El segundo, si vamos a utilizar algún tipo de progresión metodológica o no. Existen las de «inicio-fin» —empiezan y terminan con cada entrenamiento— y las «transversales» —empiezan en una sesión y terminan en otra.

Obviamente, estos tipos de progresiones se pueden mezclar. Por ejemplo, podríamos tener una de «inicio-fin» para lunes y martes, optar por una «transversal» entre miércoles-jueves y terminar la semana con otra de «inicio-fin» el viernes.

Yo, aunque combino ambas —con más tendencia a las de «inicio-fin»—, en varias ocasiones prefiero entrenar lo que «creo» que el equipo necesita —tras los análisis que hemos hecho tendremos argumentos suficientes para pensar que así es.

Siempre he creído que preparar cada sesión de entrenamiento con una progresión metodológica obligatoria solo servía para que el entrenador pudiera ofrecer la seguridad a sí mismo de que la secuencia de presentación de contenidos había sido linealmente muy lógica. Pero el gran problema surge cuando llega el partido y el juego mismo te solicita todo lo presentado con pulcra linealidad, de una forma compleja —requiriendo la aplicación de aprendizajes en un formato no-lineal.

Vamos ahora a ejemplificar los tres días de adquisición en una semana de entrenamiento, basándonos en la información facilitada en todos y cada uno de los pasos anteriormente descritos:

Martes. Día de tensión

Estos serían los objetivos para cumplir durante el transcurso de la sesión:

OBJETIVOS MARTES		
Estructuras transversales		
Bioenergética	Mental	
Solicitar sistema glucolítico y mio-tendinoso muscular	Conectar con la idea del valor de la posesión, tanto para no perderla fácilmente como para recuperarla rápidamente al perderla	
Estructuras básicas		
Cognitiva	Coordinativa	Condicional
Entender el posicionamiento en eje del P-2-3-2-3 durante progresión del juego Llevar el balón hacia el hombre libre durante la progresión del juego Interpretar cuando hay que saltar a presionar un pase corto hacia atrás durante bloque alto dinámico	Ejecutar el tercer hombre con buen pase, control orientado y correcta orientación corporal Utilizar los controles orientados hacia las siguientes acciones con un solo contacto, para sacar ventajas (con ambas piernas)	Buscar aceleraciones y desaceleraciones constantes Encadenar la pérdida del balón con aceleración inmediata en dirección al centro de juego para recuperar el mismo
Estructuras satélite		
Expresivo-creativa	Emotivo-volitiva	Socio-afectiva
Finalizar a gol con equilibrio entre creatividad y efectividad	Convivir con la sensación de verticalidad en el juego a la vez que con la paciencia para esperar a que el balón llegue a mi intervalo	Coordinar entre compañeros de la línea los apoyos de segunda línea con las entradas hacia dentro, de forma fluida y eficaz

Tabla 26. Objetivos de trabajo relacionados con la estructura jugador (martes de tensión)

Estos objetivos, que como ya sabemos están vinculados al nivel estructural del jugador, llevarán también implícitos todos los demás niveles del modelo de juego, así como su interrelación con la preferencia fisiológica correspondiente.

Por lo tanto, cuando encontremos dentro de una tarea, por ejemplo, el objetivo de «llevar el balón hacia el hombre libre durante la progresión del juego», en él deberemos transmitir la idea ofensiva de progresar asociativamente, el principio de juego correspondiente al momento de progresión, los subprincipios que estén activos dependiendo de las zonas dinámicas que se estén solicitando en el ejercicio, así como los fundamentos de juego estimulados por el contexto y las acciones para implementarlos en este.

Fíjense que el párrafo anterior podría haber sido perfectamente un ejemplo utilizado para el marco teórico del método y, en cambio, está siendo una realidad del mismo, ya dentro del entrenamiento.

Empecemos, pues, dicha práctica de tensión con un circuito con balón que combinará acciones técnicas referentes al tercer hombre con aceleraciones y desaceleraciones tras cada acción:

Representación gráfica	**Tipo de tarea** / *Códigos* Circuito de pase para tercer hombre x 2 / *Código 1, 2*
Vídeo No se utiliza vídeo **Zonas** Zona In + Im **CBI** Mirar balón y movimiento del compañero	**Roles cuerpo técnico** *Primero:* Ejecutar tercer hombre con buen pase, control orientado y correcta orientación corporal *Asistente 1:* Dinámica del ejercicio (hacia donde va el pase y la posterior rotación del jugador) + Detalles micro *Asistente 2:* Dinámica del ejercicio (hacia donde va el pase y la posterior rotación del jugador) + Detalles micro *PF:* Búsqueda de aceleraciones y desaceleraciones constantes + Detalles biomecánicos *E.Porteros:* Tercer hombre pero aplicado a los porteros de forma específica *Utileros:* Balones que salen fuera + Mover estacas al cambiar de sentido + Agua tras tarea
Equipos / Porteros *Grupo 1:* J1, J2, J3, J4, J5, J6, J7, J8, J9, J10. *Grupo 2:* J11, J12, J13, J14, J15, J16, J17, J18, J19, J20. Los Porteros trabajarán la técnica de tercer hombre aparte. **Espacio / Series - Tiempo / MicroPausa / MacroPausa** 40 x 30 metros // 4 series de 2' con 45" de micro-pausa y 1' de macro-pausa (2 bloques, uno en cada sentido)	**Descripción tarea** / *Dirección y rotación de técnicos* Secuencia de: tercer hombre + pase profundo + tercer hombre + pase profundo + pared + reenganche de secuencia. Tras cada acción con el balón habrá un esfuerzo de aceleración y desaceleración marcado por el PF. *Los Asistentes llevarán un circuito cada uno. Los demás irán intercalando sus intervenciones entre uno y otro, excepto el Entrenador de Porteros, quien trabajará de forma específica.*
Material / Agua 12 Balones (6 y 6) + 12 Conos Amarillos + 6 Estacas / Sí Agua tras la tarea	**Variantes / Progresiones** En las series 3 y 4 introduciremos el pase por arriba para el segundo tercer hombre y cambiaremos pared por dejada.

Figura 35. Tarea de Activación (martes de tensión)

En esta primera tarea es donde vamos a presentar las partes que conforman la información referente a la misma:

- *Tipos de tareas y códigos:* tipo de tarea según clasificación —más adelante se mostrarán—; si se juega en un solo espacio o en más de uno de forma simultánea —x2, x3...—; y los códigos a utilizar por parte del equipo dentro de la tarea —esos códigos los encontraremos en los extra del modelo de juego.
- *Representación gráfica:* mostraremos el dibujo básico de la tarea, porque una imagen vale más que mil palabras.
- *Vídeo:* detallaremos el uso o no de vídeo antes de empezar la tarea —con una *tablet* podremos mostrar clips a los jugadores a pie de campo.
- *Zonas:* especificaremos qué zonas dinámicas estarán apareciendo en el juego —intervención (In), intermedia (Im) o lejana (Lj)—, determinando estas el tipo de funcionalidades del ejercicio a nivel relacional.
- *CBI:* los criterios de búsqueda de información de la tarea serán las claves perceptivas que podremos dar a nuestros jugadores —a qué deberán atender, mayormente, a nivel visual.
- *Roles cuerpo técnico:* una de las informaciones más importantes será el rol que tendrá cada miembro del *staff* dentro de la tarea, aportando las referencias del modelo de juego —convertidas a objetivos—, a quien corresponda —equipo, línea o jugador—, durante la realización del ejercicio. También los utilleros tendrán sus respectivos roles, los cuales serán clave para el correcto funcionamiento de las tareas.
- *Equipos y porteros:* confección de grupos de jugadores, comodines e incorporación o no de porteros dentro del ejercicio.
- *Descripción tarea y dirección con rotación de técnicos:* otra de las informaciones relevantes será la que hace referencia a los constreñimientos que direccionarán la tarea hacia los aprendizajes que tenemos programados —construirán el contexto de desarrollo específico. A su vez, deberá quedar bien definido dónde irá cada técnico y cómo estos se rotarán.

- *Variantes y progresiones:* posibles variantes del patrón del ejercicio o bien progresiones de este hacia nuevos contextos.
- *Espacios, series y pausas:* espacios de juego —con subzonas—, bloques y series que realizaremos, así como pausas —tanto micro como macro— que aplicaremos a la tarea.
- *Material y agua:* material que necesitaremos y si planificamos hidratación en algún momento del ejercicio.

Estas informaciones se mantendrán en todas las demás tareas que iremos presentando.

Antes de saltar a la siguiente, fijémonos en los «detalles micro» y «detalles biomecánicos» que aparecen en la información que los asistentes y el preparador físico tendrán que dar, respectivamente, a los jugadores durante el transcurso del circuito.

No solo el entrenador principal estará insistiendo en la correcta ejecución del tercer hombre, sino que los demás colaboradores del *staff* incidirán en todos los detalles que puedan hacer más eficaz ese concepto de juego: espejear antes de recibir, utilizar una pequeña finta de 2-3 pasos para generar un espacio lejos del «rival», equilibrar el cuerpo antes de ejecutar el golpeo, encadenar el pase con el apoyo de salida para la aceleración, etc.

La que sigue a continuación hace referencia a la primera de las tareas que encontraremos en la parte principal de la sesión, siendo esta un juego de posición 4 vs. 4 + 3:

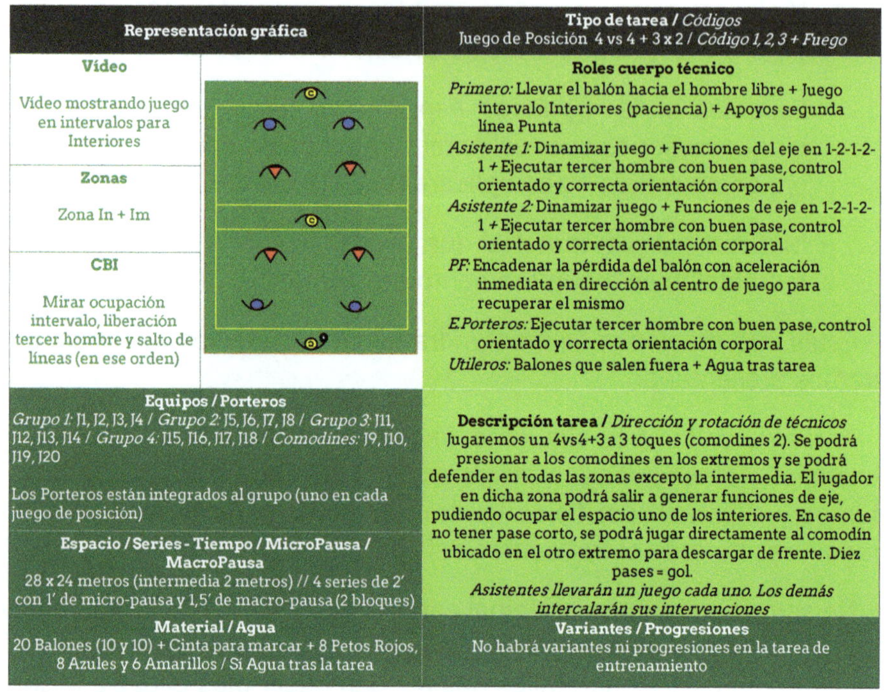

Representación gráfica	Tipo de tarea / *Códigos* Juego de Posición 4 vs 4 + 3 x 2 / *Código 1, 2, 3 + Fuego*
Vídeo Vídeo mostrando juego en intervalos para Interiores **Zonas** Zona In + Im **CBI** Mirar ocupación intervalo, liberación tercer hombre y salto de líneas (en ese orden)	**Roles cuerpo técnico** *Primero:* Llevar el balón hacia el hombre libre + Juego intervalo Interiores (paciencia) + Apoyos segunda línea Punta *Asistente 1:* Dinamizar juego + Funciones del eje en 1-2-1-2-1 + Ejecutar tercer hombre con buen pase, control orientado y correcta orientación corporal *Asistente 2:* Dinamizar juego + Funciones de eje en 1-2-1-2-1 + Ejecutar tercer hombre con buen pase, control orientado y correcta orientación corporal *PF:* Encadenar la pérdida del balón con aceleración inmediata en dirección al centro de juego para recuperar el mismo *E.Porteros:* Ejecutar tercer hombre con buen pase, control orientado y correcta orientación corporal *Utileros:* Balones que salen fuera + Agua tras tarea
Equipos / Porteros *Grupo 1:* J1, J2, J3, J4 / *Grupo 2:* J5, J6, J7, J8 / *Grupo 3:* J11, J12, J13, J14 / *Grupo 4:* J15, J16, J17, J18 / *Comodines:* J9, J10, J19, J20 Los Porteros están integrados al grupo (uno en cada juego de posición) **Espacio / Series - Tiempo / MicroPausa / MacroPausa** 28 x 24 metros (intermedia 2 metros) // 4 series de 2' con 1' de micro-pausa y 1,5' de macro-pausa (2 bloques)	**Descripción tarea** / *Dirección y rotación de técnicos* Jugaremos un 4vs4+3 a 3 toques (comodines 2). Se podrá presionar a los comodines en los extremos y se podrá defender en todas las zonas excepto la intermedia. El jugador en dicha zona podrá salir a generar funciones de eje, pudiendo ocupar el espacio uno de los interiores. En caso de no tener pase corto, se podrá jugar directamente al comodín ubicado en el otro extremo para descargar de frente. Diez pases = gol. *Asistentes llevarán un juego cada uno. Los demás intercalarán sus intervenciones*
Material / Agua 20 Balones (10 y 10) + Cinta para marcar + 8 Petos Rojos, 8 Azules y 6 Amarillos / Sí Agua tras la tarea	**Variantes / Progresiones** No habrá variantes ni progresiones en la tarea de entrenamiento

Figura 36. Tarea 1 parte principal (martes de tensión)

Si nos fijamos en los objetivos, tal y como apuntábamos anteriormente, dentro de este ejercicio aparecerán referencias sobre estructuras, principios, subprincipios y fundamentos, además de los aspectos micro —todas ellas partes inherentes del modelo de juego.

Referente a las zonas dinámicas, tendríamos la de intervención —muy solicitada— así como la intermedia, debido a la posición «fija» de los comodines exteriores. Al conocer previamente la aparición de estas zonas, también sabremos el tipo de relaciones que predominarán en el juego.

En cuanto a los CBI, la atención visual deberá dirigirse hacia la zona interválica de dos metros ubicada en la mitad del espacio de juego, a la vez que hacia el compañero más liberado para ocuparla con ventaja. Para el salto de línea hacia el comodín exterior opuesto no debería hacer faltar mirar, debido a que ya sabemos que estará allí, pero al entender la percepción también como una sensación —saber por experiencia que el compañero está en una posición determinada—, este criterio formará parte de la información perceptiva a tener en cuenta.

Hablando ahora del vídeo, este sería una imagen ejemplificadora del tipo de contenido que podríamos mostrar a los jugadores previo al inicio de la tarea —en este caso, el juego en intervalos.

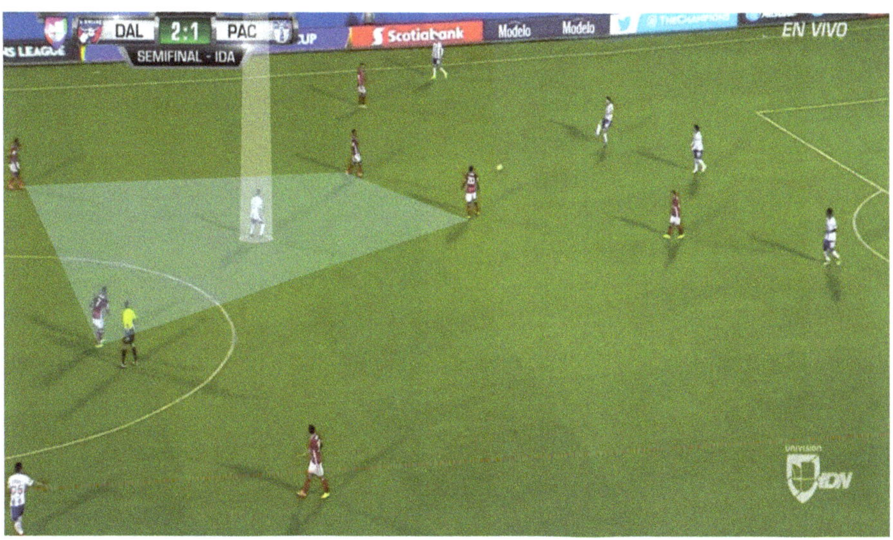

Imagen 56. Imagen de juego en intervalos que puede aparecer en el vídeo a mostrar antes de iniciar la tarea

Como apunte, puede que estés pensando en que se necesita un vasto cuerpo técnico para poder aplicar este tipo de metodología.

La realidad es que se necesitará ayuda y con gente de calidad, que pueda realizar labores pedagógicas y no solo dinamizadoras. Pero siempre existirá la posibilidad de repartir los roles de forma diferente; utilizar una distribución de objetivos por tarea que permita atenderlos correctamente; incluso formular una planificación conceptual de la semana menos ambiciosa en cuanto a número de aspectos a trabajar, asegurando así no diluir la calidad de las tareas.

En definitiva, siempre tendremos la opción de ver hasta qué punto podemos llevar a cabo el proceso de enseñanza-aprendizaje manteniendo la calidad de este, y hasta ahí será donde deberemos llegar. Creo firmemente que la única premisa que debería tener un entrenador

en todo momento es la de hacer lo mejor que pueda con lo mejor que tenga.

Vamos a presentar la tercera tarea del entrenamiento:

Representación gráfica / Vídeo / Zonas	**Tipo de tarea /** *Códigos* Partido Reducido P + 5 vs 5 + P + 1 x 2 / *Código 1, 2, 3*
No se utiliza vídeo / Zona In + Im 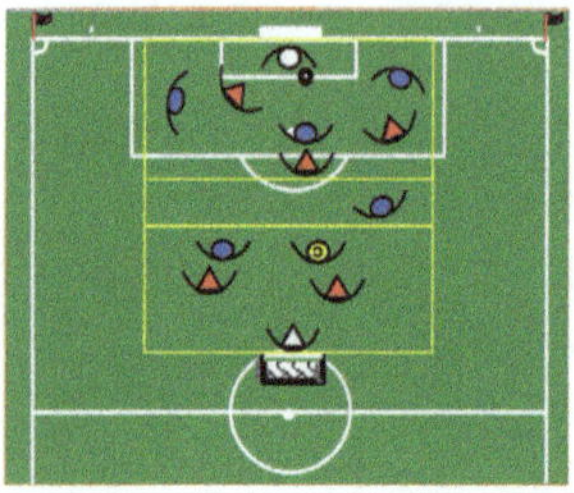 **CBI** - Mirar ocupación intervalo y liberación tercer hombre	**Roles cuerpo técnico** *Primero:* Llevar el balón hacia el hombre libre + Presión ante pase atrás + Finalizaciones *Asistente 1:* Dinamizar juego + Funciones de eje en 1-2-2-2 + Ejecutar tercer hombre con buen pase, control orientado y correcta orientación corporal *Asistente 2:* Dinamizar juego + Funciones de eje en P-2-2-2 + Ejecutar tercer hombre con buen pase, control orientado y correcta orientación corporal *PF:* Encadenar la pérdida del balón con aceleración inmediata en dirección al centro de juego para recuperar el mismo *E.Porteros:* Ejecutar tercer hombre con buen pase, control orientado y correcta orientación corporal *Utileros:* Dar balón a porteros + Balones que salen + Agua tras tarea
Equipos / Porteros *Grupo 1:* J1, J2, J3, J4, J5 / *Grupo 2:* J6, J7, J8, J9, J10 / *Grupo 3:* J11, J12, J13, J14, J15 / *Grupo 4:* J16, J17, J18, J19, J20 / *Comodines:* J21, J22 Los Porteros están integrados al grupo (uno por equipo). Dos porteros más 2 jugadores del filial subirán a completar.	**Descripción tarea /** *Dirección y rotación de técnicos* Jugaremos un torneo (6 partidos) de 5vs5+1 con porteros a 3 toques. Se podrá presionar y defender directamente en cualquier espacio del terreno de juego excepto en la zona intermedia, donde tendremos que esperar a que el balón entre en ella. Dicha zona central solo podrá estar ocupada por un jugador atacante. El comodín jugará en la última línea del equipo que tenga la posesión (estructura P-2-2-2) *Asistentes llevarán un juego cada uno. Los demás intercalarán sus intervenciones*
Espacio / Series - Tiempo / MicroPausa / MacroPausa 38 x 32 metros (intermedia 3 m.) // 6 partidos de 2' con 45" micro-pausa y 1,5' macro-pausa (2 rondas de 3 partidos)	
Material / Agua 20 Balones (10 y 10) + Cinta marcar + 1 Portería Oficial + 10 Petos Rojos, 10 Azules y 2 Amarillos / Sí Agua tras la tarea	**Variantes / Progresiones** No habrá variantes ni progresiones en la tarea de entrenamiento.

Figura 37. Tarea 2 parte principal (martes de tensión)

Para esta tarea, tal y como se puede observar, necesitaremos de dos porteros y dos jugadores más para completar los números. Normalmente, siempre pedimos que el segundo equipo pueda entrenar al mismo tiempo que el primero, de esta forma los jugadores que tengamos planificado que nos ayuden (de forma anticipada) en alguna de las tareas, podrán incorporarse rápidamente a estas.

Nuevamente, si no podemos acceder a esta posibilidad —tener jugadores de otros equipos del club disponibles—, siempre se podrán adecuar los números al contexto de la tarea, para seguir manteniendo patrones internos que garanticen el cumplimiento de los objetivos planteados para la misma.

Rescatando detalles importantes, las funciones de los utileros en referencia a la organización de balones, hidratación y todos los materiales necesarios para el correcto funcionamiento de la tarea serán primordiales —antes, durante y después de esta. Puedo decir por experiencia que los datos en vivo del GPS en referencia a las aceleraciones y desaceleraciones son considerablemente mayores cuando la dinámica del ejercicio fluye correctamente.

Vamos ahora con la última de las tareas para la sesión de tensión:

Representación gráfica / Vídeo / Zonas	**Tipo de tarea** / *Códigos* Trabajo Específico de Línea Delanteros / *Código Fuego*
Vídeo coordinación movimientos Punta - Extremo / Zona Im **CBI** - Mirar línea de pase (Punta) / Posición diagonal (Extremo)	**Roles cuerpo técnico** *Primero:* Coordinar entre compañeros de la línea los apoyos de segunda línea con las entradas hacia dentro *Asistente 1:* Ofrecer apoyo desde segunda línea Punta + Descarga de frente *Asistente 2:* Entrada hacia dentro Extremo + Control orientado con ambas piernas *PF:* Búsqueda de aceleraciones y desaceleraciones constantes *E.Porteros:* Focalizado en aspectos propios del portero *Utilero:* Balones que salen fuera + Agua tras tarea
Equipos / Porteros *Atacantes:* Grupo 1_J1, J2, J3 / Grupo 2_J10, J11, J12. *Defensores:* J6, J7, J8, J9 *Dinamizadores:* J4, J5 Los Porteros podrán alternar su participación. **Espacio / Series - Tiempo / MicroPausa / MacroPausa** 30 (15-15) x 34 (10-14-10) m. // 3 series de 4 acciones totales (2 por lado) y micro-pausa marcada por tiempo trabajo otro grupo	**Descripción tarea** / *Dirección y rotación de técnicos* Jugaremos un 5 vs 4 con portero. Los defensores dentro del espacio no podrán salir de su zona vertical (carril lateral o central), tratando de tapar líneas de pase. A su vez, el que está fuera podrá entrar al espacio solo cuando lo haga el punta. Los dinamizadores deberán conectar primero con punta para seguidamente descargar este hacia el extremo (se activará el que quede en diagonal al punta), con la posibilidad de finalizar contra el último defensor y el portero. *Todos los entrenadores participarán simultáneamente de la misma actividad.*
Material / Agua 15 Balones + Cinta para marcar + 4 Petos Rojos, 8 Azules / Sí Agua tras la tarea	**Variantes / Progresiones** No habrá variantes ni progresiones en la tarea de entrenamiento.

Figura 38. Tarea específica parte final (martes de tensión)

Esta última parte de la sesión estará dedicada a aquellos trabajos específicos en referencia a los fundamentos —en este caso de línea— que estén vinculados a aplicaciones de aceleración y desaceleración dentro del terreno de juego. No sería demasiado adecuado entrenar,

por ejemplo, fundamentos de recorridos horizontales a lo ancho del campo en un día de tensión.

Este tipo de trabajos específicos nos permitirán poner la lupa en los fundamentos y los aspectos micro del accionar del jugador. En los apoyos de segunda línea del punta podremos incidir en el uso de los brazos, el centro de gravedad bajo, la utilización de la parte interna del pie para la descarga, etc. De igual forma, para optimizar el movimiento hacia dentro del extremo podremos incidir en los tipos de apoyos contra el suelo, cambios de dirección con el pie opuesto mirando hacia la dirección de salida, cabeza alta para detectar espacios de orientación del balón, etc.

En definitiva, si nos fijamos bien, habremos iniciado y cerrado la sesión con dos tipos de tareas que permitirán el desarrollo al más mínimo detalle del accionar de nuestros jugadores, tratando de ofrecerles las máximas herramientas posibles para lidiar con la complejidad e imprevisibilidad del juego.

Para finalizar con este primer día de adquisición vamos a comentar dos aspectos que, como ya hemos presentado anteriormente, habrá que tener en cuenta a nivel de diseño de sesión.

El primero, la progresión metodológica. En este caso hemos utilizado un formato «inicio-fin» de forma muy clara, manteniendo ciertos requerimientos muy similares de interpretación del juego, implementaciones técnicas, espacios y estructuras, a lo largo de la sesión.

El segundo, los aspectos relacionados con el plan de juego. Conociendo que el equipo rival tapará las líneas de pase de una forma en la cual entrarán perfectamente los terceros hombres, así como abrirá ciertos intervalos entre líneas muy aprovechables, hemos estado insistiendo en ambos aspectos durante el entrenamiento.

Eso sí, al ser conceptos que también integra nuestro propio modelo de juego, el jugador no sabrá aún que van a ser clave para el fin de semana. No será hasta el viernes que, una vez ya desarrollados en los días anteriores, los consolidaremos con los trabajos específicos para la preparación del encuentro.

Miércoles. Día de duración

Llegamos al segundo día de adquisición, el cual estará centrado en los componentes fisiológicos de duración. En él podremos ver estructuras más completas del equipo, desempeñándose este dentro de espacios grandes.

Los objetivos para la sesión serán los siguientes:

OBJETIVOS MIÉRCOLES		
Estructuras transversales		
Bioenergética	*Mental*	
Solicitar sistema energético aeróbico y sistema cardiorrespiratorio	Conectar con la idea del viajar juntos en todo momento, tanto con el balón como sin él	
Estructuras básicas		
Cognitiva	*Coordinativa*	*Condicional*
Sacar ventajas del posicionamiento de P-3-1-3-3 y P-3-3-1-3 durante salidas (portería y dinámica) Acumular y circular (introducir uso de tercer hombre) para iniciar el juego con mayor ventaja Sacar el balón de la zona rápidamente tras recuperación para evitar nueva pérdida	Ejecutar el tercer hombre con buen pase, control orientado y correcta orientación corporal Correctos desplazamientos a nivel de pasos, orientación del perfil corporal, giros y centro de gravedad	Buscar la continuidad en las acciones Fluir en los recorridos, realizando un encadenamiento constante de los mismos
Estructuras satélite		
Expresivo-creativa	*Emotivo-volitiva*	*Socio-afectiva*
Detectar cuándo utilizar el juego individual para solucionar una situación con espacio y tiempo reducidos	Gestionar la concentración durante los recorridos defensivos, para no perder en ningún momento la conexión con los compañeros	Mantener el bloque compacto y conectado tanto en P-4-1-4-1 (medio) como en P-4-4-1-1 (bajo), comunicando el portero los recorridos

Tabla 27. Objetivos de trabajo relacionados con el nivel estructural jugador (miércoles de duración)

Para empezar a entrenar los objetivos anteriores, iniciaremos el día con una activación basada en un rondo geométrico. Llamamos así a los rondos que presentan formas diferentes a las del cuadrado o el círculo —que son los básicos. En el caso que nos ocupa, el rondo que utilizaremos invitará a los jugadores a posicionarse de forma hexagonal:

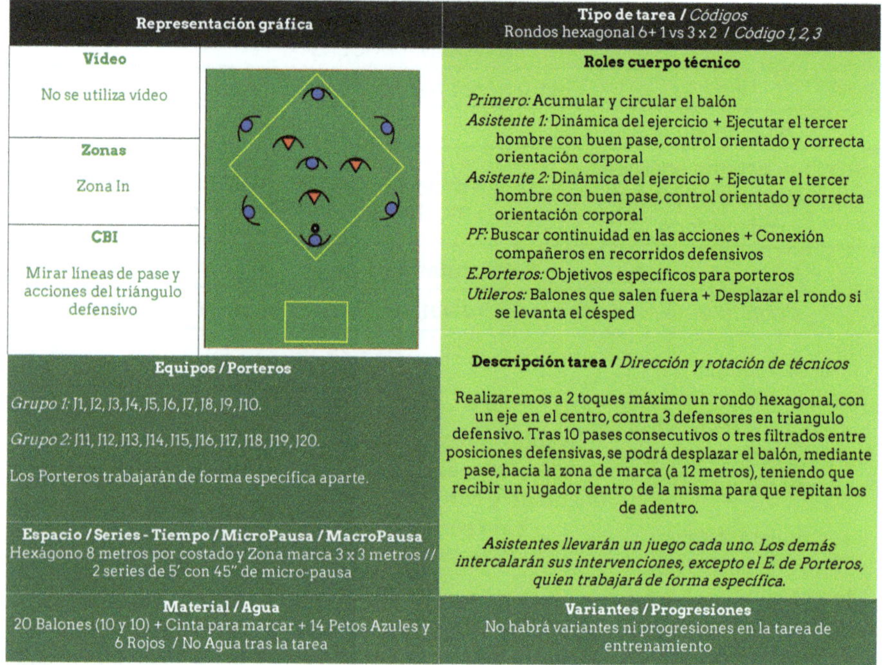

Representación gráfica	Tipo de tarea / *Códigos* Rondos hexagonal 6+1 vs 3 x 2 / *Código 1, 2, 3*
Vídeo No se utiliza vídeo **Zonas** Zona In **CBI** Mirar líneas de pase y acciones del triángulo defensivo	**Roles cuerpo técnico** *Primero:* Acumular y circular el balón *Asistente 1:* Dinámica del ejercicio + Ejecutar el tercer hombre con buen pase, control orientado y correcta orientación corporal *Asistente 2:* Dinámica del ejercicio + Ejecutar el tercer hombre con buen pase, control orientado y correcta orientación corporal *PF:* Buscar continuidad en las acciones + Conexión compañeros en recorridos defensivos *E.Porteros:* Objetivos específicos para porteros *Utileros:* Balones que salen fuera + Desplazar el rondo si se levanta el césped
Equipos / Porteros *Grupo 1:* J1, J2, J3, J4, J5, J6, J7, J8, J9, J10. *Grupo 2:* J11, J12, J13, J14, J15, J16, J17, J18, J19, J20. Los Porteros trabajarán de forma específica aparte. **Espacio / Series - Tiempo / MicroPausa / MacroPausa** Hexágono 8 metros por costado y Zona marca 3 x 3 metros // 2 series de 5' con 45" de micro-pausa	**Descripción tarea** / *Dirección y rotación de técnicos* Realizaremos a 2 toques máximo un rondo hexagonal, con un eje en el centro, contra 3 defensores en triangulo defensivo. Tras 10 pases consecutivos o tres filtrados entre posiciones defensivas, se podrá desplazar el balón, mediante pase, hacia la zona de marca (a 12 metros), teniendo que recibir un jugador dentro de la misma para que repitan los de adentro. *Asistentes llevarán un juego cada uno. Los demás intercalarán sus intervenciones, excepto el E. de Porteros, quien trabajará de forma específica.*
Material / Agua 20 Balones (10 y 10) + Cinta para marcar + 14 Petos Azules y 6 Rojos / No Agua tras la tarea	**Variantes / Progresiones** No habrá variantes ni progresiones en la tarea de entrenamiento

Figura 39. Tarea de activación (miércoles de duración)

Tanto este ejercicio como en el siguiente vamos a llevar la atención a las funciones del preparador físico. Estas no solo estarán vinculadas al control de tiempos y pausas, sino también a la continuidad de las acciones —garantizando así los parámetros de duración— y a su correspondiente contenido asertivo-motriz de conexión entre defensores ubicados dentro del rondo.

Este primer ejercicio será un preludio excelente para el juego de posición que vendrá a continuación:

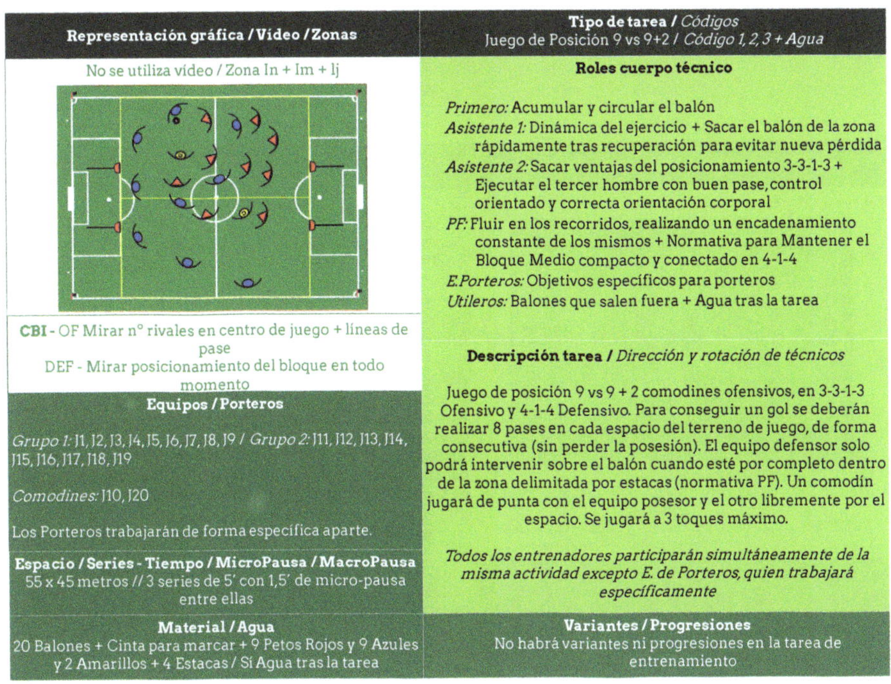

Representación gráfica / Vídeo / Zonas	Tipo de tarea / *Códigos* Juego de Posición 9 vs 9+2 / *Código 1, 2, 3 + Agua*
No se utiliza vídeo / Zona In + Im + Ij	**Roles cuerpo técnico** *Primero:* Acumular y circular el balón *Asistente 1:* Dinámica del ejercicio + Sacar el balón de la zona rápidamente tras recuperación para evitar nueva pérdida *Asistente 2:* Sacar ventajas del posicionamiento 3-3-1-3 + Ejecutar el tercer hombre con buen pase, control orientado y correcta orientación corporal *PF:* Fluir en los recorridos, realizando un encadenamiento constante de los mismos + Normativa para Mantener el Bloque Medio compacto y conectado en 4-1-4 *E.Porteros:* Objetivos específicos para porteros *Utileros:* Balones que salen fuera + Agua tras la tarea
CBI - OF Mirar nº rivales en centro de juego + líneas de pase DEF - Mirar posicionamiento del bloque en todo momento	**Descripción tarea** / *Dirección y rotación de técnicos* Juego de posición 9 vs 9 + 2 comodines ofensivos, en 3-3-1-3 Ofensivo y 4-1-4 Defensivo. Para conseguir un gol se deberán realizar 8 pases en cada espacio del terreno de juego, de forma consecutiva (sin perder la posesión). El equipo defensor solo podrá intervenir sobre el balón cuando esté por completo dentro de la zona delimitada por estacas (normativa PF). Un comodín jugará de punta con el equipo posesor y el otro libremente por el espacio. Se jugará a 3 toques máximo. *Todos los entrenadores participarán simultáneamente de la misma actividad excepto E. de Porteros, quien trabajará específicamente*
Equipos / Porteros *Grupo 1:* J1, J2, J3, J4, J5, J6, J7, J8, J9 / *Grupo 2:* J11, J12, J13, J14, J15, J16, J17, J18, J19 *Comodines:* J10, J20 Los Porteros trabajarán de forma específica aparte.	
Espacio / Series - Tiempo / MicroPausa / MacroPausa 55 x 45 metros // 3 series de 5' con 1,5' de micro-pausa entre ellas	
Material / Agua 20 Balones + Cinta para marcar + 9 Petos Rojos y 9 Azules y 2 Amarillos + 4 Estacas / Sí Agua tras la tarea	**Variantes / Progresiones** No habrá variantes ni progresiones en la tarea de entrenamiento

Figura 40. Tarea 1 parte principal (miércoles de duración)

Tal y como hemos avanzado, la interrelación entre la activación y el primer ejercicio de la parte principal será alta. Transfiriendo las acciones de la zona de intervención a un contexto donde aparecen las otras dos —intermedia y lejana—, podremos optimizar el uso de las mismas gracias a la aplicación del rondo dentro del juego de posición.

Si nos fijamos bien, también veremos un objetivo que se comparte entre esta sesión y la del día anterior (el martes). Nos referimos al tercer hombre. Este concepto en específico podríamos decir que se presentará mediante una progresión transversal, debido a que conecta entre una sesión y otra.

Llevando ahora la atención al rol de preparador físico, este ha seguido evolucionando, estando ahora vinculado a los recorridos de todo el equipo durante la fase de no posesión, los cuales estarán constreñidos a su vez por la normativa que precisamente él deberá atender durante el ejercicio.

Presentemos ahora el tercer trabajo para este miércoles de duración:

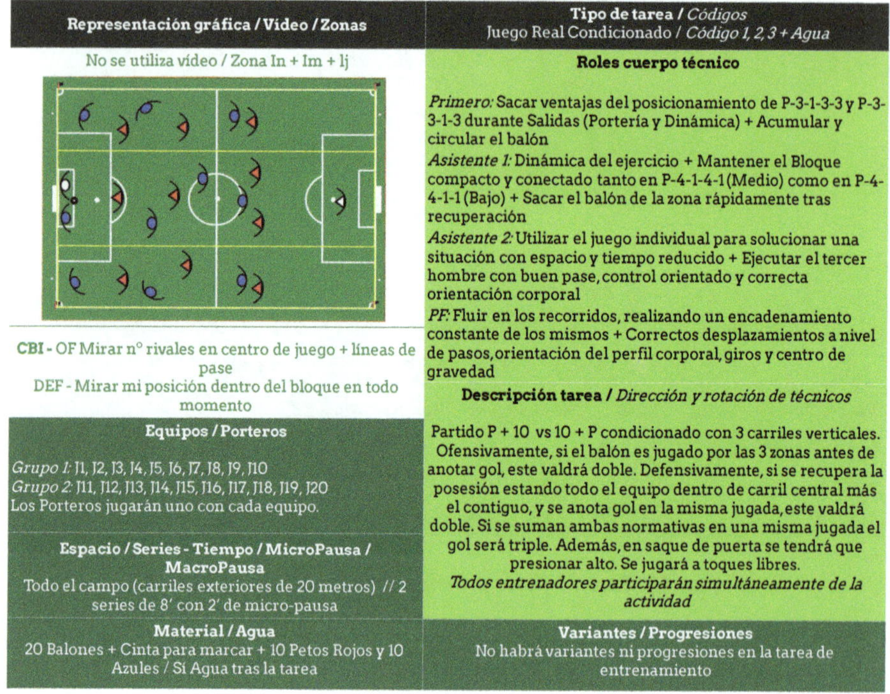

Representación gráfica / Video / Zonas	**Tipo de tarea** / *Códigos* Juego Real Condicionado / *Código 1, 2, 3 + Agua*
No se utiliza vídeo / Zona In + Im + Ij **CBI** - OF Mirar nº rivales en centro de juego + líneas de pase DEF - Mirar mi posición dentro del bloque en todo momento	**Roles cuerpo técnico** *Primero:* Sacar ventajas del posicionamiento de P-3-1-3-3 y P-3-3-1-3 durante Salidas (Portería y Dinámica) + Acumular y circular el balón *Asistente 1:* Dinámica del ejercicio + Mantener el Bloque compacto y conectado tanto en P-4-1-4-1 (Medio) como en P-4-4-1-1 (Bajo) + Sacar el balón de la zona rápidamente tras recuperación *Asistente 2:* Utilizar el juego individual para solucionar una situación con espacio y tiempo reducido + Ejecutar el tercer hombre con buen pase, control orientado y correcta orientación corporal *PF:* Fluir en los recorridos, realizando un encadenamiento constante de los mismos + Correctos desplazamientos a nivel de pasos, orientación del perfil corporal, giros y centro de gravedad
Equipos / Porteros *Grupo 1:* J1, J2, J3, J4, J5, J6, J7, J8, J9, J10 *Grupo 2:* J11, J12, J13, J14, J15, J16, J17, J18, J19, J20 Los Porteros jugarán uno con cada equipo. **Espacio / Series - Tiempo / MicroPausa / MacroPausa** Todo el campo (carriles exteriores de 20 metros) // 2 series de 8' con 2' de micro-pausa	**Descripción tarea** / *Dirección y rotación de técnicos* Partido P + 10 vs 10 + P condicionado con 3 carriles verticales. Ofensivamente, si el balón es jugado por las 3 zonas antes de anotar gol, este valdrá doble. Defensivamente, si se recupera la posesión estando todo el equipo dentro de carril central más el contiguo, y se anota gol en la misma jugada, este valdrá doble. Si se suman ambas normativas en una misma jugada el gol será triple. Además, en saque de puerta se tendrá que presionar alto. Se jugará a toques libres. *Todos entrenadores participarán simultáneamente de la actividad*
Material / Agua 20 Balones + Cinta para marcar + 10 Petos Rojos y 10 Azules / Sí Agua tras la tarea	**Variantes / Progresiones** No habrá variantes ni progresiones en la tarea de entrenamiento

Figura 41. Tarea 2 parte principal (miércoles de duración)

Tal y como el nombre del tipo de tarea indica, este es un juego real condicionado. Los condicionantes, que llamamos constreñimientos contextuales, tendrán que ser aplicados durante el juego para que el entorno tienda a ser tal y como lo planeamos.

Lo que se recomienda hacer en tareas donde la normativa es un poco más compleja de lo habitual es esperar entre dos y tres minutos a que ambos equipos la integren y la cumplan. Una vez lo hagan, ya podremos empezar a desarrollar los contenidos de juego —hacerlo antes será poco productivo.

Una cuestión que puede aparecer aquí es: ¿no será demasiada información para los jugadores? ¿No los volveremos locos al darles tantas indicaciones diferentes?

Si analizamos bien la organización de dichas informaciones, cuando el equipo tenga la posesión solo deberá atender a la estructura colectiva a utilizar, así como a acumular y girar el juego. ¿Y qué hay del tercer hombre? Este prácticamente saldrá de forma autorregulada, al haberlo trabajado tanto el día anterior. Deberemos insistir muy poco en él.

Para acabar con la fase ofensiva, solo el jugador que, en algún momento muy particular, se encuentre encerrado y deba recurrir a un desequilibrio individual para garantizar la continuidad de la fase ofensiva, tendrá una tarea extra durante ese pequeño instante.

A nivel defensivo, deberán detectar si están en bloque medio o bajo para estructurarse debidamente, mantenerse compactos recorriendo de forma armónica y gestionando su propia motricidad a nivel micro. Solo cuando se recupere el balón, se añadirá la tarea extra de sacarlo rápidamente de la zona para mantener la posesión.

Como ven, aunque lo parezca, no es nada excesivo. Y para los entrenadores tampoco, ya que si se fijan, sus objetivos están agrupados por fases, solamente teniendo que atender a una de ellas durante el transcurso del juego.

Además, como explica Morin (2001) con su concepto de borrosidad, el pensamiento humano puede razonar sin problema con enunciados y conceptos inciertos o indecidibles. Eso significa que, aun estando el jugador inmerso en la tarea, si este solo recibiera parte de la idea que intentamos desarrollar en el mismo, podría acabar desplegándola entera sin problema alguno.

Avanzando en el entrenamiento, ¿qué te parece esta imagen?

Imagen 57. Imagen de recorridos de la línea defensiva que puede aparecer en el vídeo a mostrar antes de iniciar la tarea

La podríamos utilizar perfectamente para mostrar a los jugadores los comportamientos grupales que buscaremos en el siguiente ejercicio, enmarcado dentro de los trabajos de tipo situacional:

Representación gráfica / Vídeo / Zonas	**Tipo de tarea** / *Códigos* Trabajo Específico por posiciones / *Comunicación Portero*
Vídeo coordinación movimientos línea defensiva / Zona In + Im + Ij **CBI** - DEF Mirar siempre mi posición dentro de la línea	**Roles cuerpo técnico** *Primero:* Mantener la amplitud en los recorridos horizontales *Asistente 1:* Dinámica del ejercicio (roles ofensivos) + Asegurar la correcta circulación ofensiva del balón *Asistente 2:* Concentración y conexión durante los recorridos + Sacar el balón de la zona rápidamente tras recuperación *PF:* Fluir en los recorridos, realizando un encadenamiento constante de los mismos + Correctos desplazamientos a nivel de pasos, orientación del perfil corporal, giros y centro de gravedad *E.Porteros:* Comunicación de los recorridos por parte del portero *Utilero:* Balones que salen fuera + Agua tras tarea
Equipos / Porteros *Líneas defensivas:* Grupo 1_J1, J2, J3, J4 / Grupo 2_J10, J11, J12, J13 *Atacantes:* J6, J7, J8, J9 / *Dinamizadores:* J5, J14, J15 Participarán ambos porteros, uno con cada línea defensiva. **Espacio / Series - Tiempo / MicroPausa / MacroPausa** Medio campo (carril exteriores de 20 metros) // 3 series de 4 acciones, con 1,5' de micro-pausa	**Descripción tarea** / *Dirección y rotación de técnicos* Jugaremos un 7 vs 4 con portero. Los defensores intentarán evitar la llegada del balón dentro del área. Los atacantes jugarán 3-4, sin que ninguno de los tres dinamizadores pueda sumarse al ataque, y con toques libres. Si recuperan el balón, los defensores podrán marcar gol de forma directa lanzando el balón hacia una de los dos porterías que no se encuentran dentro del carril donde recuperaron la posesión. *Todos los entrenadores participarán simultáneamente de la misma actividad.*
Material / Agua 15 Balones + Cinta para marcar + 8 Petos Rojos, 4 Azules y 3 Amarillos + 3 Porterías pequeñas / Sí Agua tras la tarea	**Variantes / Progresiones** No habrá variantes ni progresiones en la tarea de entrenamiento

Figura 42. Tarea específica parte final (miércoles de duración)

Acabaremos la sesión con un trabajo específico por línea, en concreto para la línea defensiva. Como habrás podido apreciar, lo que haremos es mantener un contexto similar al del último ejercicio, pero realizando un *zoom* a la situación específica que queremos optimizar.

En lugar de estar recorriendo la línea de un costado a otro conectada con el colectivo, compartiendo su objetivo operativo en ese momento, lo que conseguiremos mediante este ejercicio es reducir el foco atencional a solamente los integrantes que la conforman, pudiendo así conectar con la intención táctica compartida únicamente entre ellos, así como con su asertivo-motricidad.

El nivel de transferencia buscado es tan grande entre el juego de posesión —segunda tarea— y esta última, que incluso se decidieron mantener los parámetros tras recuperación: cuando los defensores ganen la posesión, seguirán sacando el balón rápidamente del centro de juego.

Vamos a terminar la exposición de la sesión de duración con una pregunta, ¿sería posible que los jugadores en funciones de comodín —menores distancias recorridas— hayan jugado tan bien en el rondo inicial que no hayan tenido que desplazarse demasiado? De ser así, lo más seguro es que estos jugadores estarían en un nivel fisiológico de adquisición insuficiente, al haber jugado muy posicional en prácticamente el 50% del entrenamiento.

Cabe destacar que, si tenemos la opción de monitorearlo en vivo, se abrirá la posibilidad de intervenir al instante. ¿Cómo?

Muy sencillo. Preparando una tarea extra —solamente para esos jugadores— con la finalidad de que cubran con las demandas fisiológicas preestablecidas para el día.

A nivel anecdótico, ha habido algunos entrenamientos —sobre todo en pretemporadas—, donde hemos puesto el foco tan fijo en la parte táctica del modelo de juego que hemos dejado de solicitar ciertas capacidades. Obviamente, las compensábamos al final de cada entrenamiento.

Pero lo más curioso de todo lo anterior es que debido a esta tendencia que empezamos a mostrar sesión tras sesión, Gustavo, el fisiólo-

go, al ver que la necesidad de compensación era inminente tras cada entrenamiento, empezó a preparar tareas a ejecutar durante la activación de estos, compensando de forma anticipada al equipo antes de entrar en la parte principal del entrenamiento.

Tengo que decir que nos funcionó excelentemente.

A nivel de progresión metodológica en la sesión del miércoles, volvemos a encontrarnos con el tipo «inicio-fin», excepto para el concepto del tercer hombre —como ya hemos comentado.

En cuanto a la preparación del partido del fin de semana, al pedir al equipo defensor, en el segundo ejercicio de la parte principal, que presionara la salida de balón del otro equipo, lo que estábamos buscando era reproducir el tipo de bloque alto estático que nos vamos a encontrar en tres días —solucionable precisamente a partir del uso del tercer hombre.

Jueves. Día de velocidad

Tareas más estructuradas para conectar esfuerzos de alta velocidad interrelacionados con comportamientos tácticos. Ese sería el resumen del día de velocidad.

Ahí van los objetivos planteados:

OBJETIVOS JUEVES	
Estructuras transversales	
Bioenergética	Mental
Solicitar sistema de fosfágenos y neuromuscular (SNC y fibras rápidas)	Naturalizar las transiciones en el juego, fluyendo en ellas sin hipertonía debido a previo error o ansiedad por gran oportunidad

Estructuras básicas		
Cognitiva	Coordinativa	Condicional
Reequilibrar defensivamente al equipo tras pérdida de balón durante progresión del juego Diferenciar el contragolpe directo de la transición ofensiva de hundir y tocar	Ajustar el timing de llegada al balón, reduciendo la velocidad antes del impacto con el mismo para garantizar parámetros coordinativos	Buscar acciones a altas velocidades Recuperar las posiciones al 100% de esfuerzo
Optimizar el ataque y la defensa del área Ajustar estructura, juego en largo y segundo balón durante los últimos 5 minutos del partido	Centrar al área en carrera, fuerte y tenso	Atacar los espacios al 100% de esfuerzo
Estructuras satélite		
Expresivo-creativa	Emotivo-volitiva	Socio-afectiva
Aplicar inventiva en las acciones de mano a mano ofensivo o de remate a gol en balones laterales	Conectar con el esfuerzo y compromiso para conseguir el objetivo individual de no ser superado en el mano a mano	Leer la acción del compañero para coordinarla con la mía, detectando los espacios que pretende ocupar para atacar yo otros

Tabla 28. Objetivos de trabajo relacionados con el nivel estructural jugador (jueves de velocidad)

La primera tarea, que se ejecutará tras haber activado de forma general con el preparador físico todos los sistemas involucrados necesarios, va a estar enfocada en la resolución de situaciones de mano a mano:

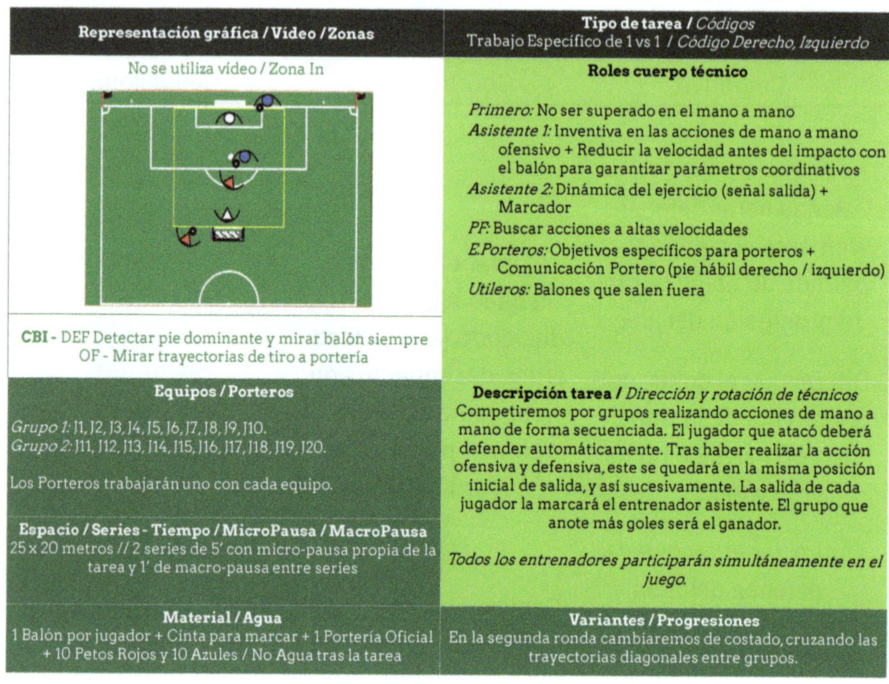

Representación gráfica / Vídeo / Zonas	Tipo de tarea / *Códigos* Trabajo Específico de 1 vs 1 / *Código Derecho, Izquierdo*
No se utiliza vídeo / Zona In	**Roles cuerpo técnico** *Primero:* No ser superado en el mano a mano *Asistente 1:* Inventiva en las acciones de mano a mano ofensivo + Reducir la velocidad antes del impacto con el balón para garantizar parámetros coordinativos *Asistente 2:* Dinámica del ejercicio (señal salida) + Marcador *PF:* Buscar acciones a altas velocidades *E.Porteros:* Objetivos específicos para porteros + Comunicación Portero (pie hábil derecho / izquierdo) *Utileros:* Balones que salen fuera
CBI - DEF Detectar pie dominante y mirar balón siempre OF - Mirar trayectorias de tiro a portería	
Equipos / Porteros *Grupo 1:* J1, J2, J3, J4, J5, J6, J7, J8, J9, J10. *Grupo 2:* J11, J12, J13, J14, J15, J16, J17, J18, J19, J20. Los Porteros trabajarán uno con cada equipo.	**Descripción tarea** / *Dirección y rotación de técnicos* Competiremos por grupos realizando acciones de mano a mano de forma secuenciada. El jugador que atacó deberá defender automáticamente. Tras haber realizar la acción ofensiva y defensiva, este se quedará en la misma posición inicial de salida, y así sucesivamente. La salida de cada jugador la marcará el entrenador asistente. El grupo que anote más goles será el ganador. *Todos los entrenadores participarán simultáneamente en el juego.*
Espacio / Series - Tiempo / MicroPausa / MacroPausa 25 x 20 metros // 2 series de 5' con micro-pausa propia de la tarea y 1' de macro-pausa entre series	
Material / Agua 1 Balón por jugador + Cinta para marcar + 1 Portería Oficial + 10 Petos Rojos y 10 Azules / No Agua tras la tarea	**Variantes / Progresiones** En la segunda ronda cambiaremos de costado, cruzando las trayectorias diagonales entre grupos.

Figura 43. Tarea de activación específica (jueves de velocidad), tras un calentamiento más genérico

Al tratarse de esfuerzos de alta demanda de fibras rápidas, deberemos haber activado a nuestros jugadores de forma más genérica antes de exigirles dicho tipo de esfuerzos en situaciones más específicas, como las que se presentaron en la tarea.

Entrando ya en la parte principal de la sesión, veremos que la progresión metodológica —nuevamente «inicio-fin»— estará conectada a un formato top-down. Es decir, que empezaremos entrenando todo el colectivo para seguidamente pasar a entrenar sectores de este —el formato bottom-up sería del sector hacia el equipo.

La primera tarea será un juego episódico enmarcado dentro de una anticipación de acontecimientos (desarrollada en los extras del modelo de juego):

Representación gráfica	Tipo de tarea / *Códigos* Juego Episódico 5 últimos minutos partido / *Código Rojo*
Vídeo No se utiliza vídeo **Zonas** Zona In + Im + Ij **CBI** Mirar trayectoria primer balón + caída segundo	**Roles cuerpo técnico** *Primero:* Ajustar juego en largo y segundo balón durante los último 5 minutos del partido *Asistente 1:* Dinámica del ejercicio jugadores ofensivos + Ajuste estructura P-4-2-3-1 *Asistente 2:* Dinámica del ejercicio jugadores defensivos *PF:* Buscar acciones a altas velocidades + Límite temporal *E.Porteros:* Objetivos específico para porteros referentes al juego en largo con los pies *Utileros:* Balones que salen fuera + Agua en macro-pausa y tras la tarea
Equipos / Porteros *Grupo 1:* J1, J2, J3, J4, J5, J6, J7, J8, J9, J10. *Grupo 2:* J11, J12, J13, J14, J15, J16, J17, J18, J19, J20. Ambos porteros trabajan de forma alternada en la misma portería. **Espacio / Series - Tiempo / MicroPausa / MacroPausa** 55 x 50 metros // 2 series (una por equipo) de 8 balones con 1' de micro-pausa entre balones y 3' macro-pausa entre **Material / Agua** 20 Balones + Cinta marcar + 1 Portería Oficial + 10 Petos Rojos y 10 Azules + 3 Porterías mini / Sí Agua en y tras tarea	**Descripción tarea / *Dirección y rotación de técnicos*** El equipo ofensivo (estructura P-4-2-3-1) jugará en largo antes de 4 pases para ganar el segundo balón y anotar gol en una de las 3 porterías pequeñas. A su vez, los defensores tratarán de presionar fuerte y hacerse posteriormente con el segundo balón para contragolpear hacia la portería oficial. Tras dicho segundo balón, toda acción (de cualquier equipo) tendrá un limite temporal de 8 segundos. *Todos los entrenadores participarán simultáneamente de la misma actividad.* **Variantes / Progresiones** No habrá variantes ni progresiones en la tarea de entrenamiento

Figura 44. Tarea 1 parte principal (jueves de velocidad)

Tras detectar de forma recurrente que, en los últimos cinco minutos de los partidos, cuando el equipo iba ganando por una diferencia mínima, este no era capaz de sostener adecuadamente ese último período del encuentro, se decidió incorporar, dentro de la anticipación de acontecimientos, la acción de corte que se ha podido observar en la tarea anterior.

Con una estructura más acoplada al juego en largo y al correspondiente segundo balón, el equipo tratará de internalizar esa estrategia como plan de emergencia para cuando se empiece a detectar que se entra en la dinámica descrita.

Avanzando en la sesión, vamos a presentar el segundo ejercicio, este ya enfocado a un trabajo más sectorial y con solamente una dirección, es decir, que únicamente se jugará una fase del juego —posesión o no posesión. En los días de velocidad, este tipo de trabajo unidireccional encajará muy bien:

Representación gráfica		Tipo de tarea / *Códigos* Juego Episódico Transiciones / *No hay código*
Vídeo No se utiliza vídeo **Zonas** Zona In + Im + lj **CBI** OF Mirar desequilibrios numéricos y espaciales DEF - Mirar desequilibrios espaciales y posición compañeros		**Roles cuerpo técnico** *Primero:* Reorganización de la línea defensiva tras pérdida de balón durante la progresión del juego *Asistente 1:* Diferenciar el contragolpe directo de la transición ofensiva de hundir y tocar *Asistente 2:* Dinámica del ejercicio + Reducir la velocidad antes del impacto con el balón para garantizar parámetros coordinativos *PF:* Recuperar las posiciones al 100% de esfuerzo + Límite temporal *E.Porteros:* Objetivos específicos para porteros *Utileros:* Balones que salen fuera + Agua tras la tarea
Equipos / Porteros *Defensores:* Grupo 1_J1, J2, J3, J4, J5 / Grupo 2_J11, J12, J13, J14, J15. *Atacantes:* Grupo 1_J6, J7, J8, J9, J10 / Grupo 2_J16, J17, J18, J19, J20. Ambos porteros trabajan alternadamente en la misma portería.		**Descripción tarea /** *Dirección y rotación de técnicos* Jugaremos 4 balones por costado y equipo en un formato de transición ofensiva contra transición defensiva. El equipo que defiende tendrá un lateral en pérdida (estructura P-2-3) y el que ataca saldrá al contragolpe (estructura 4-1). El inicio de la secuencia será siempre con la conducción del central del costado activo más la pérdida correspondiente. Se deberá terminar la jugada antes de los 10 segundos desde que inicia la misma, ya sea de forma directa o hundiendo y tocando. *Todos los entrenadores participarán simultáneamente en el juego*
Espacio / Series - Tiempo / MicroPausa / MacroPausa Medio campo // 1 serie de 8 balones por equipo con micro-pausas propias de la tarea		
Material / Agua 20 Balones + Cinta para marcar + 10 Petos Rojos y 10 Azules + 5 Conos Amarillos y 6 Rojos / Sí Agua tras la tarea		**Variantes / Progresiones** No habrá variantes ni progresiones en la tarea de entrenamiento

Figura 45. Tarea 2 parte principal (jueves de velocidad)

A veces, el tipo de contexto como el que apareció en el ejercicio presentado nos parece demasiado específico para considerarse episódico, pero este hecho ocurre porque el formato utilizado para el cumplimiento de la adquisición fisiológica nos despista.

Vamos a explicarlo bien. La secuencia que se planteó en la tarea es totalmente episódica del juego, en ningún caso situacional, ya que las circunstancias de aplicación de las resoluciones tácticas son complejas. La posible confusión puede producirse por la contextualización dirigida hacia esfuerzos limpios de velocidad, la cual hace más puras las acciones físicas, pero no resta complejidad a las tácticas.

Llevando ahora la atención hacia los roles del cuerpo técnico, vamos a ver cómo están estos interrelacionados.

El entrenador principal estará guiando a la línea defensiva en su reorganización, mientras el primer asistente tratará de ayudar a los atacantes a utilizar la transición ofensiva más adecuada. A su vez, el segundo asistente estará centrado en que la tarea funcione correctamente —que todos salgan de su posición en el momento que toca, la secuencia inicial de conducción más pérdida sea correctamente ejecutada, etc.—, además de atender a las acciones técnicas a alta velocidad de los atacantes al llegar al último tercio. El preparador físico estará llevando el tiempo de trabajo y descanso, además del límite temporal implícito en las oleadas, y asegurará un 100% de esfuerzo en las acciones de velocidad implementadas por los defensores al retroceder hacia su portería.

Finalmente, el entrenador de porteros estará trabajando objetivos específicos de su posición, como podría ser la altura del portero en funciones de cobertura por si el rival lanza un balón a la espalda de la línea defensiva; y los utileros estarán pendientes de los balones e hidratación correspondientes.

¡Todo el mundo conectado a ofrecer la máxima calidad de enseñanza-aprendizaje!

Muchas veces hemos visto el mismo ejercicio, de forma exacta, ser utilizado por varios entrenadores. Podríamos pensar que están entrenando igual debido al uso de un contexto prácticamente idéntico, pero el hecho de que utilicen en él informaciones diferentes hacia sus jugadores hará que el desarrollo de la tarea sea completamente distinto.

Un simple rondo de 4 vs. 2 puede ser eso, sencillamente cuatro jugadores que se pasan el balón alrededor de dos defensores, o bien podrá ser un espacio excelente para la optimización de líneas de pase, orientaciones corporales, perfiles de juego, pases filtrados, acosos al poseedor cerrando ángulos de pase, coberturas al compañero en diagonal para cortar líneas de filtrado, etc. Habrá entrenadores que se focalizarán en la parte defensiva del mismo, otros que lo harán en la ofensiva, y algunos que repartirán las funciones entre los integrantes de su cuerpo técnico para abarcar todos los aspectos potenciales de entrenamiento.

Gestionar correctamente los roles y las informaciones que estos ofrecerán dentro de la tarea permitirá precisamente la última de las posibilidades descritas.

Para terminar con el día, habremos ido desde la salida de balón dinámica en largo —en el primer ejercicio de la parte principal—, pasando en la tarea anterior por la progresión del juego —con pérdidas de balón durante la misma—, hasta esta última actividad, centrada en el ataque y la defensa del área:

Representación gráfica / Vídeo / Zonas	Tipo de tarea / *Códigos* T. Específico Ataque y Defensa área / *Comunicación Portero*
Vídeo ataque del área / Zona In + Im **CBI** - OF Mirar movimientos compañeros + trayectoria balón OF con balón - Mirar compañero con más ventaja DEF - Detectar atacantes más próximos a portería	**Roles cuerpo técnico** *Primero:* Leer la acción del compañero para atacar los espacios libres (Punta) y los no ocupados (Enganches) dentro del área *Asistente 1:* Priorizar marca jugadores más cercanos a portería *Asistente 2:* Dinámica del ejercicio + Centro al área, fuerte y tenso + Inventiva en las acciones de remate a gol en balones laterales *PF:* Atacar los espacios al 100% de esfuerzo + Reducir la velocidad antes del impacto con el balón para garantizar parámetros coordinativos *E.Porteros:* Objetivos específicos para porteros + Comunicación de marcas dentro del área *Utileros:* Balones que salen fuera + Agua en macro-pausa y tras la tarea
Equipos / Porteros *Defensores:* Grupo 1_J1, J2, J3 / Grupo 2_ J4, J5, J11 / Grupo 3_ J12, J13, J14 / Rotaremos para incorporar a J15 *Atacantes:* Grupo 1_J6, J7, J8, J9, J10 / Grupo 2_ J16, J17, J18, J19, J20. Ambos porteros trabajan alternadamente en la misma portería. **Espacio / Series - Tiempo / MicroPausa / MacroPausa** Un cuarto de campo // 2 series de 10 balones con micro-pausas propias de la tarea y 2' de macro-pausa	**Descripción tarea** / *Dirección y rotación de técnicos* Atacaremos el área (espacios de entrada) con punta, dos interiores y extremo opuesto, tras abrir el balón al extremo en costado activo. Los defensores, teniendo un hombre menos (4 vs 3), estarán distribuidos central-central-lateral, actuando los mediocentros contenciones como centrales. Su finalidad será evitar que los atacantes puedan conectar el remate a gol. Se competirá entre equipos ofensivos (quién marca más goles) y entre defensivos (quién recibe menos). *Todos los entrenadores participarán simultáneamente en el juego.*
Material / Agua 20 Balones + Cinta para marcar + 10 Petos Rojos y 10 Azules + 5 Conos Amarillos / Sí Agua en y tras tarea	**Variantes / Progresiones** En serie 1 el pase irá hacia cuadrante próximo. En serie 2 irá hacia el lejano, cambiando así la zona de ejecución del

Figura 46. Tarea específica parte final (jueves de velocidad)

Esta tarea sí corresponderá a un juego de situación. En ella se puede apreciar perfectamente la especificidad de las condiciones para reproducir solamente el ataque y la defensa del área, sin mayor complejidad.

De esta forma, los jugadores —atacantes y defensores— podrán centrarse totalmente en la resolución óptima de la situación presentada, la cual tendremos la opción de mostrar en vídeo previamente al inicio del ejercicio:

Imagen 58. Imagen de movimientos de ataque del área ante centro lateral en el vídeo a mostrar antes del inicio de la tarea

Como ya sabemos, este tipo de entornos de entrenamiento nos permitirán incidir mucho en los aspectos micro de las acciones: el centro al área en carrera, el *timing* de ataque de los espacios, el ajuste de la orientación corporal, las superficies de remate, etc.

Además, repasando los CBI utilizados, podemos apreciar que estos están minuciosamente individualizados por funciones dentro de la situación: los atacantes del área sin balón deberán mirar los espacios que atacan los demás compañeros y la trayectoria del balón respecto a su propia posición; el atacante con la posesión del balón deberá percibir al compañero dentro del área con mayor probabilidad de remate a gol; y los defensores deberán diferenciar cuáles son los jugadores más peligrosos para coordinar el marcaje de estos.

Sabiendo hacia dónde tengo que mirar podré implementar mis acciones dentro de la situación de una forma mucho más rápida y óptima.

Referente al plan de juego, se hará inciso en el contragolpe directo, debido a la detección, durante el análisis del rival, de que sus estructuras compensatorias por detrás del balón en fase de posesión eran deficientes. Cierto es que durante la tarea que intentó reproducir este momento de transición no se simuló la estructura real que el rival utili-

zará, sino que optamos por la que nosotros heredaremos del momento de progresión del juego previo a una pérdida en zona media.

Por ese motivo, dentro de la periodización semanal, el entrenamiento del plan específico para el partido estará previsto para el viernes —día de activación. Será en esa sesión donde podremos reproducir las estructuras del rival para contragolpearlas lo más específicamente posible en referencia al partido que jugaremos al día siguiente —presuntamente, ya que no podemos tener la certeza de que así se acabará presentando.

Para concluir con el capítulo vamos a añadir dos informaciones importantes.

La primera, en referencia a la preparación del cuerpo técnico para la puesta en marcha de cada sesión. Es muy recomendable citar cada día a todos los miembros del *staff* dos horas antes del entrenamiento para, entre otras tareas, repasar la sesión y todas sus particularidades, con la finalidad de plasmarla lo mejor posible sobre el terreno de juego.

Al término de la misma, será clave repasar el vídeo del entrenamiento —los ejercicios más tácticos se suelen grabar con un *drone*— para poder detectar puntos de mejora, tanto de la implementación del modelo de juego como de la metodología utilizada durante su trabajo.

La segunda y última información hará referencia a la clasificación de los tipos de tareas. Presentaremos una tabla que recoge los genéricos más utilizados en el tipo de entrenamiento basado en la periodización estructurada —muchos de los cuales habrán aparecido en las sesiones anteriores—:

CLASIFICACIÓN TIPOS DE TAREAS					
Circuitos	Rondos	Posesiones	Juegos	Trabajos situacionales	Trabajos de patrones
Con balón	Básicos	No direccionales	Reducidos (2 vs. 2 hasta 6 vs. 6)	Específicos por líneas	Ofensivos
Sin balón	Geométricos	Direccionales	Condicionados (7 vs. 7 hasta 11 vs. 11, con constreñimientos contextuales)	Específicos por posiciones	Defensivos
Mixtos	De transición	Posicionales	Episódicos (reproducen circunstancias específicas de un episodio del juego)	Asertivo-motrices (relaciones entre jugadores no pertenecientes a una misma línea)	Transición ofensiva
Socioafectivos	Socioafectivos	De transición	De aplicación (11 vs. 11 reproduciendo la realidad)		Transición defensiva
Compensatorios			Socioafectivos	Específicos aspectos micro	Balón parado

Tabla 29. Clasificación genérica de las tareas de entrenamiento según tipología

Tendríamos circuitos —vinculados a habilidades motrices básicas, específicas, ambas, o aspectos relacionales y compensatorios— y rondos —con formas normales o más complejas, estimulando transiciones o relaciones—, mayormente utilizados durante la parte de activación de las sesiones.

Seguidamente, podríamos ver las posesiones —sin o con orientación, respetando o no posiciones, y aplicando transiciones— y los juegos —desde más reducidos hasta próximos a la realidad, pasando por los que usan condicionantes y los que reproducen episodios del juego—, estando estos vinculados mayormente con la parte principal de la sesión.

Finalmente, estarían los trabajos situacionales —para demarcaciones, líneas del equipo, jugadores con posibilidades relacionales muy altas o para microaspectos—, que se pueden encontrar sobre la mitad o, en muchas ocasiones, hacia el final de las sesiones de entrenamiento; y los trabajos de patrones —coordinación de movimientos a autorregular por parte del equipo—, que tienen una flexibilidad tan grande que se podrán contemplar desde la activación hasta el final del entrenamiento, pasando por la parte principal del mismo, donde también se podrían encontrar perfectamente.

CAPÍTULO 11. EL DÍA A DÍA

Último capítulo. Momento de cerrar el libro.

Vamos a hacerlo a través de algunos aprendizajes que el fútbol me ha ido regalando en el día a día —cosas pequeñas, sutiles, píldoras que te va dejando este deporte.

Como el día, con sus veinticuatro horas, vamos a ver veinticuatro cápsulas de aprendizaje:

> «Quod vis ex animo fac»

El entrenador entrena primero lo que es, y lo luego lo que sabe.

Me he dado cuenta de que puedes entrenar muchas de las cosas que sabes, pero estas permanecerán siempre condicionadas por tu alma de entrenador. La esencia estará al mando de todo, especialmente en los momentos de la verdad. Cuando estos lleguen, serás puramente tú, y el equipo fluirá a través tuyo.

> «El fútbol predispone a la felicidad»
>
> *César Luis Menotti*

Aunque el fútbol no da la felicidad —porque la felicidad es algo que proviene de adentro—, sí predispone a ella. Predispongámonos a vivirlo al máximo y a disfrutarlo siempre. No importan las circunstancias. Bailemos bajo la lluvia.

Y hablado de bailar...

> «No esperes suelo firme bajo tus pies, danza en el vacío»
>
> *Anónimo*

Queremos certezas, y estas no existen. ¿Deberíamos jugar con línea de cinco? ¿O mejor con línea de cuatro? ¿Utilizamos al extremo rápido o al habilidoso? ¿Presionamos arriba o esperamos?... Lo que sintamos simplemente hagámoslo. Aprendamos a danzar en el vacío.

> «Al éxito y al fracaso, esos dos impostores, trátalos siempre con la misma indiferencia»
>
> *J. R. Kipling*

Ganarás y serás el mejor entrenador del mundo. Perderás y serás un fracasado. La volatilidad en este medio es fugaz. Un día estarás arriba y al otro abajo. No actúes según eso. Si crees que son merecidos dos días libres para el equipo tras el partido, independientemente del resultado, dáselos.

> «El derecho a ser escuchado no incluye el derecho a ser tomado en serio»
>
> *Hubert H.*

Vamos a recibir muchísimos *inputs* diarios y de distinta índole —de diferentes personas de nuestro entorno. ¿A cuáles deberíamos atender? Procura no callar la voz de nadie, a la vez que selecciona muy cuidadosamente si esa voz será solo oída o realmente escuchada.

> «Firme y relajado, como una montaña»
>
> *Antelma Armenta*

En el fútbol las pulsaciones van a doscientos. En los entrenamientos. En los partidos. Después de estos. Hay muchas oportunidades para perder el control emocional. Trata de mantenerlo. Como decía mi profesora de yoga: «relájate por dentro; muestra firmeza por fuera; como una montaña».

> «Si tu única herramienta es un martillo, tiendes a tratar cada problema como si fuera un clavo»
>
> *Abraham Maslow*

Fórmate constantemente. Revisa entrenamientos. Analiza partidos. Lee. Piensa. Conecta con tu lado más reflexivo. Busca tener una caja llena de herramientas. Con ella podrás reparar cualquier desperfecto.

> «No sabía que para poder ser jinete se necesitara haber sido antes un caballo»
>
> *Arrigo Sacchi*

Cada día son más los entrenadores que llegan a consolidarse en la élite sin haber sido antes grandes jugadores. Incluso algunos de ellos no llegaron a ser ni profesionales de este deporte. No permitas que los estereotipos te frenen. Los jugadores te respetarán si ven que les puedes ayudar —si ven que sabes lo que haces. Sin duda alguna, puedes llegar.

> «Lo que está destinado a suceder siempre encontrará una forma única, mágica y maravillosa para manifestarse»
>
> *Daniel Olsen*

Haremos un cambio en el ochenta y marcará el gol de la victoria. Haremos exactamente el mismo cambio otro día y cometerá un penalti en contra. ¿Cómo vamos a saber si acertamos o no con nuestras decisiones? Es simple, no se puede. Solamente podremos tomar la decisión y seguir la evolución de la misma dentro del juego. Aquello que el fútbol tenga preparado para nosotros es lo que se acabará manifestando. Ni más ni menos.

«Cuando las cosas se ponen jodidas yo respondo, y eso no se estudia, con eso se nace»

Tokyo, La casa de papel

Para trascender harán falta jugadores que respondan cuando las cosas se pongan feas. Búscalos. Normalmente serán los más difíciles de gestionar, porque les da todo un poco igual, pero eso acabará siendo una ventaja cuando tengan que jugar ante sesenta mil personas por un título y con una presión asfixiante. Nacieron para responder ante esas situaciones.

«Todos somos genios. Pero si juzgas a un pez por su capacidad de trepar árboles, vivirá toda su vida pensando que es un inútil»

Albert Einstein

Todos, absolutamente todos, tenemos un talento. En lo deportivo también. Debemos encontrar ese talento que posee cada jugador para que lo aporte al equipo. Si conseguimos que sean valorados según sus capacidades de aportación al colectivo, habremos empezado a ser justos con ellos. Iremos por buen camino.

«Nunca hay una segunda oportunidad para causar una primera buena impresión»

Oscar Wilde

Las dudas sobre lo que vamos a decir cuando nos reunamos por primera vez con nuestro equipo serán fáciles de disipar. Ahora bien, el cómo lo transmitiremos, el tono, la energía, la expresión utilizada..., eso sí va a ser difícil de definir. Dedícale tiempo. Dale importancia. No habrá otra oportunidad para causar una primera buena impresión.

> «Mucha agua, mata planta»
>
> *Óscar Torres*

Nos obsesionaremos en entrenar para mejorar los detalles que no han salido bien durante los partidos, y eso está bien. Pero cuando el equipo necesite espacio, habrá que dárselo.

Es martes de tensión y encaja de forma excelente un trabajo de presión alta. Necesitamos entrenarla. No obstante, el equipo está agotado mentalmente. Decidimos cambiar el entrenamiento y realizar una competición de juegos reducidos —con normas para incidir en las combinaciones ofensivas. Se lo pasan en grande. La fatiga cognitiva del equipo empieza a disiparse con ese ajuste inteligente. A veces, menos es más.

> «La gente feliz planifica acciones, no resultados»
>
> *Denis Waitley*

Analizaremos horas y horas el desempeño de nuestro equipo. Lo cruzaremos con lo que hemos observado del rival. Desarrollaremos el morfociclo. Entrenaremos un plan de juego. Y cuando la preparación termine, eso habrá sido lo mejor que habremos podido hacer.

Seamos felices en y durante ese proceso. Tras el partido ya nos alegraremos o decepcionaremos por el resultado, pero la felicidad que habremos vivido durante la semana ya no nos la podrá quitar nadie. Y eso será lo que en muchos períodos de la temporada nos mantendrá vivos.

«Perder, es ganar un poco»

Maturana

En la victoria siempre hay un montón de cosas a mejorar. En la derrota siempre hay un montón de cosas bien hechas. Hay derrotas que despiertan, otras que enseñan, otras que inspiran... Perder no es tan trágico como lo pintan. De hecho, normalmente perderemos más que ganaremos. Así que saquémosle algo cada vez que eso ocurra.

«No siempre somos los errores de nuestro pasado»

Jordan Belfort

Evolucionaremos día tras día. Partido tras partido. Temporada tras temporada. Aprenderemos durante el camino. La versión que fuimos ayer, hoy ya la habremos trascendido. La que somos hoy, la trascenderemos mañana.

«No estás preparado para hacer algo que no has hecho nunca. Te preparas haciéndolo»

Nacho Hierro

Te propondrán un proyecto y, de forma automática, te preguntarás: ¿estaré preparado para afrontarlo?

Déjame que te diga algo. No podemos estar preparados para algo que no hemos hecho nunca. Aquel equipo, en ese momento y con esos jugadores, será algo único. No lo habremos vivido antes, así que no habrá forma de anticipar la preparación. Nos prepararemos entrenándolo. Como decía Jaume Perich, la experiencia nos enseña que la experiencia no sirve para nada. Tú solo di que sí, ¡asume el reto!

> «Todos quieren ser importantes, pero nadie quiere ser útil»
>
> *Winston Churchill*

Rodéate de gente que quiera aportar y que esté capacitada para hacerlo. Trata de que los perfiles que convivan en tu cuerpo técnico sean distintos y puedan acaparar un amplio abanico de posibilidades. Cuando cada uno de los integrantes se ponga a disposición de los demás, sin anteponer su ego a sus aportaciones, todo fluirá.

> «La soberbia no es un vicio, es una enfermedad, una sobrecarga de ego»
>
> *Walter Riso*

Activa el ego justo para sobrevivir en un entorno tan salvaje como el del alto rendimiento. El resto, disuélvelo. No he visto nada más peligroso que la soberbia. Erosiona relaciones, desconecta compromisos, hace añicos grandes proyectos.

> «Johan cree que aquello que equilibra el juego es la pelota. Pierde muchas y serás un equipo desequilibrado. Pierde pocas, y serás todo equilibrio»
>
> *Pep Guardiola, 2012*

Comprobado. Es tan, pero tan difícil estar equilibrado cuando pierdes un balón tras otro. Sin entrar a valorar si practicaremos un juego más ofensivo o defensivo, lo que está claro es que cuando tengamos la pelota, deberemos tratar de no perderla con facilidad. Si eso pasa, el equipo no podrá estar equilibrado en ninguno de los sentidos: ni táctico, ni técnico, ni físico, ni emocional.

> «Lo que debe temer cualquier entrenador es que el equipo rival se ponga a jugar, y no temer que se ponga a correr»
>
> *Juanma Lillo*

Correr nos podrá sacar de algunos apuros. Jugar nos sacará de todos.

En muchas ocasiones, cuando el rival nos esté dominando, la solución consistirá en realizar un paso hacia delante —presionar más para correr menos. Ahora bien, una vez hayamos recuperado el balón, que sea con la finalidad de quedárnoslo. Porque cuando nos pongamos a jugar —y no a correr—... empezará lo bueno de verdad.

> «Valora dónde estás y lo que tienes, porque nunca sabes cuándo llegará tu momento»
>
> *Tito Vilanova*

Estés donde estés, valóralo. La vorágine del día a día a veces nos atonta. Vamos como un pollo sin cabeza, sin detenernos ni un minuto a saborear lo que estamos experimentando. De tanto en cuanto —como si nos saltara una alarma interna— deberíamos parar, respirar y conectar con todo lo que estamos viviendo. ¡*Satori*!

> «A la obsesión por los detalles le llaman suerte»,
>
> *Anónimo*

¿Suerte? ¿Qué es eso? Cuando uno trabaja todos los detalles e intenta calcular y representar cada uno de los posibles escenarios no está haciendo nada más que rebajar el impacto de la llamada suerte. ¿Queremos reducirlo al mínimo? Tendremos que trabajar al máximo.

> «Solo aquellos que nada esperan del azar son los dueños de su destino»
>
> *Matthew Arnold*

Este libro ha estado vinculado, en todo momento, a la idea de no esperar nada del azar. A su vez, también ha tratado de conectar al entrenador con sus máximas posibilidades de acción sabiendo que, aunque no podrá llegar a ser el maestro del juego, sí podrá llegar a serlo de su propio modelo de juego.

Porque, como dice Guardiola, el fútbol es el único deporte donde puedes ganar sin tirar a gol, y donde trabajar para controlarlo todo debería ser una máxima del entrenador, aun sabiendo perfectamente que se trata de una utopía (Torquemada 2019).

Espero, de corazón, haberte podido acompañar en los procesos de construcción y entrenamiento de tu equipo, aunque haya sido solo un poquito.

¡Viva el fútbol!

BIBLIOGRAFÍA

Álvarez, G. (2012). Caos/Complejidad, Fractales e Identidades sociales. Razón y Palabra, N° 79, mayo-julio. Quito, Ecuador.

Arcucci, D. (3 de mayo de 2013). Pep Guardiola, tan cautivante como sus equipos. La Nación. Recuperado de: https://www.lanacion.com.ar/

Balagué, G. (2012). Pep Guardiola. Otra manera de ganar. Barcelona: Editorial Córner.

Bancil, J. (productor) y Christie, M. (director). (2015). «Sir Alex Ferguson: Secrets of success». [Documental]. UK: BBC.

Barrell, V. y McKenna, J. (productores) y Clarke, G. y Torquil, J. (directores). (2018). «Bobbie Robson: More than a manager». [Documental]. UK. Noah Media Group.

Bielsa, M. (8 de mayo de 2017). Los esquemas tácticos de juego. Somos Futebol. Brasil: Confederación Brasileña de Fútbol.

Bennet, R. (2016). «Inside the mind of Jürgen Klopp». [Serie de televisión]. UK: NBCSN.

Bronfenbrenner, U. (2002). Le ecología del desarrollo humano. Madrid: Grupo Planeta.

Bryant, K. (2018). Mamba mentality: How I play. New York: Farrar, Straus and Giroux.

Carreño, M, y Santos, J. J. (2014). «¡Grande Luis!». [Documental]. España: Telecinco.

Castelo, J. (2009). Tratado general de fútbol. Barcelona: Paitribo.

Delgado-Bordonau, J. L. y Méndez-Villanueva, A. (2012). «Tactical Periodization: Mourinho's best-kept secret?». Soccer NSCAA Journal, may-june 2012, pp. 28-34.

Díaz, A. (2020). Real Madrid: porcentaje de victorias de los entrenadores 2009-2019. Hamburgo: Statista. Recuperado de: https://es.statista.com/

EFE (14 de septiembre de 2006). Puyol: «Comencé de portero». Diario As. Recuperado de: https://as.com/

Espar, X. (2010). Jugar con el corazón. Barcelona: Plataforma Editorial.

Estupinyà, P. (2016). «El cazador de cerebros». [Serie de televisión]. Barcelona: Minifilms.

Fernández, D. (2018). «Los fundamentos defensivos». Federación Catalana de Fútbol. Barcelona: 19 de junio de 2018.

Fuentes, G. (2017). El libro de Gloria Fuentes. Antología de poemas y vida. Barcelona: Blackie Books.

Gardner, H. (2011). La inteligencia reformulada: las inteligencias múltiples en el siglo XXI. Madrid: Ediciones Paidós.

Hernández, D. (2008). «Los fundamentos individuales por demarcación». Universidad de Vic. Vic: 15 de enero de 2008.

Hernández. D (2009). «Estratègies d'absorció de la complexitat en el futbol». Universidad de Vic: 18 de marzo de 2009.

Honigstein, R. (2019). Klopp: Bring the noise. Manhattan: Penguin.

Hyppolite, J. (1974). Génesis y estructura de la Fenomenología del Espíritu de Hegel. Barcelona: Ediciones Península.

Jackson, P. y Delehanty, H. (2013). Eleven Rings: The Soul of Success. Manhattan: Penguin.

Jee, C. (12 de marzo de 2019). «A quantum experiment suggests there's no such thing as objetive reality». MIT Technology Review. Recuperado: https://www.technologyreview.com

Jones, D. y Carragher, J. (2020). «The Football Show: Jürgen Klopp Interview». [Serie de televisión]. UK: Sky Sports.

Kneser, J. (2009). «La inteligencia de las masas». [Documental]. Alemania: a&o buero.

Lliteras, B. (14 de octubre de 2010). «Conversaciones sobre el futuro: Pep Guardiola y Fernando Trueba». [Blog]. BS Blog. Recuperado de: https://blog.bancsabadell.com/2011/10/conversaciones-sobre-el-futuro-pep-guardiola-y-fernando-trueba.html

Mallo, J. (2015). Complex Football. Madrid: Topprosoccer S. L.

Manna, M. (2012). Paradigma Guardiola. Badalona: Ara Llibres.

Martín, M. A. (2003). Caos y Fractales. Ars Medica. Revista de Humanidades, 1:68-79. España.

Maxwell, J. C. (2012). Los 5 niveles de liderazgo. Estados Unidos: Center Street.

McGrath, P. Owen, J. y Duikersloot, H. (productores) y Richard, K. (director). (2011). «Football's Greatest». [Serie de televisión]. UK: Pitch International.

Mintzberg, H., Bryan, J. y Voyer, J. (1997). El proceso estratégico: conceptos, contextos y caos. México: Prentice Hall Hispanoamericana.

Monteleone, M. y Ortega, M. A. (2015). Construcción de un modelo de juego. Barcelona: Paidotribo.

Morin, E. (1990). Introducción al pensamiento complejo. París: ESPF Éditeur.

Morin, E. (2001). La cabeza bien puesta. Repensar la reforma-reformar el pensamiento. Buenos Aires: Ediciones Nueva Visión.

Morrissey, R. y Schomer, A. (productores) y Noonan, K. (director). (2017). «Heal». [Documental]. USA: Elevative Entretainment.

Muñoz, C. (17 de diciembre de 2011). TIPS, la filosofía de Ajax. Rectángulo verde. Recuperado de: http://rectanguloverde.com

Ortega, F., Silva, S. y Pinto, J. (2 de octubre de 2018). Entrevista a Quique Setién, entrenador del Betis. Diario de Sevilla. Recuperado de: https://www.diariodesevilla.es/

Parlebas, P. (1996). «Los universales de los juegos deportivos». Revista Praxiología motriz, Vol. 1. N° 0. Universidad de Las Palmas de Gran Canaria, p. 28.

Perarnau, M. (2014). Herr Pep. Barcelona: Roca Editorial.

Perarnau, M. (3 de junio de 2017). Pep Guardiola, Evolución e Innovación. Huelva: Congreso Iberoamericano de Fútbol.

Pestana, J. V. (27 de junio de 1999). «Fractalidad y comportamiento psicosocial: análisis de relaciones posibles». XXVII Congreso Interamericano de Psicología. Caracas.

Pidal, M. J. (2009). «La teoría del caos en las organizaciones». Cuadernos Unimetanos, número 18, pp. 29-33. Venezuela: Universidad Metropolitana.

Pólya, G. (1990). Cómo plantear y resolver problemas. México: Trillas.

Primicia, S. (productor) y Robinson, M. (director). (2009). «Informe Robinson: Johan Cruyff». [Documental]. España: Canal plus.

Reis, J. (16 de junio de 2017). «Abriendo las puertas» de la complejidad del Morfociclo patrón. Tactical Room. Recuperado de: https://www.martiperarnau.com/

Robbins, S. P. y Judge, T. A. (2009). Comportamiento organizacional. Madrid: Prentice Hall Iberia.

Robinson, D. (2018). «Qué es el "ojo silencioso", el fenómeno que diferencia a los mejores atletas del resto». BBC Future. Recuperado de: https://www.bbc.com/mundo.

Rodríguez, M. (2012). Evidencias y paradojas del fútbol. España: Ushuaia.

Sabol, S. (2017). «Do your job: Bill Belichick». [Documental Parte I y II]. New Jersey: NFL Films.

Sans A. y Frattarola C. (2011). «Los fundamentos del fútbol». Universidad de Barcelona. Barcelona: 15 junio de 2011.

Schmitt, T. (productor) y Ribot, J. C. (director). (2006). «Football, l'intelligence collective». [Documental]. France: Mosaique Films.

Seirul·lo, F. (2000). «Una línea de trabajo distinta». I Jornadas de actualización de preparadores físicos. Barcelona.

Seirul·lo, F. (2001). «Entrevista de metodología y planificación». Training fútbol, N° 65, pp. 8-17.

Seirul·lo, F. (2010). «Estructura socioafectiva». Documento INEFC - Barcelona. Recuperado: http://www.motricidadhumana.com/estructura_socioafectiva_doc_seirul_lo_Outline_drn.pdf

Sepúlveda, A. (27 de febrero de 2017). ¿El talento se hereda? Diario As. Recuperado de: https://as.com/deporteyvida

Soto, M. (1999). Edgar Morin. Complejidad y sujeto humano (Tesis doctoral). Universidad de Valladolid.

Tarragó, J. R., Massafret, M., Seirul·lo, F., Cos, F. (2019). «Entrenamiento en deportes de equipo: el entrenamiento estructurado en el FCB». Apunts. Educación Física y Deportes, N° 137, julio-septiembre, pp. 103-114.

The Coaches' Voice (6 de abril de 2018). «Manuel Pellegrini: Tactics. Manchester City 4 – Manchester United 1 Masterclass». The Coaches Voice. Recuperado de: https://www.coachesvoice.com/

The Coaches' Voice (10 de abril de 2018). Tactical Analysis: City 1 Liverpool 2. The Coaches Voice. Recuperado de: https://www.coachesvoice.com/

The Coaches' Voice (25 de junio de 2019). José Mourinho. Chapter Four: What next for Mourinho in 2019 and beyond? The Coaches' Voice. Recuperado de: https://www.coachesvoice.com/

Torquemada, R. (2019). «Parlem de futbol». [Serie de televisión]. Barcelona: Catalunya Ràdio.

Valdano, J. (2018). «Universo Valdano». [Serie de televisión]. Barcelona: MediaPro.

Varsky, J. y Martín, M. (2013). «Más que fútbol». [Serie de televisión]. Argentina: DirectTV Sports.

Ventura, Dalia (1 de diciembre de 2019). Fractales: qué son esos patrones matemáticos infinitos a los que se les llama «la huella de Dios». BBC Mundo. Recuperado de: https://www.bbc.com/mundo

SOBRE EL AUTOR

Albert Rudé Rull es un entrenador de fútbol nacido en Ripoll (España) el 18 de septiembre de 1987:

· Licencia UEFA A.

· Profesor universitario de fútbol durante 7 años —Universidad Central de Catalunya—.

· Ponente en cursos federativos UEFA —Real Federación Española de Fútbol—.

· Doctor en Ciencias del Deporte —Programa de Alto Rendimiento Deportivo—.

· Cofundador de MBP Academy & School of Coaches.

· Entrenador en varios clubes del fútbol catalán —formativos y amateurs—.

· Asesor táctico de jugadores y clubes profesionales —en 12 ligas del mundo—.

· Asistente técnico en CF Pachuca (Liga MX) —temporadas 2015-16, 2016-17 y 2017-18—.

· Primer entrenador del equipo Sub-17 en Querétaro FC (Liga MX) —temporada 2018-19—.

· Asistente técnico en CF Monterrey (Liga MX) —temporada 2019-2020—.

· Asistente técnico en Inter Miami CF (MLS) —temporada 2020-2021—.

www.ingramcontent.com/pod-product-compliance
Ingram Content Group UK Ltd.
Pitfield, Milton Keynes, MK11 3LW, UK
UKHW021831270726
14058UKWH00001B/97